à Don

« *Une star de cinéma n'est pas vraiment un être humain.* »
Marlene Dietrich

Moi, Cheeta

une autobiographie hollywoodienne

recueillie par James Lever

Ce projet est né dans la tête du plus cinéphile des lecteurs,
du plus littéraire des réalisateurs, du plus boxeur des collaborateurs :
Cyril Gay

D'autres énergumènes ont fait de Cheeta une personne sortable :

Gwilym Tonnerre, Romain Ternaux & Simon Pare, qui nous
ont familiarisé avec le langage chimpanzé (et inversement) ;

Théophile Sersiron, qui a fait réviser à Cheeta son latin ;

Lorane Marois, Julien Quès & Yann Bernal,
qui ont appris à Cheeta les bonnes manières ;

et Simon Roussin, qui a dessiné son habit aux Oscars

Originally published in the english language
by Harper Collins Ltd under the title « Me Cheeta »

© James Lever / Harper Collins 2008 pour le texte et les photos
© Le nouvel Attila 2015 pour la traduction et les notes
© Simon Roussin 2015 pour la couverture

*Le nouvel Attila bénéficie pour sa diffusion et sa commercialisation
d'un partenariat avec les éditions Anne Carrière.*

Ce texte a été composé, pour une fois, en CASLON
(et ce n'est pas pour se mesurer à l'Ours).

127 avenue Parmentier, 75011 Paris
www.lenouvelattila.fr

Et n'oubliez pas : www.noreelapes.fr

James Lever

Moi, Cheeta

*Traduction à quatre mains
de Cyril Gay & Théophile Sersiron,
augmentée de l'album photo du héros*

Le nouvel Attila

Note au lecteur

Très chers humains,

Me voici — acteur, artiste, Africain, Américain, singe et désormais auteur —, par une journée parfaite à Palm Springs, Californie, étalé sur le transat à côté de la piscine, me replongeant dans cette autobiographie qui est la mienne. Pour être honnête, je la feuillette plus que je ne la relis : l'idée de l'autobiographie comme consécration d'une vie me rend un peu nerveux. Ce côté... quel est le mot ?... testamentaire. Je suis en bonne santé, je produis quelques-unes des meilleures toiles de ma carrière, je ne cours apparemment aucun risque de me faire tuer, mais le destin a si souvent foudroyé tant de mes géniaux confrères... Leur livre sort, et avant même que vous vous en rendiez compte, ils ne sont plus.

Comme Johnny me l'a dit une fois, « À peine sacré Immortel, tu commences à avoir peur de mourir. »

Je crois que *Sports Illustrated* venait juste d'élire Johnny parmi ses « Cinquante plus grands sportifs de tous les temps » ou un truc dans le genre. C'était un soir au début des années 1980, dans son adorable maison surplombant le Pacifique à Playa Mimosa, Acapulco. Il avait des problèmes de santé à cette époque et les récompenses pour l'ensemble de sa carrière lui tombaient dessus comme des diagnostics. Malgré son optimisme à toute épreuve et son enchantement constant pour les trophées, malgré un nom couvert d'honneurs et inscrit à tant de panthéons, même Johnny Weissmuller contenait sa joie devant ce nouveau statut d'Immortel, qui n'offrait après tout aucune garantie. Lui et moi savions pertinemment que la plupart des « Immortels » que nous avions fréquentés étaient maintenant six pieds sous terre. « Passé un certain cap dans la vie n'arrivent plus que des récompenses, ajouta-t-il, pour des choses que tu ne te rappelles pas avoir fait. »

Ces dernières années, j'ai commencé à remarquer des signes similaires, vaguement menaçants, autour de moi. Je ne suis pas une créature superstitieuse mais, sur le Hall of Fame, la Promenade des stars de Palm Canyon Drive, à une rue d'ici, ils ont déjà mis une étoile à mon nom, entre deux mecs dont je n'ai jamais entendu parler. Une campagne bat son plein pour me donner une étoile digne de ce nom sur le Walk of Fame, la vraie Promenade des étoiles — au 6541 Hollywood Boulevard, entre Johnny et Maureen O'Sullivan, j'imagine. La famille idéale de la jungle à nouveau réunie, et enfin débarrassée du Gamin*. Du coup, j'attends d'un jour à l'autre l'arrivée d'une dalle de béton frais et d'une délégation du Sid Grauman's Chinese Theater** me demandant mes empreintes, même s'ils devront se passer de ma signature. (Roy Rogers, j'en suis presque sûr, a signé pour Trigger à côté de ses deux empreintes de sabots et je crois que ce fut le même arrangement entre Gene Autry, le cowboy chantant, et Champion, l'autre cheval fantastique. Quoique, si Grauman se décide finalement à prendre mes empreintes, je serai très surpris que Johnny soit là pour en faire autant pour moi. Enfin, bref, ce n'est pas ça qui m'empêche de dormir.)

J'ose espérer, cher lecteur, que vous lirez davantage dans ce livre un bonjour qu'un adieu. J'ai même peur que ce texte ne soit quelque peu prématuré.

Mon titre original était *Mon Histoire jusque-là*, comme une sorte de talisman contre l'idée qu'il s'agisse de mes derniers mots. Malheureusement, Donny Osmond l'avait déjà utilisé, tout comme un paquet d'athlètes et d'anciennes victimes d'abus sur mineurs. J'ai alors décidé que *Ma Vie jusque-là* ferait aussi bien l'affaire... mais Jane Fonda l'avait raflé. Et soyons francs, dans le contexte de la vie de Jane, le titre sonne comme une menace. Au diable, me suis-je dit, va pour *Ma Vie*. Simple, classique, modeste — et, finis-je par m'apercevoir, déjà utilisé des dizaines de fois. Pareil pour *Mon Histoire*. Et pour *Mon Autobiographie*, préempté à mon grand agacement par Charlie Chaplin, donc hors jeu à nouveau. Qu'on puisse penser qu'un seul de mes numéros doive quoi que ce soit à l'étrangement surestimé Chaplin, le plus superficiel de tous les grands clowns muets, m'énervait déjà suffisamment (*Motion Pictures Herald*, mars 1942 : « *Bien dirigé, le singe Cheta* [sic] *offre quelques rires grâce à des facéties qui rappellent presque Chaplin.* ») *L'Histoire de ma vie* s'avéra déjà pris. Tout comme *Mon Histoire de vie* et *Dans ma vie*. Et *Mes vies*. Et *Mes Vies, mes amours*. De même, comme je le découvris d'emblée en tentant d'ouvrir le champ, pour *Ma Vie au cinéma*, *Une Vie de cinéma*, *Ma Vie de films*, *Ma Vie en films*, *Ma Vie dans l'art* et *Ma Vie en images* (incroyable, ce salaud de Chaplin avait aussi piqué celui-là).

Quelque peu désespéré, je pensai qu'il serait accrocheur de commencer par « American... » ou « Hollywood... » avant de découvrir que tout commence par « American... » ou « Hollywood... ». *Cheeta parle* me vint comme une révélation après une sieste dans ce même fauteuil... en même temps que la prise de conscience qu'un autre grand clown, Harpo Marx, l'avait déjà utilisé.

Virant de bord, je jetai mon dévolu sur quelque chose capable de mieux décrire mon histoire : *La Vie est belle* sembla tout bonnement parfait pendant les cinq minutes où je crus que ce titre était de moi. Idem pour *Survivant, L'Histoire d'un survivant, Mémoires d'un survivant,* et mon préféré : *De la Tragédie au triomphe.* Il existait des bibliothèques entières de livres appelés *De la Tragédie au triomphe.* Et pas un seul *Du Triomphe à la tragédie,* comme si la vie humaine n'allait jamais que dans ce sens, du moins dans les autobiographies.

Ce devaient être les premiers mots de ma carrière littéraire. Ces humains qui jugeaient risible la simple idée que j'écrive mon autobiographie se seraient sentis largement confortés en me voyant lutter tous ces après-midis sans sommeil, incapable de produire ne serait-ce qu'une lettre. Peut-être avaient-ils raison : les acteurs devraient se contenter de jouer. Mon respect pour les écrivains — dont je m'étais silencieusement moqué tout au long de ma carrière, quand ils se présentaient à Tarzan, Jane ou moi avec un nouveau script psychologiquement incohérent — monta en flèche.

Qu'il est dur d'écrire ! Comme s'il y avait eu trop de vies humaines et que les mots n'étaient plus capables d'y faire face. Avec toutes ces vies qui y puisaient, les mots étaient usés jusqu'à la corde : et c'étaient toujours les mêmes vies, marchant avec assurance de la tragédie au triomphe. Qui pourrait bien vouloir d'autres mémoires de qui que ce soit ? A fortiori des réminiscences d'une énième ex-star de cinéma ? Quelle présomption de croire que les histoires de guerre d'un vieux ponte d'Hollywood puissent intéresser quelqu'un d'autre que lui-même !

Ma bonne vieille amie, l'inimitable Kate Hepburn, vint dans ce creux de la vague à ma rescousse. Kate n'avait pas eu autant de difficultés avec le titre de son autobiographie. Quel en était le sujet ? « Moi », avait décidé Kate, « un livre de moi, sur moi. Je ne vois pas pourquoi il ne s'appellerait pas *Moi*. » Kate, en bonne fille du Connecticut, a tendance à penser que tout lui est dû, ce qui lui permet d'aller sans rougir vers ce qu'elle veut et de s'en saisir, mais je ne pouvais pas accepter qu'elle se soit définitivement emparée de ce titre. *Moi*. Et nous autres, alors ? Suffit ! N'importe qui d'autre avait le droit d'intituler son livre *Moi* aussi bien que Kate Hepburn, ou « Katerine d'Arrogance » comme on l'appelait assez injustement à l'époque où nous étions si proches. Donc, après quasiment un mois de travail, j'avais mon début. *Moi*. J'avais même une vision très claire de la couverture et les éditeurs devront me passer sur le corps pour la trafiquer : « Moi », puis mon nom dans une typo manuscrite, puis cette incroyable photo qui... enfin, regardez-la vous-mêmes ! De gauche à droite : Barrymore, Gilbert, Bogie, Bacall avec la crème glacée, moi, Garbo qui me fait des oreilles de lapin... et je crois que c'est le verre d'Ethel Merman que je viens de renverser. N'ai-je pas l'air jeune ? Si un graphiste prétentieux pond autre chose, par exemple un dessin de moi en costard debout sur une branche avec Johnny en train de se balancer à une liane de l'autre côté, c'est qu'on me sera passé sur le corps.

Je me réjouissais de cette avancée — qui a dit que les chimpanzés n'avaient pas le droit d'écrire leurs mémoires ? — tout en étant pleinement conscient que si je n'arrivais pas à augmenter mon quota d'une lettre tous les quinze jours, le projet risquait de traîner un peu en longueur. D'ailleurs, les deux mots suivants —

ceux de la dédicace — ne me prirent, accélération certaine, que trois semaines de lutte acharnée.

Je fis une pause et retournai à mes peintures — une série de paysages nostalgiques de la jungle qui me délassaient l'esprit. Je voulais du temps pour y repenser. Pourquoi écrivais-je ce livre ? La raison la plus évidente me fut fournie par Don, mon cher ami et colocataire, en association avec le docteur Jane Goodall, charmante et séduisante (bien que souvent mal avisée) naturaliste anglaise. Mon histoire aiderait leur campagne contre les cruautés perpétrées sur les animaux au nom du divertissement à l'écran. J'ai de l'amour pour Don, bien évidemment, et du respect pour l'éminente et séduisante Dr Goodall, et ferai certainement tout mon possible pour aider No Reel Apes, comme ils ont si subtilement appelé leur campagne*. Mais il me semblait que quelque chose dans cette conception de *Moi* m'éloignait encore de l'histoire que je voulais *vraiment* raconter.

Retournant à mon texte, toujours bloqué à un total de quatre mots, j'essayai de poursuivre par les Remerciements, partie à laquelle les écrivains se réfèrent souvent comme « la plus difficile à écrire ». Les acteurs, en tout cas. Voilà comment je trouvai mon inspiration. Je me prélassais dans mon pneu, l'endroit où je réfléchis le mieux, aux prises avec ces épineuses petites questions : qui inclure, qui mettre à l'écart, comment personnaliser chaque témoignage de reconnaissance, qui mentionner en premier et, plus important, en dernier... quand je me rendis compte que choisir des personnes en particulier était vain. Sans Hollywood, sans l'humanité entière, je ne serais pas là pour écrire ces mots. Sans vous, je ne serais littéralement rien. Mon livre entier serait une page de Remerciements !

Voilà le livre que je voulais écrire. Qu'importe la noirceur du sujet, la douleur des souvenirs ou la dureté des épreuves ;

qu'importe l'attitude consternante et rustre de certaines personnes comme Esther Williams, Errol Flynn, Red Skelton, « Duke » Wayne, Maureen O'Sullivan, Brenda Joyce. J'écrirais sans amertume, sans nom d'oiseaux ni règlement de comptes. Je célébrerais ce qui fut une vie très, très chanceuse et essayerais de trouver du bon chez chacune de ces personnalités formidables que j'ai eu le privilège de connaître. Ce livre serait écrit par gratitude et par amour envers toute votre espèce, et pour tout ce que vous avez fait pour les animaux et pour moi. Un merci. Un livre d'amour.

Une fois cette décision prise, je m'aperçus que tout jaillit d'un coup. Vous êtes ma raison d'écrire ce livre, vous tous, et Johnny, et bien sûr cette vérité que j'ai apprise pendant soixante-dix années de survie au cinéma et au théâtre : qu'en dessous d'un certain niveau de célébrité dans cette industrie, mieux vaut être mort.

Humanité, je te salue !

Cheeta
Palm Springs, 2008

1. L'inimitable Rex !

Mon dernier jour dans le monde du cinéma, je l'ai passé perché à la cime d'un araucaria du Chili, en Angleterre, occupé à régler un pari entre Rex Harrison, merveilleux homme d'esprit et comique d'opérette, et sa femme, l'actrice Rachel Roberts. Ça aurait fière allure dans les nécrologies, pas vrai ? Mort en tombant d'un putain d'arbre.

C'était en 1966, lors d'une journée de repos sur le tournage du film censé marquer mon grand retour au cinéma, *L'Extravagant Dr Dolittle*, bide désastreux de la Fox avec Rex et Dickie Attenborough. Nous sortions d'un repas copieux, dans la cour d'une somptueuse demeure du charmant village de Castle Combe, dans le comté de Wiltshire.

Rex était convaincu que l'arbre serait un casse-tête pour moi. Rachel pensait que je m'en dépêtrerais. Se mettre d'accord sur les conditions du pari n'avait déjà pas été simple. Comment précisément fallait-il que je démontre ma maîtrise de cette plante cryptique ?

« Vous devriez le faire commencer au sommet, comme ça il sera obligé de descendre » dit Lady Combe. On ordonna à des serviteurs d'installer une échelle. Elle était ravie du succès de sa fête. « C'est tellement excitant. Est-ce que l'on s'amuse toujours autant dans le monde du cinéma ? »

« Bon alors, Cheeta » dit Rachel, en tenant un paquet de cigarettes à deux doigts de mon visage. « Tu vois ces Player's ? Elles t'attendent tout en bas. Tu comprends ? Miam-miam cigarettes. Pas de blague, t'as intérêt à assurer. »

« Darling, je viens d'avoir une idée splendide » dit Rex. « Laissons tomber l'argent, d'accord ? Si le singe réussit et que Burton veut bien de toi, tu pourras coucher avec lui ; s'il n'y arrive pas, alors je pourrai demander le divorce mais tu dois promettre de ne pas te suicider. »

« La trouille, Rex ? »

« Au contraire, ma douce. Disons deux mille. »

« Oh dear » intervint Lady Combe. « Est-ce que tout va bien ? »

« Non » dit Rex. « Votre cave à vins est un scandale. »

Rex et moi avions connu pas mal de différends sur le plateau : assez banal pour deux stars voulant pousser un scénario dans des directions opposées. Loin d'être aussi lâche et sadique que le décrivait Rachel, Rex était quelque part, sous la carapace caustique qu'il s'était façonnée pour dissimuler ses faiblesses, quelqu'un de bien et un être humain très spécial. Je fus néanmoins contrarié de voir rejetée chacune de mes contributions. Cette interminable chanson, *Talk to the Animals*, nous avait déjà pris une semaine. Peut-être étais-je un peu rouillé — je n'avais pas travaillé au cinéma depuis presque vingt ans —, mais Rex posait son veto chaque fois que je proposais un salto arrière ou marchais sur les mains pour égayer le morceau. Du coup, j'avais assez envie de réussir ce challenge. Et puis je voulais les cigarettes... De toute façon, ce n'était pas un arbre qui allait me faire peur.

Vous, Français, appelez cet arbre « Désespoir des singes », et les Anglais « Monkey puzzle tree ». À distance, chaque branche paraissait crépue et tentante, recouverte de fourrure, comme des cure-pipes ou comme les artères de Rex, mais dès que je mis la main dessus, je découvris que sa surface était faite d'horribles petites feuilles triangulaires, piquantes comme des écailles. Malheureusement, Rachel avait déjà ordonné de retirer l'échelle et j'en étais réduit à m'agripper à la cime de l'arbre, me frapper la tête d'une main et m'évertuer à communiquer, par des cris assez faciles à traduire, que j'étais très content de laisser l'argent à Rex.

« Ne fais pas tant d'histoires, Cheeta ! Il est juste en train de chercher son équilibre » assura Rachel à l'assistance, tandis que pour lui faire plaisir, j'essayais précautionneusement de descendre centimètre par centimètre cet instrument de torture. Mais c'était absolument impossible. Le nom anglais m'avait laissé croire que l'arbre ne serait rien de plus qu'un casse-tête vaguement amusant, l'équivalent des mots croisés du dimanche pour les chimpanzés... mais les Français avaient raison. Ce n'est un « casse-tête » que dans le sens où être violemment agressé par une plante est une expérience qui peut en effet vous fracasser la tête. Sans blague. Putain d'euphémisme *so british*.

« J'aurais tendance à penser que tu me dois deux mille livres » commenta Rex.

« Tu conclus trop vite... Comme au lit, darling. Ça fait à peine une minute qu'il est là-haut. » Bon Dieu, seulement ?

« Ne sois pas ridicule, petite merdeuse avinée. Il est coincé. »

« Tu ne vas pas me baiser sur ce coup, petit Rexy » entendis-je Rachel dire. « Je n'ai jamais pensé qu'il se mettrait à descendre d'une traite. Attends un peu, mon salaud. »

« Enfin, Rachel, s'il te plaît, la pauvre bête est visiblement en détresse » les interrompit une autre voix. Oh, merveilleux : Dickie ! « Vous devriez avoir honte tous les deux. Lady Combe, est-ce que l'on peut s'il vous plaît, pour l'amour du ciel, faire remonter l'échelle, c'est horrible ! »

« Tu touches à cette échelle, Lady Dugenou » dit Rex, « et je te jure qu'il y aura des larmes avant la fin de la soirée. Personne ne touche à cette putain d'échelle ! Cet ersatz de femme qui me sert d'épouse a raison. Dickie, aurais-tu l'amabilité de te tirer et d'arrêter de chialer ? »

« Merci, darling » dit Rachel.

« De rien, darling » dit Rex.

La compagnie de Rex et Rachel n'était pas une sinécure, avouons-le. Je n'ai jamais aimé ces maudits Anglais de toute façon, avec leur élocution barbelée, leur total manque d'humour et leurs atroces pinailleries orthographiques. Je m'agrippais, trente mètres au-dessus du sol, et me balançais en piaulant de détresse. Tout avait commencé une semaine plus tôt, lorsque Rex nous avait embarqués dans son interminable chanson, *Talk to the Animals*, à laquelle il ne croyait plus du tout et qu'il ponctuait régulièrement de violentes crises d'insultes à base de noms d'animaux. La chèvre qui mangeait son postiche, le perroquet qui criait « Coupez ! » sans cesse... L'incompétence des animaux anglais amateurs le mettait hors de lui, et il se défoulait sur moi. « Le mouton et les canards à la con » se plaignit-il après la deuxième interruption de tournage de la journée, « me dérangent moins que ce singe qui cherche en permanence à me voler la vedette. »

Ce n'était pas facile à entendre. J'avais eu de la chance d'obtenir ce boulot après deux décennies sur les planches et il était important de rendre heureux celui avec qui je partageais l'affiche.

J'acceptai la cigarette à demi offerte de Rachel et sortis un de mes vieux trucs de secours, l'amusante et frivole bouffée de fumée recrachée du coin des lèvres. Mais Rex ne se calmait pas.

« Il te pique tes clopes maintenant, ou tu l'as laissé faire délibérément ? Tu as déjà bien entamé l'apéro, ma parole. »

« Quel charmeur irrésistible, mon chéri » dit Rachel. « J'étais justement en train de penser à quel point vous vous ressemblez, bien qu'il ait encore tous ses cheveux, lui, n'est-ce pas ? Je parie aussi qu'il arrive toujours à la lever. »

À partir de là, Rachel commença à m'appeler « Petit Rexy » — « Ooh, regardez ! Petit Rexy renifle son caca ! » — et à évoquer mon intelligence, mon charme, mon apparence, mon talent, ma virilité et mon odeur supérieures, les dernières choses, bien sûr, que Rex, l'impotent, alcoolique, cruel, vain, fragile, snob, méphitique et universellement méprisé Rex, avait besoin qu'on lui rappelle, lui l'être humain délicat et si peu sûr de lui sous sa carapace d'amertume protectrice.

Dans l'intervalle, Rex oscillait entre ses deux névroses : son fantasme de parler aux animaux — en tenant la jambe à des créatures exotiques sur les sujets les plus obscurs — et sa lubie de les insulter sans détour. « Si cette innommable chèvre de merde touche encore à mon postiche, je lui tranche la gorge » hurlait-il de son inimitable voix bourrue avant de repartir de plus belle, un sourire affable vissé aux lèvres, avec son improbable projet de cénacle multi-espèces :

Je parloterai de Platon avec un pélican
Sur le sexe je m'confierai d'homme à homard
Je discuterai matérialisme dialectique avec un merle d'Amérique
Et entreprendrai un perroquet pour savoir si Picasso c'est du passé

et cætera, et cætera. Franchement, la chanson de Rex était interminable :

> Ah, si j'pouvais papoter avec une panthère en panthérois
> Ou sonder un narval sur Gérard de Nerval
> J'aimerais questionner un rat musqué en rat-musquois
> Et sermonner des cervidés sur le vide sidéral...

Un très beau rêve, qui manifestement ratait son objectif. Inutile d'en parler. L'Humanité n'a pas besoin de mettre des mots sur son amour pour les animaux, pas plus que de s'expliquer ou de s'excuser davantage. Nous nous comprenons très bien mutuellement. D'ailleurs, Rex eut l'idée cauchemardesque d'inviter les animaux à participer aux discussions « sophistiquées » de l'incroyable Chaplin à Beverly Hills, où une faune malchanceuse était passée à la question sur le dernier Eugene O'Neill, etc. Seigneur, cette pauvre roussette ! Si Rex se lance sur Freud, elle va passer la nuit à l'entendre s'étonner qu'autant de ses petites amies se soient suicidées ou aient tenté de le faire. J'imaginais Rex faire le tour des dernières forêts de la planète pour aborder des gnous peu méfiants aux abords d'un point d'eau et leur tenir la patte en leur racontant, par exemple, la fois où il préféra ne pas appeler une ambulance alors que Carole Landis, sa maîtresse, s'était tuée avec du Séconal parce qu'il ne voulait pas que leur relation s'ébruite. Il s'attaquerait ensuite à quelques phacochères en hurlant que ces merdes n'ont pas la moitié de son talent ni de sa fortune.

Je compris tardivement toute l'horreur de la situation. C'était mon partenaire à l'écran, Rex, qui avait suggéré que j'accompagne les autres jusqu'à Combe Hall. C'était lui qui avait renvoyé la balle à Rachel : « Si le singe est aussi malin que moi, alors il sera sûrement capable de grimper dans cet arbre... » Ou bien est-ce que je deviens paranoïaque ? Demandez à Carole Landis si je deviens paranoïaque. Ah, quelle blague !

Vingt-cinq mètres plus bas, j'entendais Dickie pleurnicher (« Tout ceci est très contrariant ! ») et Rex faire habilement porter le chapeau à sa malade mentale de femme (« Satisfaite, darling ? Et si on le faisait descendre maintenant ? ») Je me balançais au-dessus d'eux sur les branches invertébrées qui me mordaient les mains et les pieds, et j'admirais les jolis champs du comté de Wiltshire. Je regardais les ombres de gros nuages bas et aplatis passant sur les blés gâtés par la pluie, comme les rêveries paranoïaques de l'esprit détrempé de vodka de Veronica Lake, et je les vis s'évanouir en une masse grise, bientôt réduite à une ligne noire à l'horizon, me rappelant un serpent malchanceux que j'avais connu autrefois. L'Angleterre : le pays qui fait rimer chimpanzé avec thé. Là, quelque part, devait se trouver Jane si elle était toujours de ce monde, tannée comme de vieilles bottes, ridée mais svelte et intraitable sur les loyers. (Peut-être Lady Combe était-elle Jane.) Et le Gamin, qui avait lui aussi fini en Angleterre. Il était probablement quelque part de l'autre côté des champs — producteur à mi-temps, au volant de sa MG, les mains entre les cuisses de la petite pépée qu'il amenait voir Maman.

J'ai connu un jour un homme qui parlait aux animaux. Lui n'a jamais eu besoin que d'un seul mot. Mais passons. Dans une tentative, enfin, de me rapprocher du tronc où les branches étaient les plus grosses, je me piquai les mains, lâchai prise, essayai de me rattraper mais n'empoignai que du vide. Je tombai. Heu, heum. La Mort. Je n'avais rien à faire ici de toute façon. Vous entendez un paquet de conneries sur Discovery Channel aujourd'hui, concernant le grand come-back des animaux. Croyez-moi :

n'essayez même pas, le come-back est un mythe. Ce fut un film horrible et j'y étais mauvais comme tout. Dans ma chute, je butai sur le premier souvenir de ma vie : Stroheim ! Je n'avais pas pensé à lui depuis des années !

Je continuais à dégringoler dans l'arbre mais, sans prévenir, ma chute fut freinée par plusieurs cabrioles instinctives, pas trop douloureuses malgré la vitesse. Tournoyant trois ou quatre fois à travers les branches à la vitesse de l'éclair pour atterrir sur mes pieds — ta-dam ! — à côté du paquet de Player's, je dus avoir fière allure. Le public du jardin, surpris, lança les applaudissements les plus sincères que j'ai entendus depuis longtemps. D'un air nonchalant, je m'offris une cigarette. Qu'est-ce que tu dis de ça, Rex ?

Il avait l'air d'un type qui vient de perdre deux mille « livres », pour parler comme les Rosbifs. Petite brute pusillanime, va : quasi-assassin, sac à merde apitoyé sur toi-même, radin, menteur, crétin, balourd — mais qui ne l'est pas un peu sur les bords ? Quelque part sous cette carapace, il y avait un être humain décent. Bon, d'accord : Rex Harrison est un irrémédiable enfoiré qui a essayé de m'assassiner — mais quand même, il faut s'efforcer de pardonner, quoi qu'il arrive... Sinon ce serait la jungle.

Je te pardonne, Rex.

Bref, je ne fus pas surpris, et même plutôt soulagé, lorsque j'appris ce soir-là qu'ils n'avaient plus besoin de moi. Rex en avait touché un mot à la production. *That's all folks !* C'est tout pour aujourd'hui, les amis.

2. Mes premiers souvenirs !

Il était une fois, dans un pays très très lointain... du moins assez lointain... enfin, pas tout à côté. C'est à dix-huit heures d'ici, même avec un vol direct depuis Vegas. Il n'en reste pas grand-chose à part quelques fermes et de la boue rouge. Don a regardé sur Google Earth.

Il était une fois, moi, le petit prince d'un royaume magique. Le premier souvenir qui me vient est une image de Stroheim, comme si c'est l'événement qui avait déclenché ma conscience. Stroheim tombe d'un figuier en courant après un singe bleu, boum, « Il était une fois », et ça y est, je suis lancé dans la vie. Mais laissez-moi vous expliquer les choses, très chers humains. Il faut que vous sachiez la suite...

Il y avait Maman, moi et ma sœur. Nous vivions dans la forêt au pied d'une falaise avec une vingtaine d'autres singes dont je vais devoir modifier les noms. Je dormais en altitude dans un de ces nids de feuilles que Maman nous préparait au creux d'une branche, Victoria enroulée autour de moi et Maman autour d'elle. Le matin, Maman nous faisait traverser le ruisseau pour aller pêcher des termites. Victoria lui grimpait sur le dos et je me suspendais à son ventre. L'eau était froide et le courant rapide se pressait contre moi pendant que nous traversions, mais je me suis toujours senti en sécurité. Lorsque nous escaladions les arbres à travers la canopée, Victoria avançait toute seule derrière nous, en suivant les petits cris de Maman.

Une fois arrivée aux termitières, Maman dénudait une brindille et la glissait dans l'un des trous, la laissant assez longtemps pour que les termites y fixent leurs mandibules. Vous pouviez les croquer une à une, les faire glisser dans votre bouche en une fois, ou les rattraper du dos de la main. Vous avez dû voir ça sur National Geographic. Victoria et moi étions trop jeunes pour les termites et j'adorais quand elle imitait Maman faisant ma toilette, ou me tenant en l'air par une jambe, la tête en bas.

Qu'est-ce que j'aimais d'autre ? Les figues... les fruits de lune... les bourgeons de passiflore... et un gros fruit vert-jaune qui pétillait quand on le mangeait, je ne sais plus son nom. Et aussi : Victoria, Maman, me tenir aux poils de Maman en la chevauchant, être allaité par Maman, jouer avec Frederick, Gerard et Deanna, le goût des feuilles que Maman mâchouillait pour en faire une petite éponge et récupérer l'eau de pluie, l'orange vif des têtes de touracos, les rêves de la corniche et, plus que tout, les danses de la pluie. Je n'aimais pas : les termites, les noix de palmiers, les faces de babouin, l'arbre qui avait tué Clara, l'odeur du python que nous poursuivions, Marilyn — que Maman avait dû affronter —, les jeunes mâles qui fonçaient sur Maman lorsque nous étions seuls, les cauchemars, les plaintes des léopards, Stroheim.

Vous n'avez jamais vu de danse de la pluie, n'est-ce pas ? C'était nous, dans toute notre splendeur. Dans les heures qui précédaient la pluie, vous sentiez l'électricité imprégner l'air. Vous grimpiez dans la basse canopée pour échapper à l'humidité, et vous la sentiez remonter le long des troncs derrière vous. Alors vous montiez plus haut, jusqu'à vous percher sur les plus hautes branches, dominant le reste de la forêt, essoufflé et collant d'humidité, trop fatigué pour attraper un seul de ces foutus fruits jaune-vert acidulés dont le nom m'échappe.

De l'autre côté de la forêt, vous entendiez les longs râles d'autres grimpeurs. Pas d'oiseau. Pas d'insecte. Seules nos respirations étouffées résonnant dans l'air humide. Puis les premiers grognements : de longs cris sourds, d'autres plus courts et plus aigus. Maman et ceux de notre arbre répondaient chacun avec leur propre cri, manière d'annoncer qu'ils en étaient. Puis les souffles s'épanouissaient en cris qui s'accordaient en un long refrain continu. Et quand la pluie commençait à lâcher ses premières gouttes, Maman se mettait à frapper le tronc et à secouer les branches comme pour réveiller l'arbre, et nos invocations de la tempête emplissaient la forêt. Par-dessus tout ce bruit, notre mâle dominant, Kirk, nous invitait à nous rassembler pour la danse.

Nous descendions de notre arbre et suivions son appel à travers la forêt. Dans mon souvenir, c'était toujours au crépuscule que surgissait Kirk, vingt fois ma taille, terrifiant de près, marchant au sommet d'une crête, debout dans l'herbe haute et hurlant sous la pluie qui s'intensifiait. Il semblait amadouer le tonnerre et l'attirer vers nous. Bien qu'en transe également, les autres adultes, comme Cary et Archie, étaient plus calmes et clairement frissonnants. Tout d'un coup, le tonnerre frappe la haute canopée, avançant par larges bonds tournoyants jusqu'au-dessus de nos têtes, au-dessus de nous, tout autour de nous. Alors brutalement l'air se change en pluie.

Les mères se réfugient avec nous dans les prunelliers pour mieux admirer la scène. Nous sommes totalement captivés. Depuis la crête, Kirk, illuminé par la foudre, sonne la charge à une vitesse étonnante. Et Cary, ce malin, découvre que les pierres en ricochant peuvent faire trembler le feuillage. Cary sait toujours certaines choses que Kirk ne connaît pas. Archie — plus petit que les autres — s'empare d'une branche qu'il frappe contre un tronc d'arbre, où il laisse une série de cicatrices blanches. Ce sont nos héros, et Victoria et moi sommes bien trop fascinés par tout ça pour avaler une seule prunelle. Aussi vite que d'habitude, le méchant tonnerre est vaincu et se retire, intimidé par notre vigueur ; les plus jeunes, comme Stroheim et Spence, le raccompagnent chez lui, imitant Kirk en dévalant, sur son passage, la piste qu'il a tracée. La pluie tombe comme des applaudissements, que nous buvons. Maman, Victoria et moi partageons enfin nos prunelles.

J'aime les danses de la pluie. Quand je serai grand, je serai de la partie.

Dans la forêt, nous étions les seuls à faire de l'art ou des outils, les seuls à coopérer : nous avions la culture la plus sophistiquée et la plus avancée de tous les animaux. Nous pensions qu'il n'y avait personne comme nous. Et Maman était notre reine. Ma mère était la reine du monde.

Elle était incroyablement belle, et pas seulement aux yeux de ses enfants. Je sais désormais comment décrire son pelage : il était de la couleur du Coca-Cola à travers les glaçons, un noir profond cachant un secret cuivré. Mais il dégageait aussi, surtout lorsqu'il scintillait de pluie, un halo d'un bleu évanescent comme un feu froid. Large d'épaules et trapue, son centre de gravité était bas, ses grandes mains et ses grands pieds lui donnaient l'air serein jusque dans ses déplacements. Son regard franc émettait une apaisante lumière ambrée. Elle n'avait perdu que quelques dents et arborait avec négligence une oreille en lambeaux comme une simple concession à l'imperfection — idem pour l'abcès à sa lèvre supérieure. Kirk maintenait son emprise sur nous, mais c'est Maman qui le soutenait, qui calmait Cary et les autres rivaux, qui nous toilettait, nous réconciliait et, de manière plus générale, empêchait tout le monde de s'entretuer.

Excusez-moi de me vanter mais c'est la stricte vérité. Elle était respectée et aimée ; Kirk, lui, n'était que craint. C'est vers Maman que Kirk et Cary venaient chercher du réconfort en geignant. Elle avait toujours deux coups d'avance et savait que Kirk profiterait d'une dispute entre Cary et Archie à propos de Marilyn pour frapper Veronica. Elle remonta les bretelles de Marilyn lorsque cette dernière mangea Jayne, le bébé de Veronica. On allait même rendre visite à Ethel, la mère estropiée de Stroheim, depuis que Maman s'était rendu compte que ça ferait du bien aux nerfs de Stroheim si sa mère montait un peu dans la hiérarchie. Ma mère encaissait avec grâce les coups qu'elle devait prendre et savait y faire dans les bastons.

Je me revois sur son dos pendant nos patrouilles, guidés par Kirk à travers le ruisseau, au fond du ravin surplombé par l'arbre de Clara. Nous étions six ou sept à marcher en file dans les herbes hautes — si hautes que, perché sur le dos de Maman, j'étais le seul dont la tête dépassait — jusqu'à la forêt de fruits de lune et de figues, là où notre territoire chevauchait celui des hostiles qui rôdaient de l'autre côté de la falaise. Nous faisions silence, souriant nerveusement, et je sentais les poils rêches de ma mère se hérisser sous moi. Ici, une branche qui remue pouvait annoncer un babouin, ou une bataille. Je n'ai jamais réellement vu d'hostile — j'ai encore du mal à croire en eux. Pour moi, les hostiles sont des formes noires répondant à nos appels depuis la crête à l'horizon. Nous écoutons vibrer le grand silence de l'existence. Au-dessous de nous, des singes à face blanche traversent la canopée à pas feutrés et des touracos exhibent leur crête orange. Quelque chose se dresse dans le silence. Nous nous effleurons les uns les autres. On est tous là, ouf. Du calme. À croire qu'on a vraiment besoin de se rassurer tout le temps. Tout le monde va bien ? Soudain, un cri sourd à la tête du convoi. Un arbre tremble et un mâle hostile atterrit dans un craquement de branches.

C'est la panique. Kirk et Cary sont debout et hurlent. Je me retrouve écrasé contre le dos de Maman alors que Spence et Stroheim se pressent derrière elle, s'agrippant frénétiquement l'un à l'autre, à ma mère, à moi, à n'importe quoi. Si seulement Kirk avait un bâton, une pierre, quelque chose ! Mais tout va bien. Ce n'est pas un hostile, seulement le vieil Alfred qui avait l'habitude de rôder avec nous et qui vit à présent de l'autre côté de la falaise. Même si on ne rencontre jamais les hostiles, on n'est jamais trop prudents.

Je me souviens de cet incident car Stroheim, les nerfs trop tendus, débouble en hurlant depuis les jambes de Maman où il s'était abrité, et asséna à Alfred un coup de pied sur la tête alors que ce dernier avait le dos tourné pour se faire toiletter. Tout le monde fut pris de panique à nouveau, mais Maman était là pour mordre le bras de Stroheim et l'arracher au maelström qu'il avait failli créer. Dans toute situation sociale embarrassante, elle tirait son épingle du jeu. C'est elle qui amadoua Stroheim parti bouder dans son arbre pour qu'il se joigne à la séance de toilette collective dont tout le monde avait besoin après ça. C'est elle qui l'embrassa, le berça, renifla sa blessure au bras (rien de sérieux) et lui épouilla chaque centimètre du dos pendant qu'il faisait comme si c'était la moindre des choses.

Son problème, c'est qu'il était incapable de jouer la comédie, même quand sa survie était en jeu. Tombant d'un figuier en ricochant entre les branches à la poursuite d'un singe bleu, le pauvre Stroheim tirait déjà, avant de toucher le sol, une moue d'indifférence terriblement peu convaincante. Se casser les côtes ? Bien sûr que c'était ce qu'il essayait de faire — les mâles dominants en devenir adorent ça !

Rien de ce qu'il faisait n'était convaincant. Quand ce gros empoté parvenait enfin à attraper un singe bleu, il était incapable de ne pas le laisser s'échapper dans la mêlée qui suivait. Le voir ensuite se diriger d'un pas nonchalant vers les arbres vides de fruits en feignant l'indifférence faisait de la peine. Alors que jouer la comédie était tellement important, tellement au centre de tout ce que nous faisions pour respecter la hiérarchie. Jouer les durs, jouer les blessés pour éviter le pire, jouer le détachement pour éviter le conflit, jouer jusqu'à vous mettre dans une rage crédible. Enfant, Stroheim n'avait pas assez joué parce que les jambes estropiées d'Ethel l'isolaient. Il était imposant pour son âge mais il ne savait pas de quel rôle il avait hérité : son jeu était donc sans espoir. Puisque les êtres humains ont à la fois une « mère » et un « père », vous devez vous représenter ça assez facilement. Imaginez le déchirement quand les deux choses qui vous ont créé se battent constamment...

Or nous n'avions que des mères, qui nous construisaient des nids de feuilles et nous berçaient quand nous gémissions dans notre sommeil, rêvant de cet oiseau rouge, bleu, vert et doré à la fois, ou de la falaise, où j'ai toujours imaginé que des singes plus sages et plus doux que nous régnaient sur un paradis de figuiers. Nos mères nous réveillaient d'un souffle au visage. Elles étaient toujours auprès de nous, sauf quand elles grimpaient dans un arbre étrange pour en faire tomber des fruits en le secouant. Je me souviens avoir attendu et attendu dans l'herbe, pendant une minute qui parut une éternité, que Maman secoue les branches au-dessus de moi. De la canopée chutèrent ces fruits jaune-vert et acidulés... dont le nom tombe à présent, d'une obscure branche de ma mémoire, en tournoyant doucement dans sa chute, dans ma magnifique demeure de Palm Springs : des *pommes cannelles sauvages*.

J'étais un petit prince, dont la mère était la reine du monde. Et puis tout a changé.

En 1939 ou dans ces eaux-là, je me souviens être allé avec Nigel Bruce à une soirée costumée à la « paillote » — vous auriez pu y faire entrer la plage entière — de Marion Davies. Bruce était ce Docteur Watson excessivement lent à la détente qui avait joué dans *Sherlock Holmes* aux côtés de Basil Rathbone. Thème de la soirée ? Les stars de cinéma. Wallace Beery était venu en Rudolph Valentino. Joan Crawford en Shirley Temple. Shirley Temple en Joan Crawford. Gloria Swanson en Gloria Swanson. W. C. Fields s'était grimé en Rex l'étalon sauvage. Rex n'avait pas été invité. Champion le cheval fantastique était venu en Rintintin. Personne n'était venu en Charles Foster Kane. Et Nigel Bruce, l'ami de Johnny qui s'était débrouillé pour m'emprunter à la MGM, était venu en Tarzan. Il portait un collant lâche, vaguement rose, qui lui recouvrait tout le corps et sur lequel était imprimé un slip léopard. Nigel était un chic type et m'avait procuré un cigare afin que, si quelqu'un demande, il puisse dire que j'étais en Groucho Marx. Je tirais Nigel par la main, convaincu que j'allais forcément croiser Johnny dans la salle de danse. Je jurai l'avoir vu, pensai l'avoir revu, entrevis de la peau nue et du cuir qui s'avérèrent être un Peau-Rouge, et puis je le vis à nouveau...

C'était vraiment dommage pour Nigel et pour mon cœur abusé que Melvyn Douglas, Walter Pidgeon, George Axelrod, Louis Calhern, Francis Scott Fitzgerald, au moins deux des fils Hearst et Myrna Loy soient tous venus en Roi de la Jungle. Certains avaient un collant intégral avec les coutures apparentes, d'autres n'avaient pour tout vêtement qu'un pagne, des plus impressionnants : tous (hormis Fitzgerald qui avait accidentellement oublié le sien aux vestiaires) étaient accompagnés de chimpanzés en laisse, pour la plupart temporairement libérés sous caution par le zoo de Hearst à San Simeon. Et, pendant ce temps, Johnny restait introuvable. Mais une fois de plus, comment aurais-je pu savoir où chercher ? Il pouvait être aussi noir que Al Jolson le chanteur de jazz, ou masqué comme cette connerie de Fantôme de l'Opéra.

Mais je m'éloigne de mon sujet. Le thème récurrent de toutes les fêtes chez Marion était : le Sexe fin saoul. Cette nuit-là, je finis dans l'une des petites *cabañas* éparpillées aux alentours à regarder mes nouveaux amis Ronald Colman, Paulette Goddard, Hedy Lamarr, Harry F. Gerguson alias « Le Prince Michael Alexandrovitch Obolensky-Romanoff » du restaurant Romanoff et environ une demi-douzaine d'autres humains, assez spéciaux mais pas vraiment célèbres, copuler en masse, et je pensais : *bonobos. Bande de putain de bonobos.*

J'étais lugubrement perché sur une coiffeuse *Lewis Quatorze* qui avait sans nul doute orné un jour le *Palais* de Versailles, bâillant dans ma bouteille de Canadian Club. Mes collègues vaquaient laborieusement à leurs obligations biologiques d'une longueur exagérée, quand je m'aperçus qu'il manquait une note à cet attirant bouquet olfactif d'urine, de vomi, de mycose, de sueurs et de menstruations. Pas une seule des six ou sept femmes n'ovulait. Il était inutile, ruminai-je, que cette chère Paulette retire de sa bouche le phallus de Paul Henreid, qui arborait toujours sa moustache de ruban adhésif à la Charlie Chaplin, pour cracher par-dessus son épaule à Colman qui la besognait, « Ne me fous pas enceinte, Ronnie, OK ? Finis sur mon cul. »

Comme je les enviais, ces humains qui, comme les bonobos, ne restreignent pas le sexe aux seuls moments où la conception est possible. Et c'est ça, compris-je soudain, qui faisait toute la différence. Comme ils avaient l'air heureux ! Quelle douceur et quelle gaieté dans cette scène ! Quelle rigolade — malgré sa longueur d'un comique quasi attachant. (Pas pour me vanter, mais j'ai toujours tiré une certaine fierté de ne jamais accorder plus de quinze secondes au plaisir d'une femelle, parvenant même en quelques mémorables occasions, grâce à de brillantes techniques et à la considération de ma partenaire, à finir en moins de deux ou trois secondes.) Là, dans les vapeurs capiteuses de bourbon sur ma table *Lewis Quatorze*, je me demandais pourquoi il n'en était pas de même pour nous. Pourquoi tout ne devait-il être que hiérarchie, possessivité, sang et bousculade ?

L'amour a ses mystères, faut croire. Grâce à ces bonnes vieilles émissions de National Geographic et de Discovery préprogrammées dans le salon télé, j'ai enfin pu comprendre une chose ou deux qui m'avaient échappé jusqu'ici. À l'époque, je ne comprenais pas pourquoi les chaleurs de Maman suscitaient un tel cirque. Pourquoi nous était-il impossible d'aller tous les trois quelque part sans un sillage de mâles hurlants, les poils dressés comme de la limaille, avançant dressés sur deux pattes dans un délire de violence et d'insécurité ? Lorsque Maman s'accouplait avec Kirk, Cary, Lon, Archie, Stroheim, Spence, Mel ou Tom, nous profitions d'intermèdes relativement calmes, pouvant durer jusqu'à une dizaine de secondes. Mais le reste du temps, nous nous baladions dans une forêt de pénis saillants qui n'attendait qu'un regard mal placé pour s'enflammer. Nous nous déplacions sur la pointe des pieds à travers un terrain miné d'érections.

La tension entre Cary et Kirk mettait constamment nos nerfs à l'épreuve. Et chaque saillie était suivie de longues et nécessaires réconciliations, qui elles-mêmes se terminaient de plus en plus souvent par de nouvelles bagarres, qu'il fallait panser à leur tour. Tout le monde était constamment en train de se battre ou de se réconcilier. (Nous avions un couple de voisins comme ça à Palm Springs, jusqu'à ce que, Dieu merci, madame le foute dehors.) Spence s'était fait casser le doigt par Cary, qui avait été blessé à l'épaule par Kirk, qui se traînait une fracture à la cheville infligée par Lon et Cary. Maman n'y pouvait rien puisqu'elle était le détonateur. Son somptueux vagin tendu et enflé, grand comme deux fois sa tête, était le flambeau de la discorde. Quand elle se présenta au jeune Spence, Kirk prit le pied de son rival entre les dents et l'envoya valdinguer avec une telle force qu'il lui arracha un orteil. Il avait eu le dessus, c'était de bonne guerre j'imagine.

À peu près au moment où les chaleurs de Maman atteignaient leur apogée, Cary tua deux petits singes colobes et, profitant que les autres soient occupés à festoyer, Maman s'éclipsa avec nous pour aller boire au ruisseau. Archie sortit d'entre les arbres sur les poings, nous saluant d'un léger grognement, puis Maman, lui et Victoria se toilettèrent mutuellement un moment. Archie traversa le ruisseau et agita une branche pour nous faire signe de le suivre. Maman me fit monter sur son dos et nous avançâmes à sa suite : je la chevauchais, cherchant du regard les oiseaux multicolores, les ouistitis et les touracos dans la canopée. Victoria avançait tranquillement à quatre pattes derrière nous, tenant un bâton-termites qu'elle s'était fabriqué avec une branche de msuba, et Archie nous montrait le chemin, secouant impatiemment les branches quand nous traînions derrière.

Lorsqu'on essaya de faire demi-tour, il déboula de sous les arbres en rugissant et en nous chargeant, et je fus éjecté du dos de Maman qui s'affala sous l'impact. Il l'attrapa par la jambe et la traîna sur la piste, la frappant et la martelant de coups, puis repassa devant nous tous poils dehors et s'assit, attendant qu'elle arrête de pleurer et qu'elle vienne le voir... ce qu'elle fit. Elle n'avait pas le choix : elle devait s'occuper de nous, vous comprenez. Il s'excusa avec des baisers et des caresses, et la toiletta un moment avant que l'on se remette en route. C'était le début de ce que National Geographic appelle « la période de concubinage », et Discovery « la lune de miel dans les arbres ».

Où Archie nous emmenait-il ? Très loin au-delà des collines : plus loin que là où nous étions tombés sur Alfred, à travers d'étranges forêts d'arbres couverts de mousse, jusqu'aux hautes terres, à côté de la falaise où les nuages s'attroupaient et où détalaient de petits groupes de mangoustes avec des grenouilles à la bouche. Nous fîmes un nid dans un msuba géant à côté d'une termitière, et Archie embrassa les blessures de Maman, la toiletta, s'excusa pendant des heures et copula avec elle encore et encore. Le jour suivant, Maman et Archie nous amenèrent pêcher la termite, Victoria et moi. Et pour être gentil, Archie me montra comment faire un bâton-termites.

Maman avait du mal à jouer avec nous car Archie ne la lâchait pas, et si on tirait sur sa fourrure pendant qu'elle se faisait pénétrer, elle nous envoyait jouer ailleurs. Victoria m'apprit à escalader. Archie, lui, s'amusait comme un fou : il était constamment en train soit de copuler, soit de gober des termites avec ses horribles bruits de bouche. J'ai goûté un bout de mangouste, mais je n'ai pas aimé. Temps de merde tout du long.

Je me souviens aussi qu'un soir vers la fin de la « lune de miel », nous avons été surpris par le cri d'un étrange animal venu de très très loin. Les cris distants des hostiles s'étaient évanouis au crépuscule, et vinrent alors ces autres cris — des *boum* soudains, comme de brefs coups de tonnerre dans un ciel sans orage. De courtes séquences à l'écho traînant, lointain mais puissant. *Boum, boum, boum. Boum boum...* Six mois après, j'étais en train de tirer sur une Lucky Strike et de faire des blagues au téléphone dans une taverne du Lower East Side de Manhattan. Voilà ce qu'il s'est passé :

Nous étions en train de rentrer vers notre vieux territoire quand nous croisâmes Kirk qui se prélassait entre les racines d'un msuba, dans un puits de lumière éclairant un nuage de mouches dorées. Il s'était gavé de fruits de la passion et son torse était recouvert de jus et de pépins. Je vis alors les traits blancs de ses côtes et l'activité qui y régnait. Je compris que les pépins étaient des mouches et que le jus était le sang de Kirk. Archie se précipita vers lui, puis fila. Maman aboya fébrilement dans l'air et frappa le sol de ses quatre pattes. Victoria faisait des allers-retours rapides en piaulant aveuglément et je compris que quelque chose de terrible se passait. Archie se précipita sur Kirk dans son nuage de mouches, lui souleva la main et la laissa tomber. Il recula et recommença. La main de Kirk ne réagit pas — je n'arrivais toujours pas à comprendre qu'il était mort, comme peuvent mourir un phacochère ou un singe bleu. C'était trop difficile à imaginer : Kirk, notre danseur de pluie héroïque, notre roi conquérant de la foudre !

Nous avançâmes rapidement, sans nous toiletter, les poils de Maman se hérissant sous moi... La Mort nous collait au train : je pris peur en croyant que j'avais fait quelque chose de très mal et que j'allais être puni pour ça. Ce n'était pas moi, je voulais que Maman le sache. C'était un léopard — ou peut-être était-il tombé d'un arbre, comme Stroheim ! Nous traversâmes le ruisseau vers l'endroit où les chaleurs de Maman avaient commencé, et la sensation de mort passa à gué avec nous. Elle escalada jusqu'aux nids vides de l'arbre où nous nous étions installés et s'allongea à côté de nous. Quand nous nous réveillâmes, nous vîmes un autre mâle adulte, dont j'ignorais le nom, coincé dans les branches au-dessus de nous, mangé par les babouins ou le léopard qui l'avaient laissé suspendu là et bien plus mort que Kirk.

Même Victoria et moi avions compris, je pense. Qui d'autre avait pu faire ça ? Tout ce que nous savions des hostiles, c'est qu'ils étaient hostiles. C'était typique du comportement d'un hostile, en y réfléchissant. Maman grimpa au sommet d'un pommier cannelle et hurla aux quatre vents, sans réponse : la mort semblait grouiller dans toute la forêt. Elle nous guida au trot jusqu'à l'une des crêtes de hautes herbes qui partaient de la corniche et surplombaient la canopée. Aucune silhouette sombre dans les cimes des arbres, aucun sillage pointillé dans les pentes d'herbes hautes ; pas plus d'amis que d'ennemis. Et puis, là où la crête s'aplatissait, absorbée par la forêt, nous entendîmes enfin un long cri grave venant d'en face, et bien que les poils d'Archie se soient hérissés, je reconnus la voix de Spence.

Le malheureux boitait. Connards d'hostiles, ai-je pensé alors (c'est ma traduction). Il poussa un autre cri plus faible et essaya de sortir de l'abri des arbres pour s'avancer sur la crête dans notre direction, en vain. Il gémit et essaya de lever le bras pour nous faire un signe, Maman me déposa dans les hautes herbes et galopa vers lui, suivie par un Archie au sourire nerveux. Victoria trottina après eux à travers les écheveaux de brouillard qui s'effilaient sur la crête. Elle les rattrapa et alors qu'ils arrivaient tous les trois en bordure des arbres, Spence disparut soudainement et les hostiles déboulèrent droit sur eux en hurlant depuis les hautes herbes. Je vis Cary se laisser tomber hors du feuillage obscur à la lisière de la forêt, suivi par d'autres adultes et par Stroheim.

Archie se fit engloutir sous une marée de dos hirsutes et ce fut la dernière fois que je le vis. Je n'ai jamais revu Victoria : le dernier souvenir que j'ai de ma sœur, c'est elle, rattrapant Maman. Je me suis sauvé en descendant par le même chemin, soudain capable de courir, et en tombant, je me suis retourné vers la crête et j'ai vu Maman courir vers moi, Maman et deux hostiles — sauf que ce n'était pas des hostiles mais Cary et Spence, qui m'avaient donné des morceaux de fruits de lune quand j'étais petit — courant épaule contre épaule avec elle. Elle tomba, ou on la fit tomber, et Cary s'emboutit contre elle tandis que les autres les rattrapaient. Depuis les hautes herbes je la regardais essayer de se redresser. Stroheim la dépassa rapidement, caracolant d'excitation, mais je ne le vis pas porter de coup. Aller à son secours ne me vint même pas à l'esprit. Je m'échappai simplement par le flanc de la crête, là où la pente était si raide que j'aurais pu tomber dans la canopée en contrebas.

J'avançai à tâtons sous le dédale de branches où j'étais caché et continuai ainsi à l'aveuglette, jusqu'à ce que je m'arrête pour me reposer dans un petit berceau de branches. Au bout d'un moment, je ne voyais plus aucune raison d'aller où que ce soit : Maman était ma seule maison, et elle me retrouverait si elle le pouvait. Alors je n'ai plus bougé, sauf une fois pour attraper des feuilles, quand le berceau commença à me faire mal. Je respirais, dormais, ne m'énervais pas, et laissais la pluie s'abattre sur moi comme sur tout le reste.

Ce qui nous est arrivé, très chers humains, n'avait rien d'extraordinaire. Je suppose que Cary avait monté un putsch contre le vieux Kirk et ses deux principaux rivaux. Et alors ?

Tout ça, c'était politique. Tôt ou tard, toute créature vivant dans une forêt doit apprendre que les seules réalités de l'existence sont la hiérarchie, le règne des mâles dominants, et la danse constante de la mort. Des termites aux touracos en passant par les ouistitis et les pythons, des mangoustes aux léopards et aux singes, chacun d'entre nous, chaque seconde de chaque jour, essaye de repousser la mort sur un autre. Même les phacochères tétant leur mère volent le lait de leurs frères et sœurs ; les arbres et les plantes, pareil. Tout ce qui a vécu a tué. Nous étions destinés à être la meilleure des créatures, le parangon des animaux, mais nous nagions nous aussi dans la fange, enlisés jusqu'au cou. Je regardais les touracos autour de moi transpercer des chenilles et me répétais qu'il devait bien exister quelque chose — pas grand-chose, presque rien, mais au moins quelque chose — qui n'était pas hostile jusqu'à la moelle. Hélas ! tout était pétri de mort : toutes les créatures, grandes ou petites.

Je suis resté dans mon arbre pendant une éternité : un jour et une nuit, et un jour, et une nuit, et un jour. J'entendis les oisillons de touracos piailler pour leurs chenilles ; je regardai l'oiseau bariolé se poser et s'envoler et je me demandai si j'allais devenir un oiseau moi aussi, maintenant que j'avais décidé de ne plus toucher le sol. J'entendis hurler et aboyer tout près ; je vis Cary s'élancer hors du feuillage du prunellier juste à côté de moi, la branche plier quand il atterrit, et l'aisance avec laquelle il se déplaça vers mon nid entre les côtes de l'arbre. C'est seulement au moment où il arriva au-dessus de moi que je compris que je n'avais pas encore capitulé. Je ne voulais pas mourir : à ma grande surprise, je voulais vivre.

N'ayant aucune chance de pouvoir grimper plus vite que Cary, j'attendis que ma branche vacille sous son poids, puis je me laissai tomber d'un bond dans ce que j'avais cru un temps être ma petite principauté. Je courus sur des jambes cotonneuses, pensant que le pire qui pouvait m'arriver était d'être poursuivi et de trouver Maman et Victoria avant que les léopards ne m'attrapent. Mais, constatai-je, encore plus proche de moi que Cary, et encore plus effrayant, se tenait Stroheim. Il bondissait presque de jubilation en voyant son monde subitement devenu beaucoup plus simple. Ce gros con de Stroheim qui plus tard, soit dit en passant, partit faire une carrière de rien du tout à Hollywood. De fait, la MGM le prêtait généralement à la RKO, où il apparaissait de temps en temps dans des séries B de dixième ordre, avec son cou de taureau, son visage chevalin et plus un cheveu sur le caillou, fixant la caméra avec une aura digne de George Raft. Si vous vouliez un singe capable de s'asseoir à un endroit sans taper dans les meubles et rien de plus, c'était votre homme. Il était l'échelon juste au-dessus du singe empaillé, mais je dois bien lui reconnaître un talent : il respirait de manière tout à fait convaincante. Désolé, je digresse. Où en étais-je ? Ah oui : sur le point de me faire assassiner par un figurant. Je sentis les doigts de Stroheim m'attraper le bout des talons, puis réussir à m'agripper, avant de déraper sur une marée de feuilles glissantes. Je le retrouvai alors au-dessus de moi, puis, horreur, tout autour de moi, au moment où Cary, emporté par son élan, nous percuta dans sa chute. C'est donc dans une boule d'ennemis — une sorte de pelote entortillée comme celle des serpents — que je mourus et commençai à m'élever vers le paradis.

Je montais en flèche vers la canopée, vers le ciel. Je m'élevais plus vite que l'on ne chute. J'avais compris que j'allais devenir un oiseau... tout faisait sens. Un oiseau bariolé, c'est ce que vous deveniez en mourant. Puis, stoppés net, nous restâmes suspendus tous les trois, encore enchevêtrés dans notre boule de haine, interdits d'accéder à la prochaine étape de la vie.

À environ trente centimètres de mon visage, je vis un singe au visage blanc, à la robe complexe, qui souriait. C'était, comme je le découvris plus tard, M. Tony Gentry, dont les funérailles en 1982, à Barstow, Californie, furent une affaire tellement solennelle que je finis par interpréter quelques-unes de mes soupes atonales (pas encore disponibles sur CD, mais on y réfléchit) à l'orgue afin de remonter un peu le moral de tout le monde.

« J'en ai trois ! » cria le singe. « Trois chimpanzés en train de jouer ! »

Humanité. Dieu merci tu existes.

Nous fûmes déposés au sol, séparés, et gentiment conduits dans des cubes de bois. Des mains délicates nous placèrent dans ces chambres ; des voix délicates nous incitèrent à manger. Je vis de vieux amis dans d'autres cubes : mes vieux copains Frederick et Gerard. Et d'autres, innocents et coupables, sans distinction. Nous étions certainement toujours en vie, bien qu'il me semblât également possible que nous soyons tous morts et dans un autre monde. Je n'aperçus ni Maman ni Victoria.

Deux jours étrangement cauchemardesques plus tard, nous étions assis sous la mousson dans une ville dont Don est presque sûr qu'elle devait s'appeler Kigoma, un vieux terme d'Afrique occidentale qu'on pourrait traduire par « Délivrance ! »

3. Toutes voiles dehors !

Quand je repense à mes derniers jours en Afrique, j'ai toujours en tête les mots de Maureen O'Sullivan au début de ma carrière. « Là, là, Cheeta. La douleur finira par partir. Il le faut bien. Sinon aucun d'entre nous ne pourrait supporter de vivre ! »

Ainsi Maureen tentait-elle, avec quelque désinvolture, trois quarts d'heure à peine après le début de *Tarzan et sa compagne*, de me consoler de la mort de ma mère-à-l'écran. Une mère qui venait tout juste de s'empaler sur la corne d'un rhinocéros en pleine charge en tentant de sauver la vie de Jane ! Maureen parla d'un ton sec, de cette voix flûtée qui est sa marque de fabrique : on aurait dit, non qu'elle m'aidait à faire le deuil d'un être cher dont elle avait causé la perte, mais qu'elle me remontait le moral après qu'on m'eut par surprise viré de l'équipe de croquet. Je m'éloigne un peu du sujet mais si la fille de Maureen, Mia Farrow, avait été charcutée par un rhinocéros en essayant de me sauver la vie, je serais illico allé la voir avec des excuses que j'aurais au moins essayé de faire paraître sincères. (Bien que, oserai-je le dire ?, le rhino serait devenu sacrément populaire à Hollywood.)

Mais c'était du Maureen tout craché, j'en ai peur. Incapable de simuler de l'affection pour les animaux même si, pour être tout à fait honnête et rendre son dû à cette vieille mégère inoffensive, j'étais probablement sa seule tête de Turc.

Pour être vraiment, tout à fait, complètement honnête, je crois qu'elle ne s'était pas remise du déclassement induit par le titre du film. Pas *Tarzan et Jane*, notez ; ni *Tarzan et sa femme*. Mais *Tarzan et sa compagne*. C'est-à-dire un buddy movie bâti sur le duo Weissmuller-Cheeta et son alchimie. Une pilule amère à avaler pour Maureen, mais là, là, ma grande, la douleur finira par partir. En fait, aurions-nous été capables de communiquer elle et moi, c'est exactement ce que j'aurais dû lui dire lorsqu'elle sanglota, encore une fois, en m'insultant après que je lui eus de nouveau mordu le flanc : « Là, là, Maureen. La douleur finira par partir ! » Je me demande comment elle aurait pris cette consolation alors qu'elle hurlait à l'équipe de lui trouver de l'iode et des pansements !

Pardonnez-moi, je m'écarte complètement du sujet. Pour info, Maureen et moi avons eu nos hauts et nos bas, je ne le nie pas. Mais il y a toujours eu un immense respect professionnel mutuel entre nous, et je crois que nous chérissons tous les deux notre relation, rendue plus intense par nos taquineries.

Ce sont des propos pleins de sagesse, qu'importe qu'ils aient été prononcés si bêtement par une si mauvaise actrice. La douleur finira par partir. Il le faut bien. Sinon aucun d'entre nous ne pourrait supporter de vivre. Peu importe si la souffrance ne s'efface pas : il faut continuer. Ce qu'a dit Jane reste vrai — appelez ça la Loi de Jane. Au fond d'elle, la douleur a des intérêts à long terme. Comme un virus trop intelligent pour tuer son hôte, elle décline, meurt et, à notre grande surprise, nous lui survivons. Comme mon très cher ami Ronnie Colman, par exemple, qui réussit à survivre à son divorce dévastateur d'avec Thelma Raye et à se remarier avec ma collègue Benita Hume, tout à fait adéquate dans le rôle de cousine Rita pour *Tarzan s'évade*. Ou comme Benita elle-même, qui traversa cette horrible période après que les poumons du pauvre Ronnie l'eurent lâché : elle sut reprendre du poil de la bête et épousa George Sanders. Ou comme George lui-même, quand le cancer des os emporta sa Benita bien-aimée. Je veux dire qu'il alla de l'avant, du moins jusqu'à ce qu'il n'en puisse plus et se suicide dans un village de pêcheurs près de Barcelone par une journée du printemps 1972. Il laissa derrière lui un mot traitant le monde de « fosse septique ». Euh, non, tout bien réfléchi, mauvais exemple ! La Loi de Jane connaît quelques tragiques exceptions...

Bref, j'étais assis sous la mousson du quai de Kigoma, maigre à faire peur, toujours en état de choc, et une voix entêtante me disait que je n'avais pas encore le cul sorti des ronces. Mais j'étais plus jeune et plus résistant ; la douleur et la peine commençaient à me quitter ; j'avais la rage de l'immigré : un peu, que j'allais survivre !

Avoir été sauvé était déjà un miracle en soi. Mais il y avait aussi l'incroyable soin porté à notre réhabilitation, dont j'aime à croire qu'il était dû au légendaire souci du détail d'Irving Thalberg. Nous n'avions pas moyen de le savoir, mais le quai de Kigoma accueillait ce jour-là un assortiment de gorilles, de singes et d'autres créatures que les dénicheurs de talents de la MGM avaient sélectionnés parmi des milliers de candidats prêts à jouer dans les films de la Metro. Nous faisions maintenant « partie de la famille », comme Louis B. Mayer le répétait à tout le monde, du charpentier à Norma Shearer. Nous étions un bien précieux, dorloté dans un écrin. D'où les petites caisses de protection dans lesquelles nous atterrîmes, confortablement calés sur le quai. Nous étions logés deux par deux, en sûreté à l'intérieur de ces ingénieux abris en lattes de bois où les mâles dominants enragés ne pourraient jamais nous attraper. C'était la petite touche typique de la Metro. Une fois qu'elle vous tenait, c'était pour de bon. Tous vos désirs seraient exaucés.

Je nous revois, Gerard et moi, ensemble, Frederick et la petite Deanna dans la caisse d'à côté, Stroheim et Spence — les aspirants mâles dominants — dans leurs abris individuels, heureusement hors de portée. Cary était invisible. Nous passâmes l'après-midi à nous prélasser, profitant de cette sécurité pour nous gaver de fruits étranges à l'abri du déluge et de nos ennemis.

D'autres animaux choisis par la MGM arrivèrent dans leurs propres abris tout au long de cette journée bizarre et déroutante. C'était absolument ingénieux... un système incroyable ! On retrouvait, tassés les uns contre les autres, un couple de léopards, des dizaines de babouins, des singes-araignées, des singes bleus ou à queue rousse, des phacochères et des mangoustes. Quand l'odeur putride d'un serpent se fit sentir, je compris qu'un python venait de faire son apparition au-dessus de nous. Mais nos abris nous préservaient du conflit. C'est comme si vous aviez pris la jungle et en aviez vidé la mort. Ici, sur les débarcadères du fleuve Zimburu, dans le campement humain de Kigoma, je vis pour la première fois une forêt regroupée en paix cul à cul par l'entremise d'Irving Thalberg, Prince d'Hollywood.

Une fois gavés de fruits exotiques, Gerard et moi passâmes notre temps à lancer nos restes, à travers les lattes, sur le léopard qui tournait en rond dans l'abri d'à côté. Je n'avais jamais vu un léopard d'aussi près. Pourtant, il ne semblait rien remarquer des projectiles qui touchaient ses flancs. Nous paradâmes devant lui sans attirer son attention. Nous fîmes une toilette énergique et vers la tombée de la nuit, la pluie s'abattit, libérant des odeurs qui s'élevaient de nous comme la brume — le musc des serpents et des singes, l'odeur terreuse des phacochères, et d'autres senteurs aussi indescriptibles que de nouvelles couleurs.

Ces effluves rendirent notre excitation plus sonore, et les cris et les aboiements s'élevèrent : la voix de Spence et celle de Frederick, des grognements, des gémissements et des sifflements, les échanges musicaux des touracos, les couinements des ouistitis, les trilles hypersoniques des serpents — ou peu importe le putain de bruit qu'ils font — et d'autres voix que je n'avais encore jamais entendues et ne pourrais même pas vous décrire. Je compris que nous étions des centaines et des centaines entassés dans nos abris, ici, à Kigoma. Peut-être la forêt entière était-elle en passe d'être évacuée ! Peut-être avions-nous tous, jusqu'aux termites, un potentiel de star aux yeux de Thalberg !

Alors, tandis que nous nous congratulions les uns les autres, baignés par la lumière rasante du soleil couchant, un mur brillant se dressa dans le fleuve — j'appris plus tard qu'il s'agissait d'un cargo de 420 tonnes et 65 mètres, le SS *Forest Lawn*. Bref, avec ce cargo ainsi illuminé sur le fleuve, il me sembla que nos cris de soulagement résonnant en chœur à l'idée de quitter l'Afrique avaient quelque chose d'ironique.

C'est plus ou moins mon dernier souvenir de cette terre puisque je me suis endormi peu après et qu'à mon réveil elle n'était plus là. Elle n'est jamais revenue et, pour cette délivrance, je porte un toast à chaque être humain sur cette planète !

Nous ne sommes pas tous devenus des stars, ni même de simples figurants, mais je peux dire avec une certaine fierté et une grande tendresse que le *Forest Lawn* transportait probablement la plus grande concentration de talents simiesques, aviaires et pachidermiques jamais rassemblés. Des années après, vous pouviez croiser des éléphants, des antilopes ou des zèbres du *Forest Lawn*, des animaux un peu cons qui avaient oublié d'où ils venaient. La mémoire des éléphants — laissez-moi vous le dire une bonne fois pour toutes — n'est pas ce qu'on croit. Mais moi je me souviens très bien de tout.

La vocation première de cet endroit semblait d'être un centre de réhabilitation. Les humains devaient avoir conscience du traumatisme vécu par la majorité des animaux dans la jungle, car nous fûmes tous soumis à une fastidieuse période de repos total et de relaxation. Cela se traduisait par une obscurité quasi permanente, doublée d'une absence totale d'interaction sociale, potentiellement dangereuse ou anxiogène, et surtout d'une absence totale d'exercice. Un grand nombre d'animaux avaient besoin d'une thérapie si intensive qu'ils adhérèrent à cette routine pendant toute la durée de leur séjour à bord. On nous encourageait à dormir, apaisés par un bourdonnement constant et un léger roulis, aussi surprenant que relaxant finalement, qui laissait nos nerfs brisés se réparer. La tension s'écoulait. Gerard et moi avons passé presque tout notre temps à dormir dans les bras l'un de l'autre.

Des lumières vives explosaient à intervalles réguliers lorsqu'un sauveteur interrompait nos siestes de vingt heures en nous portant un nouveau seau de fruits exotiques. J'en profitais pour regarder autour de moi et établir un *Who's Who* de notre petite fête. Il y avait des oiseaux empilés dans de petites boîtes pas plus grosses que ma tête, un délicieux assortiment de singes comestibles, des phacochères d'allure tout aussi délicieuse, un chimpanzé gras et poilu au visage noir et à l'air doux, quelques pythons qui se prélassaient, six ou sept autres chimpanzés et un serpent gris anthracite dont j'eus instinctivement peur. Stroheim et Spence s'agitaient et hurlaient comme des idiots — je les ignorais : franchement, relax les mecs, on est là pour se détendre. « Et voilà, les gars » disait notre gentil sauveteur en poussant des fruits entre les lattes de nos abris. « Voilà pour vous, mes petits bâtards poilus, mes petits enfoirés abandonnés. »

Pour être honnête, ce qui changea tout à bord du *Forest Lawn* fut un fruit : la banane. Ma première banane ! Je me souviens m'être posé la question : pourquoi on ne mange pas ça, nous ? Pourquoi est-ce qu'on n'a pas ça dans la forêt ? J'eus le même sentiment bien des années plus tard en goûtant mon premier martini digne de ce nom chez Chasen — je fus bien étonné d'ailleurs d'apprendre que c'était légal. Idem pour mon premier rail de cocaïne entre les seins de Constance Bennett. La chair : ferme et légèrement croquante, mais fondante dès que vous la preniez en bouche. Je parle de la banane, pas des seins de Connie. La peau : caoutchouteuse, au contraste sensationnel, avec en prime un bout fibreux que l'on pouvait mâcher longuement pour conclure. Je parle toujours de la banane. La saveur : plus astucieuse que celle de n'importe quel fruit.

Ma deuxième banane devait être, j'ai honte de le dire, celle de Gerard. Mais comme bien d'autres chimpanzés, il était devenu si léthargique avec cette discipline de sommeil constant et de repas tout prêts du *Forest Lawn* qu'il ne bougeait même plus lorsque les sauveteurs nous apportaient des fruits.

Nous avions instauré notre petite routine, ce sauveteur et moi : je m'agrippais aux lattes de l'abri quand il approchait et plongeais la main dans son seau. « T'es un vrai petit Dillinger, hein, espèce de salopard ! » fredonnait-il pendant que je fouillais dans le seau à la recherche des bananes. Parfois, il me tendait d'autres fruits — une pomme cannelle, une figue, une demi-orange — et attendait ma réaction avant de me donner la seule chose qui ne lui attirait pas un silence désapprobateur. D'autres fois, il tendait les mains, un fruit différent déformant chacun de ses poings, et il m'autorisait à ouvrir les doigts de l'un des deux — la banane, merci beaucoup. Autre jeu : quatre figues à gauche de l'abri ou une banane... La banane, merci. (Tout ceci, soit dit en passant, sur fond de hurlements d'impatience de Stroheim, qui avait gagné entre-temps la couronne de mâle dominant dans son petit royaume solitaire.) On me fit même miroiter un régime entier de bananes que l'on me retira avant de le placer hors de portée, à côté du serpent gris anthracite. C'était coton mais peu importe, j'étais prêt à faire le nécessaire. Je reprenais enfin un peu de poids, bien que les difficultés pour obtenir mes bananes m'en fassent baver de plus en plus.

L'humain me montra un petit objet brillant et ciselé et ouvrit l'abri avec, tout en faisant des bruits rassurants : « D'accord petit Edison de mes deux, enfoiré de Greenwich Village, penche-toi là-dessus avec ta grosse tête. » Il déposa lentement l'objet de l'autre côté des barreaux, à portée de main, à l'opposé des pommes cannelles. C'était l'un ou l'autre, j'avais pigé. Mais le rapport entre l'objet et les bananes, ça, j'aurais bien aimé le connaître.

Il me regarda, ramassa l'objet, et recommença sa manœuvre. Puis il replaça l'objet et attendit, tout en continuant à me scruter et à murmurer gentiment. « Finalement t'es peut-être aussi con que t'en as l'air, hein, H. L. Mencken* de merde ? » Je n'avais pas la moindre idée de ce qui était en train de se passer — je suis comédien, pas intellectuel, et j'ai jamais prétendu le contraire — mais une fois de plus il ramassa l'objet et ouvrit l'abri en gardant les yeux sur moi. « Non je ne vois pas, mais puisque c'est ouvert... » me dis-je. Je me propulsai dans l'écart entre ses jambes pour galoper vers les bananes. Le serpent, surpris, bomba son ventre pâle, mais je bifurquai et empochai le pactole. J'entendis l'humain arriver rapidement derrière moi en hurlant violemment par-dessus les cris stridents de Stroheim et Spence, et je déguerpis avec mes bananes en grimpant une série de branches verticales pour m'élever en direction de la lumière. Mes jambes engourdies étaient aussi raides qu'une paire de bâtons-termites et j'avais une main pleine de bananes, du coup je faillis tomber, retenu par un seul bras aux branches brillantes, mais je parvins à me hisser et finalement à avancer sur les poings, cahin-caha, dans un paysage pour le moins déroutant.

J'ai cru un moment avoir emprunté la mauvaise sortie et failli faire demi-tour discrètement, comme si j'étais entré dans le bureau de Jack Warner pendant qu'il s'envoyait sa secrétaire (ça m'est déjà arrivé.) Minute ! *Où tout était-il passé ?* Pourquoi étais-je au beau milieu d'une plaine grise et venteuse ? Pourquoi le centre de réhabilitation ne s'ouvrait-il pas sur un verger de figuiers et de termitières comme je l'avais grosso modo imaginé ? Il me fallut un moment avant de comprendre que nous étions au milieu d'un énorme fleuve au débit rapide, que le monde était rond comme la lune et que ce dont j'avais besoin était de retourner fissa à mon abri. Mais tel Gary Cooper, qui semblait toujours en phase avec les nuances les plus infimes de l'existence alors qu'il n'avait en tête que « manger, baiser, dormir », moi, je pensais « bananes, sécurité, hauteur ! »

J'escaladai une espèce d'arbre agréablement étroit et débou-chai sur un endroit où je pouvais me cramponner sur mes jambes, histoire d'avoir les mains libres pour déguster mes bananes. Juste en dessous j'aperçus des rangées d'abris contenant des léopards et d'autres membres d'une mégafaune indescriptible et stupéfiante — les premiers éléphants, rhinocéros, hippopotames, lions, zèbres et girafes de mon existence. Sur Discovery Channel, ils se mettent à chuchoter et à prendre des airs ébahis à chaque fois qu'ils évoquent le « premier aperçu des animaux qui ont bâti leur royaume ici, dans ces plaines grouillantes et majestueuses. » Imaginez le choc de mon « premier aperçu » en découvrant tous ces animaux en même temps dans un large panoramique. Et pour couronner le tout, l'eau déferlait sans interruption, tout autour de nous, à perte de vue. Il n'y avait aucune rive ! Je me demandais si Kigoma et la forêt avaient été engloutis, et si notre petit groupe d'humains avait recueilli le maximum de formes de vie possible sur une plate-forme flottante en vue d'un nouveau départ, une fois que les eaux se seraient retirées. Est-ce que tous les autres étaient morts ? Étions-nous les Élus ? Était-ce pour ça que tous les chimpanzés étaient des enfants ? J'écartai ces idées, trop délirantes pour être vraies, et m'attelai à manger une demi-douzaine de bananes pendant que les humains m'appelaient, « Hé, Cheats ! Descends, saloperie ! » Je finis par me laisser amadouer et recapturer. Voyez-vous, ils m'avaient encore promis des bananes comme appât.

4. Ohé l'Amérique !

Janos, ou Johann, Weissmuller avait sept mois lorsqu'il fit cette même traversée de l'Atlantique sur le SS *Rotterdam*, entre la Hollande et New York, en février 1905 (mais lui, c'était dans l'entrepont, pas dans le luxe de la MGM). Il était trop jeune pour vivre ce voyage comme je l'ai vécu. Moi, j'ai connu cet océan en mars 1932, avec un bel équipage : Tony Gentry, le capitaine Mannicher, Gabe DiMarco, Earl, Julius, etc. Ce fut un grand moment. Les humains s'avéraient, dans l'ensemble, d'excellente compagnie.

Tony, ou « M. Gentry », c'était le type sympa, à l'air vif et dominant, une élégante ligne de peau blanche courant au milieu de sa tête lisse. Celui de traviole, aux longues oreilles éplorées et aux bulles de chair dans le creux des narines, c'était le capitaine Mannicher. Et ainsi de suite. Il ne m'a pas fallu longtemps pour me sentir à l'aise. « Whisky ! » signifiait que si vous alliez de l'autre côté du *Forest Lawn*, ouvriez un certain nombre de portes, récupériez une bouteille et la rapportiez à M. Gentry, vous aviez une banane. « Mon chapeau » ou « Des clopes, s'il te plaît » signifiait... bref, vous pigez... Il y avait beaucoup d'interactions à base de bananes entre M. Gentry et moi.

Je consommais tellement de bananes que j'avais pris l'habitude d'imiter les humains en utilisant la tige pour dérouler la peau. Vous perdiez l'aspect caoutchouteux, mais se débarrasser de la peau permettait d'en venir à bout plus vite. « Allez, gamin, tu vas à Hollywood », disait M. Gentry, tout en me montrant une autre tâche. « Dietrich, tu la rencontreras pas si tu sais pas lui allumer une clope. Si tu veux la banane, recommence. »

« Éléphants » voulait dire prendre un seau d'eau auprès de M. Gentry, escalader les abris jusqu'au dos des géants à poils drus et les arroser à grande eau. « Girafes » voulait dire porter des brassées de foin jusqu'à des sortes de cercueils posés sur des mâts, en évitant de se faire lécher en chemin par d'hideuses langues bleu-noir d'un demi-mètre de long. « Clé » était une chose complexe et brillante. « Saut périlleux », « Recommence » et « Encore » signifiaient faire un de ces saltos arrière pour lesquels j'étais si doué. « Soute n°4 » était là d'où je venais, « Atlantique » était le fleuve sans rive que nous traversions pour aller en « Amérique », là où vivaient tous les humains. « Cheats », ou « Cheatster », ou « The Cheater* », c'était moi.

« Bluff ou flush ? », c'était assez simple. Les humains s'asseyaient en cercle en exhibant des éventails de cartes joliment colorées, telle une assemblée de touracos mâles faisant la cour. Celui qui en exhibait le plus, toujours comme les touracos, était récompensé par des « jetons ». Quand M. Gentry disait quelque chose comme « Ma main à couper que tu n'as pas de jeu, Earl », ou « Il bluffe, Cheats », je devais faire le tour de la table tandis que les autres montraient leur éventail. L'index levé, M. Gentry me demandait « Bluff ou flush ? » J'avais appris, au terme d'un long après-midi privé de bananes, à parader sauvagement lorsqu'il baissait l'index : il prendrait sa décision sur le « conseil » de Cheatster. Pour autant que je pouvais en juger, la logique de répartition des bananes pour cette tâche était totalement incompréhensible.

Bien entendu, je n'avais pas la moindre idée de ce qui se passait la plupart du temps. J'étais un très jeune chimpanzé qui commençait tout juste à déchiffrer les êtres humains. Mais, franchement, je n'avais pas la moindre idée de ce qui se passait dans la forêt non plus. Le *Forest Lawn* ne réservait guère plus de surprises, et au moins pouvais-je tailler le bout de gras avec des consciences supérieures : le rêve... La mort semblait très lointaine chez les humains. Je fus aussi frappé de voir à quel point ils aimaient les animaux. Un troisième avantage était que je mangeais plus de bananes que n'importe quel autre chimpanzé sur Terre. Peu importe ce qu'était le *Forest Lawn*, j'adorais ça !

Le seul problème, c'est que ma manie d'aller tout le temps chercher et rapporter les cigarettes et le whisky de M. Gentry, et mes « imitations » de fumer et boire lors des exhibitions de cartes (ce n'étaient pas des imitations, je fumais et buvais *vraiment*) devenaient si populaires, que tout le monde voulut un chimpanzé de compagnie. Earl, mon priveur de bananes, fut le premier à suivre les traces de M. Gentry, et je fus surpris de voir un jour Frederick détaler à travers le pont avec un des répugnants cigarillos marron de Earl entre les lèvres.

Frederick était un petit chimpanzé nerveux qui passait la majeure partie de son temps blotti dans la chemise de Earl à tirer sur un cigarillo, donnant l'impression que les poils de son torse étaient constamment en feu durant les parades de cartes. Il ne pouvait pas faire de salto arrière ni nourrir les girafes mais il savait fumer, le petit gars, et boire, et bien sûr le programme de réhabilitation du *Forest Lawn*, qui s'évertuait à nous relaxer, l'encourageait à faire les deux à cœur joie. Mais lorsqu'un des autres bluffeurs ou meneurs rejoignait la partie avec son propre assistant chimpanzé (un étranger, et le premier d'une longue liste de Bonzo que j'apprendrais à connaître au fil des années), l'anxiété me gagnait. Je commençais à comprendre combien le comportement humain était mimétique. Si M. Gentry ou le capitaine Mannicher éclatait de rire, les dominés comme Earl, Julius ou DiMarco leur emboîtaient le pas immédiatement. Je voyais très bien où tout cela nous menait...

Et ça n'a pas manqué : le jour suivant, Stroheim était accroupi à côté de Julius sur le toit de la timonerie, embarqué dans une leçon à fort potentiel de bananes. Julius avait un peu de difficultés avec lui, Stroheim s'arrêtant sans cesse pour pousser des hurlements haletants et sourds en direction des éléphants qui avaient clairement l'air de l'angoisser, mais Julius le fit travailler tout l'après-midi. Je restai sous le vent, gardant profil bas et faisant des roulades avec Bonzo dans la paille des girafes en essayant de me sortir ces deux-là de la tête. Mais la partie de bluff ou flush reprit son cours avec des humains manifestement très enjoués. M. Gentry et moi, Earl et Frederick, Baxter et le jeune Bonzo, cap'tain' Mannicher, DiMarco et, faisant une entrée remarquée, le sec petit Julius, avec — tel un molosse dans l'ombre d'un nain — Stroheim le massif.

« Messieurs, j'aimerais vous présenter *mon* assistant, Dempsey » dit Julius (*Dempsey, vraiment ?*), « qui va donner les cartes pour nous ce soir. Des cartes, s'il vous plaît, pour Dempsey. »

Être « donneur » (je sais, le mot est trompeur) de bluff ou flush était un tour que je maîtrisais grâce à M. Gentry. Mais les cartes sont terriblement difficiles à manipuler pour un jeune chimpanzé, et mes tentatives n'ont jamais obtenu les bananes d'approbation. Franchement, j'avais une belle marge de progression — soit je les faisais tomber, soit je les mangeais. En tant que doyen des chimpanzés à bord du *Forest Lawn*, on pouvait attendre de Stroheim qu'il s'en sorte beaucoup mieux dans un domaine requérant une coordination motrice plus développée — c'est ce que Julius avait dû se dire — mais ce ne fut jamais le cas.

Stroheim me regarda attentivement de ses yeux marron boueux, et, dressant les poils, poussa une série de grognements menaçants. Il dégagea sa main de celle de Julius et se hissa violemment sur la table dans un *blam-bang* lourd et creux, me hurlant dessus, agressivement campé en position d'attaque — les bras en avant, les phalanges au sol, prêt à bondir. Je lui abandonnai la banane que j'étais en train de peler et détalai sur le dos de M. Gentry, qui se redressa en me tenant comme un sac à dos. Bonzo et Frederick s'étaient enfuis en couinant mais Stroheim les ignora, continuant à se hérisser et à m'aboyer dessus alors qu'il s'était approprié à la fois ma banane et la cigarette que j'avais laissé brûler sur la table. Retour à la case jungle.

« On joue aux cartes ou on prend le thé ? » demanda, à juste titre, le capitaine Mannicher. « Sors-le d'ici, Julius. Et les autres aussi. Foutez-les dans leurs cages, qu'on puisse continuer notre partie. » Stroheim s'était rétracté en une petite boule maussade et tirait d'un air sombre sur ma cigarette, comme s'il savourait le changement d'atmosphère. « Et Cheats aussi, Tony. Ça suffit. On va jouer sérieusement ce soir. »

Nous fûmes tous à nouveau regroupés dans la soute n°4. Contrairement à ce que vous pourriez penser ça ne me dérangeait pas — je m'interrogeais sur la sécurité de mon abri depuis que j'avais vu Stroheim faire l'idiot sur le toit de la timonerie cet après-midi. Sans abri, *pas* de programme de réhabilitation possible. Le principe clé du programme — ne pas être constamment menacé de mort (un bon principe selon moi : inscrivez-moi parmi les « pour ») — en dépendait. Après la lumière et le vent de l'Atlantique, la soute paraissait assombrie de rêves et d'épaisses odeurs rassurantes : excréments, urine, fruits pourris.

« Bon sang, c'est pas le Ritz là-dessous, hein ? » dit Julius avec admiration.

« Ça sent comme le, heu, le Tijuana Hilton » dit Baxter, « mais avec un meilleur service d'étage », ce qui confirma mon intuition que nous bénéficiions d'un traitement de faveur à bord du *Forest Lawn*.

Baxter se tira avec Bonzo et Frederick, et Julius heurta un petit bouquet de fruits lunaires posé sur un pied, dont la lumière soudaine déclencha une vague de piaulements et de couinements de la part de ceux qui attendaient le dîner. Lui et Earl nous ramenèrent, Stroheim l'agrippeur de bananes et moi, vers nos refuges — et je me dis : On va se retrouver dans nos abris d'ici une seconde de toute façon, qu'est-ce qu'il peut bien me faire avec deux humains ici ? C'est ma *putain de banane* ! Je me faufilai sur le côté et l'arrachai — paf ! — de la poigne de Stroheim.

Malheureusement, mon élan m'envoya valser dans les jambes de Julius, qui en reprenant son équilibre lâcha la main de Stroheim. Libre, Stroheim pivota, esquiva la poigne de Julius et — il savait convertir instantanément sa morosité en férocité — me fonça dessus en hurlant, me rattrapa et m'empoigna fermement, si bien que nous dérapâmes douloureusement contre la paroi d'un abri. L'espace d'un instant, j'eus le souffle coupé, puis, lui laissant la banane dans l'espoir d'un cessez-le-feu, je me glissai hors de portée et me repliai vers les humains. Il valait mieux miser sur eux. Mais Earl et Julius s'étaient écartés de moi avec des expressions que je n'avais encore jamais vues sur des visages humains, et j'eus à peine le temps de penser : « À vous deux, vous pourrez le maîtriser... et n'oubliez pas, les mecs, c'était ma banane à la base, avant que tout le monde se mette à gueuler. »

Du fond de son abri fracassé, un serpent d'un gris charbonneux s'écoula. Il se décanta, horrible dans son aisance de mouvement, leva la tête du sol, exhibant son ventre pâle, et ouvrit sa gueule. L'intérieur était *noir*. Pas le noir d'un chimpanzé, ni d'un corbeau, ni d'une panthère — un noir infiniment plus intense. L'extrémité du noir. La Mort. À sa simple vue, vous pensiez : Voici la Mort.

« C'est le putain de *mamba*, Earl » dit Julius, « le *putain de mamba* ! »

Avec une rapidité effrayante, le serpent se déplaça vers Stroheim, qui se hissa sur une pile d'abris. Le serpent s'étira pour l'atteindre, s'éleva d'un ou deux mètres à la verticale, puis retomba sur le côté et se fondit mystérieusement dans l'obscurité derrière un projecteur.

Quand je repense à cette scène, je me demande parfois si Louis Mayer n'avait pas raison et si Thalberg n'était pas en train de perdre la tête*. Ce serpent n'avait aucune chance de tenir un rôle dans un film familial ou une comédie de la MGM. Warner aurait pu l'utiliser, à la limite. Il aurait pu faire de la télé aussi... Sauf face à Deanna Durbin. Qu'avait donc à l'esprit Thalberg en lui offrant une place à bord du *Forest Lawn* ? Le serpent était comme cette pauvre vieille Anna Sten. Vous vous souvenez d'elle ? Tout le monde à Hollywood, à part Sam Goldwyn lui-même, savait que ça ne marcherait jamais pour elle. Ou peut-être Tony Gentry avait-il choisi le serpent en espérant pouvoir l'exploiter directement en zoo. Peu importe la raison de sa présence sur le *Forest Lawn* : avec la fuite du mamba toutes les nobles prémisses du centre de réhabilitation s'effondraient.

Chassez la jungle, elle revient au galop. La Mort était toujours là, avec ou sans abris.

Dans une sorte de réaction en chaîne, la sérénité du *Forest Lawn* explosa. Le capitaine Mannicher, furieux, leva la main sur Julius. Ce fut le premier coup que je vis entre des humains. « On est à six heures de New York » hurla-t-il. « Faut arrêter les conneries, là ! À ton avis, c'est qui le responsable, bordel ? Les dockers ? Ils refuseront tout net de décharger le cargo ! Mes hommes n'y toucheront pas. Merde, ne me dis pas que ça a été abîmé pendant le transport, c'est ta putain de responsabilité, ton putain de problème ! »

M. Gentry était derrière le capitaine Mannicher, à essayer de le calmer. « Pete, allez, ça ne nous aide pas... »

« Ne me dis pas ce qui nous aide ou pas, Gentry. J'en ai pour un million et demi de dollars de marchandises que les autorités portuaires ne vont pas me laisser décharger avant que vous ne trouviez cette saloperie et je te ferai — écoute-moi bien, connard — je te ferai *fermer boutique* s'il blesse quiconque à bord de ce vaisseau. »

Je voudrais, en passant, insister à nouveau sur le fait que c'était bien *ma banane à la base*, pas celle de Stroheim, et qu'en ce sens tout était de *sa* faute. Ce n'était pas chose facile à exprimer sur le moment.

« Je ne suis pas en train de suggérer que n'importe qui de la compagnie de fret ou du bateau cherche le mamba. Bien au contraire » dit M. Gentry, avec d'apaisants gestes de soumission. « C'est un animal mortel hautement agressif. Aucun antivenin n'a été développé contre lui. Il va être désorienté par ce qui l'entoure, ce qui peut vouloir dire qu'il sera moins agressif, mais peut-être pas. Moi et mes hommes allons nous charger des recherches. En attendant, je suggère que vous laissiez allumées toutes les lumières

et que vous rassembliez l'équipage sur le pont supérieur. »
« Les rats, Tony » dit Earl.
« Ouais, je sais. Il va se boulotter les rats, Capitaine, ça fait pas un pli. Dites aux hommes de se tenir éloignés des endroits où les rongeurs auraient tendance à se planquer : la paille à girafe, les cloisons, les habitacles, vous savez mieux que moi. OK, Earl, allez, c'est pas ta faute. Allons-y. »
« Ne laissez pas sortir les putain de lions » dit Mannicher en guise d'adieu. « Merde, plus jamais ça, bordel, Gentry. Et prends cette saloperie de Bonzo avec toi ! »
« Cet animal est plus en sûreté avec vous, Capitaine. Le mamba n'aura aucune difficulté à dénicher les cages de la soute et à s'en prendre au stock. D'ailleurs, c'est par là que nous allons commencer. Donc, gardons tous la tête froide et nous en viendrons à bout. » Le visage de M. Gentry était très blanc, celui de Mannicher tout rouge. « Et ce n'est pas Bonzo, Capitaine » dit-il, « c'est Cheater. »
Un être humain très spécial, M. Tony Gentry.
Je restai toute la soirée dans la timonerie avec le capitaine Mannicher et d'autres humains profondément anxieux. Ils se détendirent un peu avec la nuit, n'ayant presque rien d'autre à faire que regarder parader les cartes et boire du whisky. DiMarco fut porté volontaire pour faire le voyage jusqu'à la cambuse avec une poignée d'hommes et revenir avec quelque chose à manger ; le temps qu'ils reviennent, indemnes, les humains riaient et conversaient de nouveau, toujours aussi rassurants. « Commandant... une spécialité de mon pays. *Linguine alla nero* » annonça DiMarco en riant. Il souleva le couvercle d'un de ses plats argentés et agita une poignée de brins noirs tortillants devant le capitaine Mannicher. Et tous les hommes paradèrent et pleurèrent de rire. Quelque chose de terriblement étrange

et de pas vraiment humain se dégageait d'eux à ce moment-là, comme s'ils étaient devenus légèrement fous.

Incapable d'en supporter plus, je sortis avec deux-trois bananes et sautai avec précaution sur le pont inférieur, guettant le retour du serpent de la mort. Loin de l'autre côté de l'Atlantique, je remarquai que s'étaient formés d'épais amas d'étoiles écrasées les unes contre les autres comme une lune brisée.

Le jour arriva lentement. M. Gentry, Earl et Julius remontèrent sur le pont pour le café et descendirent à nouveau dans les soutes. Personne n'avait de nouvelles du serpent de la mort. Mais j'apercevais désormais, à la place de l'amas d'étoiles, une solide masse grise, haute et abrupte comme notre falaise dans la forêt. Ça ne bougeait pas, et quand je la regardai à nouveau un peu plus tard, ça n'avait toujours pas bougé. C'était l'autre rive du fleuve !

Le capitaine Mannicher et d'autres membres de l'équipage commencèrent alors à marcher avec précaution sur le pont, chacun tenant un long morceau de bois, fouillant les bordages de leurs yeux fixes. Je m'approchai timidement et tendis un bras à DiMarco, qui m'autorisa à monter dans le creux de son coude. « Tout ça c'est ta putain de faute, petit » marmonna-t-il d'un ton apaisant. « On est coincés ici jusqu'à ce qu'on le tue ou qu'il nous tue. *Mauvais* chimpanzé. Pas d'Amérique pour toi. » J'étais très reconnaissant de cette petite touche consolante d'humanité.

Nous évoluions lentement sur le *Forest Lawn* tandis que la masse grise restait immobile. À ma grande surprise, DiMarco n'avait pas remarqué le serpent de la mort, plus sombre à la lumière du jour, qui se laissait couler par la grille d'un truc en forme d'entonnoir à dix pas devant nous. Lui nous avait remarqués, en revanche. En ouvrant encore sa terrible gueule noire, il se glissa vers nous, vira en direction de Mannicher

(« C'est le... le... le putain de *truc* ! » arriva-t-il à sortir) et tint sa position en tournant la tête d'un côté et de l'autre comme s'il hésitait entre se lancer sur le capitaine, ou sur DiMarco et moi. Il flairait l'air avec sa langue et n'avait pas du tout l'air désorienté par l'environnement : il semblait chercher la bagarre et n'arrivait simplement pas à décider quel adversaire était le plus proche.

Il y avait donc l'Amérique et il y avait moi. Et entre nous, la Mort.

C'étaient nous les plus proches. DiMarco mit du temps à le voir et lorsqu'il s'en rendit compte, le serpent prenait déjà de la vitesse dans l'espace qui nous séparait. Ils sont rapides, les mambas noirs — vous vous souvenez sûrement des programmes de Discovery Channel — et ils aiment frapper haut. Près d'un mètre de son corps était dressé alors qu'il ondulait sur le bordé. « Oh, Seigneur » prononça DiMarco dans un souffle, en voyant que toute chance de distancer la chose s'était évanouie en une seconde. Il avait aussi dû voir le noir horrible à l'intérieur de sa gueule. La chose s'élança dans les airs, à plus d'un mètre au-dessus du sol, et continua à s'élever en frappant, quand soudain nous dégringolâmes sur le pont, le corps lourd du serpent fouettant l'air au-dessus de nous.

Nous découvrîmes plus tard que c'était sur une de mes foutues peaux de bananes que DiMarco avait marché. Ses jambes s'étaient dérobées sous lui juste au moment de la frappe du mamba.

Le capitaine Mannicher et l'équipage coururent jusqu'au serpent alors qu'il était étalé, quelque peu surpris, du moins aussi surpris qu'un serpent puisse en avoir l'air, et momentanément vulnérable. Deux d'entre eux parvinrent à lui aplatir violemment la tête contre le pont avec leurs bâtons de bois puis, armé d'un long couteau, Mannicher le décapita.

La tête du serpent, suivie par quinze centimètres de son corps, continuait encore à ramper vers lui, et nous la regardions, la suppliant de mourir pour qu'on puisse aller en Amérique.

Il mourut. Mais à ce jour, je garde deux choses en horreur. (Trois si vous comptez Mickey Rooney.) J'ai peur des serpents. Et je ne peux plus supporter le goût de la banane.

C'était le 9 avril 1933 : ma date de naissance officielle si vous regardez sur mon site Internet. Le jour de mon arrivée sur le sol américain. Comme il est presque de tradition dans ces cas-là, mon nom fut mal orthographié à l'Immigration.

5. La Grosse Pomme !

J'aurai toujours un petit faible pour New York dans mon gros cœur d'artichaut, et pas seulement parce que, de l'aveu unanime, *Les Aventures de Tarzan à New York* (1942) représente l'apogée de ma carrière (cf. la désormais classique « séquence de la chambre d'hôtel »). Dernier des vrais *Tarzan*, il a été construit sur un concept simple mais brillant : faire dégager le Gamin (il s'est fait kidnapper, ou quelque chose comme ça). Sans Johnny Sheffield pour tout embrouiller, la relation centrale Tarzan-Cheeta-Jane pouvait retrouver sa clarté originelle. J'aime à croire que j'ai plutôt bien négocié cette opportunité.

Je n'aurai peut-être pas le culot du *New York Times* : « *Cheta* (sic), *le chimpanzé, va jusqu'à voler la vedette. Il crée la pagaille dans le boudoir d'un hôtel huppé, serre la main à des employés stupéfaits, sème la panique auprès des filles du vestiaire, baragouine dans les téléphones et sort des boutades presque aussi intelligibles que celles de Tarzan... Plus que quiconque, le singe transforme l'excursion de Tarzan en une farce simiesque et tapageuse...* » Mais la vérité derrière cette performance où je « vole la vedette » — et la vraie raison pour laquelle je cite cette critique —, c'est que je jouais les choses comme je les vivais. La célèbre séquence de la discothèque avec les filles du vestiaire ? C'était pour de vrai. Je me suis contenté de faire remonter à la surface les souvenirs de mes petites folies dans le Lower Manhattan, à l'été 1933. J'avais alors déjà passé plusieurs mois à New York. Désintox. Dès que j'y eus mis le pied, l'Amérique m'apparut comme une sorte de paradis.

Le matin où nous accostâmes fut consacré à superviser le déchargement de la cargaison dans des unités de réhabilitation plus petites et mobiles. Je fus touché de voir, tout au long de la jetée, les dockers enchantés à la vue des animaux secourus, s'attroupant autour des abris, offrant de la nourriture et des cigarettes à tout va, s'interpellant et se faisant des signes de main. Ça ne valait pas, disons, l'accueil de Gloria Swanson à son retour de Paris, avec des foules répandant des gardénias et des roses sur le passage de la fiancée de l'Amérique (quand bien même elle couvait une culpabilité quasi suicidaire à cause de l'enfant dont elle venait juste d'avorter pour rester au sommet), mais l'accueil du *Forest Lawn* aurait satisfait jusqu'à mon vieil ami, le grand publiciste de la MGM, Howard Strickling*. Ce moment très émouvant confirma tout ce que j'avais supposé sur les humains — c'étaient de loin les êtres les plus heureux que j'ai rencontrés de ma vie. Et ils *adoraient* les animaux !

« Salopridmerde, cette foutue Dépression » murmura inexplicablement M. Gentry, tandis que les dockers étaient en train de manœuvrer les abris. Bon Dieu, pensai-je, s'ils sont comme ça quand ils sont *déprimés*... « Dès que Earl aura envoyé ce lot-ci à Trefflich, tu sais ce que je vais faire, DiMarco ? »

« Tu vas arrêter avec les serpents venimeux ? »

« Peut-être bien. Et peut-être bien que je vais descendre faire

un tour jusqu'à l'angle de Fulton et de Church, où j'ai entendu dire qu'un petit endroit appelé la Taverne de la Rose Blanche vient d'ouvrir ses portes. Et je suggère que nous fassions une noble expérience* de nos premiers verres légaux aux États-Unis d'Amérique.
« On prend l'Cheater, patron ? »
« Le Trompe-la-Mort ? Cela va sans dire. Messieurs, je propose que nous embarquions pour une petite promenade. »
Ce que nous fîmes, Julius, DiMarco, M. Gentry et moi. Je ne sais pas si avril 1933 fut ou non une sorte de point culminant de l'économie américaine — je suis comédien, pas historien, j'ai jamais prétendu l'inverse — mais il me semble que vous autres, les humains, traversiez alors une période de prospérité assez extraordinaire. Au cours de cette première balade stupéfiante, je vis des files d'hommes et de femmes attendant patiemment face à d'immenses bacs de soupe fumante sans se bousculer ni se battre comme nous l'aurions fait, en observant respectueusement une hiérarchie qui s'étendait jusqu'en bas de la rue sur des centaines et des centaines d'humains. Ils avaient aussi sur les pistes à côté des rues un système miraculeux de réceptacles circulaires dans lesquels les humains jetaient de petits morceaux de nourriture pour que d'autres humains les découvrent et s'en régalent. Même dans les caniveaux, on trouvait des fruits exotiques, que je vis d'aucuns ramasser et savourer ! Grand Dieu, New York n'était pas une « jungle », comme elle est si souvent décrite — la forêt, ça c'était la jungle, avec son lot quotidien d'infanticides et de cannibalisme : ici, pas de léopard ni de serpent. « La seule chose dont nous devons avoir peur est la peur elle-même !*** » était la devise prononcée partout avec fierté. Et je commençais à comprendre pourquoi le *Forest Lawn* avait risqué l'interdiction d'accoster en Amérique alors que le serpent de la mort était

encore en fuite. Cette terre était un havre dédié à la liberté, la liberté de vivre à l'abri de la Mort. Ce putain d'endroit était un gigantesque centre de réhabilitation !

Les dernières angoisses que j'avais pu nourrir après avoir été séparé des autres chimpanzés furent anéanties par la tempête d'impressions sensorielles du Lower Manhattan, et par le fait troublant que dans la rue, une personne sur deux *connaissait mon nom* : « Hé, Cheeta ! », « Où est Tarzan, mon pote ? », « Tu es dans la mauvaise jungle, Cheeta ! » C'était soit ça, soit des cris comme : « Kong ! Hé, Kong ! Vous allez le faire grimper en haut de l'Empire State Building, monsieur ? » Erreur sur la personne, sans doute. Peut-être étais-je déjà venu ici d'une manière ou d'une autre ? *Qu'est-ce qui se passait* ? Tout cela me faisait tourner la tête — les humains qui s'attroupaient en me souriant et en me serrant la main, les tours d'abris empilés dont la cime promettait des fruits inimaginables, les abris sur roues d'un noir brillant qui passaient à toute vitesse en parquant les humains sur les « trottoirs »...

Mon inoubliable procession le long des trottoirs de Manhattan il y a près de soixante-dix ans, à serrer des mains et à sourire aux gens qui connaissaient mon nom, fut une sorte de prophétie. Je n'étais personne ; j'étais une nouveauté ; je n'étais pas celui qu'ils croyaient. Et aujourd'hui, alors qu'ils *savent* qui je suis... c'est exactement la même chose. Il y a le regard insistant, la poignée de main, le « Hé, Cheeta, comment va Tarzan, mon pote ? », le *silence*... Si vous voulez savoir ce que ça fait d'être célèbre, ce que ça représente — et je parle en tant qu'animal vivant le plus célèbre aujourd'hui — alors imaginez-vous un humain et un chimpanzé se faisant face dans un silence gênant, sans rien à se dire, la vague idiotie de l'interaction les enveloppant tous les deux. C'est ça, la célébrité.

Quoi qu'il en soit, nous descendîmes le trottoir, puis quelques marches menant à l'intérieur d'un refuge caverneux. Je n'ai pas honte d'admettre que je salivais déjà à l'idée de cette gnôle « légale » à la Taverne de la Rose Blanche, quand mon nez intercepta un fort parfum de léopard, avec des notes dominantes de singe. Non... pas des notes dominantes, pensai-je en entrant dans la caverne : une sacrée puanteur de singe bien épaisse.

M. Gentry salua un jeune homme à l'air plutôt sérieux en bras de chemise et cravate rayée — le Fils, allais-je apprendre plus tard, dans « Henry Trefflich & Fils : Importateurs d'Animaux » — et se mit rapidement à rire avec lui du mamba, DiMarco mimant des chutes pour illustrer. À l'autre bout d'un couloir, Earl et plusieurs autres hommes chargeaient avec difficulté sur un chariot un abri à l'intérieur duquel Frederick était en train de sautiller et pleurnicher ; je voyais les grillages à travers lesquels s'enroulaient des petits doigts de singe délicats. Mon cœur se serra. Il était clair que ce n'était pas une « taverne » mais une sorte de centre de réhabilitation d'un nouveau genre.

« Et le voici, Henry, j'l'ai déjà à moitié entraîné, le Cheater. Le Trompe-la-Mort » dit M. Gentry, en me dénouant de ses jambes autour desquelles je m'étais calmement enroulé. Il me tendit au jeune homme pâle. « Cheats, je te présente le fils d'un ami à moi : Henry Trefflich le Jeune. »

Je sentis quelque chose d'affecté ou de faux dans son geste. Cela me rendit nerveux et je m'éloignai en vitesse de Trefflich pour retourner derrière la jambe de mon protecteur.

« Nous ferons connaissance plus tard autour d'une banane ou deux » me dit Trefflich d'un air menaçant. « Mais il a besoin d'un nouveau nom. J'ai déjà deux Cheeta là-haut. »

« Merde, ils font partie d'une autre commande, non ? Vous pouvez pas changer le nom du Cheatster » s'exclama DiMarco.

« Cheatster m'a sauvé la vie, purée. »

« Peut-être que non, alors, s'il part avec la commande pour L.A. Je ne sais pas si la MGM a besoin de stock supplémentaire. Mais vous ne croiriez jamais la frénésie qui s'empare des clients ici. Papa dit qu'on a vendu plus de chimpanzés en 1932 que pendant les dix dernières années. Et vous savez pourquoi ? C'est ce gros empoté de Weissmuller. Les femmes en sont folles. C'est, heu... subliminal. Elles veulent Tarzan... elles finissent par acheter un chimpanzé. »

Pendant que Trefflich parlait, je sentais la main de M. Gentry qui essayait de détacher mes bras de sa jambe et je m'agrippais plus fort, mais je n'étais qu'un enfant, avec une force d'enfant, et une autre force agissait dans la pièce au-delà de la puissance de M. Gentry, une attraction qui m'éloignait de lui et me poussait vers Trefflich.

« Bordel, Tony, tu t'es trouvé un copain dis donc » dit Trefflich.

« Ouais. Tu vas me manquer, petit bonhomme » répondit M. Gentry, ses doigts crochus insistant toujours. Il poursuivit sa conversation avec Trefflich. « Moi et les gars, on est restés debout toute la nuit à chasser le serpent... Ils ont les nerfs à vif après l'histoire du mamba, et ils ont besoin de lâcher du lest une heure ou deux avant de revenir faire la paperasserie. Allez, Cheats, ouste. »

Ma prise finit par céder et Trefflich s'avança, les deux bras tendus pour m'enfourner dans son étreinte ; je lui adressai un cri perçant d'avertissement et le mordis aussi fort que je pus sur le côté du poignet. Sans le moindre effet, excepté celui de m'envoyer une douleur vibrante le long de la racine des dents et un mal plus intense et plus aigu sur le palais. Je *savais* qu'ils avaient une sorte de protection magique. Avant que le choc ne se soit calmé, Trefflich avait saisi ma nuque et je sentis très fortement que j'avais, d'une manière ou d'une autre, valsé de l'autre côté de la pièce.

« À moitié dressé, Tony ? » dit Trefflich. Mes dents me lançaient encore horriblement, et je pensais avoir une coupure au fond du palais. Je me trémoussais de haut en bas pour essayer de secouer la douleur. « Tu peux me dire exactement quelle moitié t'as entraînée, *mmh* ? Bon Dieu, regarde-moi ça ! Regarde les marques de dents qu'il a laissées dans le métal. »

Autour de son poignet se trouvait une bande d'un matériau dense et brillant au milieu duquel un cercle blanc surmonté de verre affichait... — Oh, ça va prendre une éternité à décrire : lâchons le morceau, c'était sa montre. J'avais mordu les maillons en acier de son bracelet de montre. Et je me demande parfois ce que la bonté de mon caractère doit à cette petite leçon sur l'inutilité de la violence. Rares sont les chimpanzés à avoir mordu aussi peu d'humains que moi au fil des ans. Ou autant d'actrices célèbres, maintenant que j'y pense.

« Arrête de te trémousser, petit, je peux à peine écrire » disait Trefflich. « Zéro quatre zéro neuf trois trois, heu... petit... *Jiggs*, tout nouveau citoyen américain. »

M. Gentry s'approcha de moi alors que je me tortillais dans l'étreinte de Trefflich. Cette délicate ligne de cuir chevelu droite et blanche au centre de sa tête brune et brillante l'imprégnait d'une aura de droiture qui vous forçait à lui faire confiance. Il me caressa la tête en faisant *chut*... « On revient tout de suite, Cheats, OK ? Tu es entre de bonnes mains ici. Attends une minute... heu, DiMarco, tu as encore des clopes ? » DiMarco tendit le paquet de Lucky qu'il aimait coincer entre son biceps et sa manche enroulée et, prenant le paquet d'un geste théâtral, M. Gentry disparut dans le couloir. « OK, Henry, tu peux le lâcher maintenant » dit-il, quand il revint. « Regarde ça. Les clopes, Cheats, va chercher mes clopes ! »

Oh, pour l'amour du ciel, tu les avais il y a à peine une minute, pensai-je. Mais j'étais prêt à tout pour lui faire plaisir, pour le lier à moi, alors j'ai détalé dans le couloir entre les galeries de singes en cages à la recherche des Lucky. Elles étaient là, en évidence, posées sur un seau de sable. Je les ai saisies et je suis retourné d'un pas lourd entre les singes gris idiots, sans espérer ni banane ni orange, juste son plaisir.

Quand je revins dans la pièce, il n'y restait plus que Trefflich, et seize années passèrent avant que je ne revoie Tony Gentry.

Ainsi se réduisait pour moi le kaléidoscope de l'Amérique, quittant mon refuge pour un autre centre de réhabilitation. J'étais, certes, reconnaissant, et impressionné par le nombre d'animaux secourus... mais pas entièrement convaincu d'avoir besoin d'aller *plus avant* dans la réhabilitation.

Je partageais mon abri avec Bonzo et deux autres mâles du même âge, mais les occasions d'interagir étaient rares. Chez Trefflich comme sur le *Forest Lawn*, la plupart d'entre nous passions nos journées à sommeiller, seulement réveillés par les signaux d'alarme de nos horloges internes affamées et par la lumière qui traversait la pièce. Avoir à l'esprit autre chose que le petit-déjeuner et le dîner devint de plus en plus difficile. Nos muscles nous murmuraient des choses dont ils gardaient un souvenir vague, mais faiblissant. Nos rêves devenaient incohérents et désagréablement répétitifs. C'est tout juste si nous prenions la peine de nous dégourdir les membres lors d'une balade autour du refuge ou d'une bonne séance de toilette...

S'il vous plaît, cher lecteur, s'il vous plaît, ne croyez pas un instant que je ne sois pas reconnaissant. Chaque seconde de ma vie est une victoire qui bat tous les records, un triomphe que je vous dois : à vous, ainsi qu'à l'intervention et à la protection humaines. Le système d'abris trouve en moi une magnifique preuve de son efficacité et je salue l'ambition du projet tout entier. Avant que le cœur de Trefflich ne le tue en 1978, il avait œuvré à la réhabilitation d'environ 1 450 000 singes, principalement des macaques rhésus. Presque un million et demi de macaques étaient passés soit par Fulton Street, soit dans les mains de cet homme, pour être relocalisés ! Quel drame de ne pas avoir assez vécu pour achever son œuvre. Il reste tant à faire, et des millions de macaques supplémentaires devraient encore bénéficier de la vigueur trefflichienne. Mais je n'étais qu'une mauviette en 1933 et, je regrette de devoir l'admettre, tout ce processus de réhabilitation commençait à me peser lourd sur le système.

Dans l'un des angles du refuge, je pouvais presser ma tête contre la grille et voir un morceau de fenêtre où le ciel passait du gris au blanc. C'est là que j'avais entassé de la paille pour pouvoir regarder dehors et rêver d'Amérique. Les autres libéraient le coin quand j'approchais. Dehors, il y avait les trottoirs — avec des humains qui connaissaient votre nom —, les abris roulants et les grandes tours, et Tony Gentry assis à la Taverne de la Rose Blanche avec un éventail de cartes. J'ignorais complètement si les autres avaient peur ou s'ils étaient eux aussi attirés par l'autre côté du grillage ; peut-être étais-je le seul à avoir été corrompu par l'énergie de l'Amérique lors de ma promenade à travers Manhattan. Mais je pensais lire des messages de tristesse dans les orteils des macaques agrippés au grillage, dans leurs allées et venues soudaines et frénétiques comme dans la langueur de leurs masturbations ininterrompues.

Plusieurs fois par jour, Trefflich entrait dans notre galerie et en sortait l'un de nous pour quelques jours. C'était rarement un chimpanzé, et jamais un macaque. Le plus souvent, c'était l'une des perruches, ou des nombreuses petites choses semblables à des rats reniflant dans leurs abris transparents, qui remuaient leurs oreilles flamboyantes et démesurées sans jamais rien faire d'autre. Le plus souvent, perruches et simili-rats à grandes oreilles revenaient, parfois non, et je m'interrogeais sur le sort de ces sans-retour. Avaient-ils achevé leur réhabilitation ? Auquel cas, que leur arrivait-il ? Étaient-ils renvoyés dans la jungle et abandonnés là-bas pour tenter leur chance ? Je n'imaginais franchement pas les simili-rats aux grandes oreilles s'y amuser tant que ça, dans la jungle : même moi, j'aurais fini par en manger un. Et cette idée me hérissa le poil. Les pythons et les léopards du centre de réhabilitation de Trefflich allaient bien devoir manger quelque chose. Et si les perruches étaient de la nourriture à python, n'était-il pas possible qu'on subisse le même sort ? À quoi *servait* cette réhabilitation, bordel ? Quel était le *but* des animaux ?

Du temps passa. Nous dormîmes et nous nous masturbâmes, et rien n'arriva, sauf que ces questions philosophiques, aussi insolubles que la serrure du grillage de nos abris était inviolable, m'obsédaient de plus en plus. Un matin où, comme d'habitude, je m'en rebattais la cervelle, une autre question me vint à l'esprit. Pourquoi l'assistant de Trefflich était-il en train de lutter avec l'un des macaques dans le refuge face au nôtre ? Je dois préciser que nos refuges avaient deux sections, extérieure et intérieure. Quand Trefflich ou son assistant venait retirer nos excréments (que comptaient-ils en faire ? Pourquoi les récoltaient-ils ?), nous étions poussés dans la section intérieure, derrière une seconde porte. Je compris alors que ce macaque s'était coincé dans le grillage. Sa patte était passée à travers un des croisillons, piégeant son poing, et le gamin devait appuyer fermement sur la porte pour repousser à l'intérieur les doigts gris-rose du singe en train de hurler. Mais il finit par se prendre la porte, venue vibrer douloureusement contre sa tête en boomerang, et une douzaine de macaques détalèrent devant lui dans le passage entre les refuges. Tiens tiens, me dis-je.

Les singes rhésus ne sont pas stupides. Je crois qu'ils partagent quelque chose comme 92 % de leur ADN avec les chimpanzés. Ils ont beau être insondables et froids, et pas franchement agréables à regarder avec leur fourrure d'un roux pâle et leurs froncements de sourcils tristes — je n'ai jamais pu voir Beryl, la quatrième femme de Johnny, sans qu'elle me rappelle un macaque —, au moins ils font le boulot. En groupe, ils développent presque cette volonté commune propre aux insectes. Comme larrons en foire, ils se concertèrent brièvement en mêlée, puis se dispersèrent pour travailler les verrous des autres abris à macaques. Bien entendu, la porte de la pièce elle-même était fermée, et je ne les croyais pas assez débrouillards pour l'ouvrir, mais j'applaudis et hurlai d'excitation quand même. Allez-y, les macaques ! N'était-ce pas malin comme tactique de s'attaquer aux autres portes afin de submerger l'assistant de Trefflich ?

Maintenant que s'ouvraient les refuges des macaques, une petite délégation *galopait* jusqu'à la porte principale. Seconde après seconde, la journée de l'assistant de Trefflich se transformait en cauchemar. Au lieu d'essayer de pourchasser les macaques, il dégaina un jeu de clés avec lesquelles, je suppose, il espérait verrouiller à double tour les refuges restants. À cet instant, mes sentiments sur la réhabilitation s'éclaircirent. Je *détestais* ça. J'avais salement besoin de foutre le camp... pas pour aller quelque part, Seigneur, seulement pour être *libre*. C'est alors qu'une petite boule rousse bondit sur la porte de notre refuge et fit sauter les verrous.

Des perruches paniquées traversèrent l'air en battant des ailes tandis que nous déjouions l'attention de l'assistant de Trefflich en avançant sur nos poings parmi le maelström des macaques. Des rats à grandes oreilles sautaient parmi eux, l'air déconcerté, et quelques petites bestioles affairées remuaient leur queue dressée. Je me frayai un passage à travers les singes en jouant des épaules jusqu'à la sortie : un jeu d'enfant. J'étais venu à bout de portes plus coriaces à bord du *Forest Lawn*. Un bouton pivotant, une pression vers l'extérieur et la cage d'escalier s'offrit à nous. Mais derrière cette porte, je savais qu'il y en aurait d'autres. Toute une avalanche de portes, puis Trefflich, puis d'autres obstacles encore. Mon instinct me dit tout cela en un éclair, alors que les macaques tourbillonnaient autour de moi avant de descendre les escaliers. Mon instinct me dit aussi : *toujours* fuir vers le *haut*.

J'hésitai une seconde, regardai autour de moi, jetai un œil sur Bonzo, nos compagnons de refuge, Gerard (mon cœur déborda en le voyant) et d'autres encore derrière moi, puis m'élançai en l'air dans l'obscurité de la cage d'escalier, moins par peur que par pure excitation. La porte du haut céda sous ma pression et nous débouchâmes sur une corniche. Tout autour se trouvaient les termitières des humains et la magnifique, magnifique Amérique à gravir.

J'aime beaucoup Palm Springs. L'air frais et sec du désert descendant des montagnes, un faible taux de criminalité, une demi-douzaine de parcours de golf de compétition sur lesquels Don me conduit pendant qu'il laboure le green... Les humains que vous rencontrez sont tous libéraux, pro-animal, pro-environnement. Mais plutôt mourir que d'être jeune ici. Il n'y a rien à escalader. C'est une ville plate et pavilloïde. Alors que New York est la meilleure ville au monde à gravir. N'importe quel jeune singe cherchant à réussir dans l'industrie du spectacle aurait intérêt à se trouver un mécène humain ayant une résidence à New York. Peut-être ne percerez-vous jamais — et ce sera certainement le cas si Don et les militants de No Reel Apes parviennent à leurs fins — mais vous vous amuserez plus à crapahuter là-bas, surtout si vous vivez dans un de ces immeubles avec des escaliers de secours en fer à l'ancienne... comme celui qui nous convia à descendre par l'arrière du bâtiment de Trefflich.

Notre équipe de six ou sept chimpanzés et d'une vingtaine de macaques se déversa en cascade. Nous descendîmes les rues avec, j'aime à le croire, une certaine arrogance simiesque, bien qu'un peu embrouillée par la question de notre liberté nouvelle. Ce n'est pas comme si nous avions le projet de retourner en Afrique élever des enfants et prendre notre retraite. Que faire ? Qu'est-ce que le premier organisme venu peut bien faire d'*autre*, sinon survivre ?

Les abris roulants ralentissaient d'eux-mêmes dans les rues, leurs occupants nous regardant bouche bée : les macaques les plus courageux leur sautèrent dessus. Je vis Gerard hésiter, puis foncer dans le fracas des abris mais je ne pus me résoudre à les suivre : avec leurs profonds éclats d'un noir glacé, leur fluidité de mouvement, leur vitesse presque furieuse, ils me rappelaient le mamba.

Je m'élançai sur le trottoir. Peut-être ai-je eu cette idée folle que j'allais tomber sur M. Gentry et que nous paraderions royalement à nouveau ensemble à travers Manhattan, je ne sais pas. Mais je vis immédiatement combien les choses avaient changé, simplement par l'absence de sa main dans la mienne. Aucun humain ne criait plus mon nom ni ne venait spontanément à moi pour qu'on se frappe la paume. À la place, ils se penchaient pour m'attraper ou essayaient de m'encercler à l'aide de ces longs bâtons recouverts de tissu que portaient nombre d'entre eux. En montrant les dents et en criant, je parvins à me frayer un chemin à travers un groupe. Mais il était clair que je ne pourrais survivre longtemps sur le trottoir, et je plongeai dans un trou qui s'ouvrait dans le mur à ma droite.

J'étais en bonne veine. Je détalai tête baissée en passant devant un vieil homme assis à un guichet, puis à travers une double porte (d'où vous vient cette addiction pour les *portes* ?) pour déboucher dans une pièce sombre et caverneuse. Je me reposai là quelques minutes, pensant à Maman et à Victoria. Une lumière argentée s'écoulait en faisceau de la fenêtre, de la couleur de la forêt sous la pleine lune. Je pensais à nous trois pelotonnés les uns contre les autres dans un nid de feuilles : cette lumière que je n'avais pas vue depuis longtemps me calma. Un rectangle entier en illuminait la pièce et quand, l'espace d'un instant, la lumière augmenta, je fus frappé par le nombre d'humains disséminés dans l'obscurité. Ils me tournaient tous le dos et le clair de lune vacillant était si apaisant que je ne ressentis pas le besoin de partir.

Après un moment, je commençai à déchiffrer les formes dessinées par la lumière sur le mur. De vrais humains se formaient, disparaissaient et se reformaient. Et une fois que j'eus déchiffré les humains, le son dans la pièce devint leur discours. C'était comme un rêve, pensai-je, tout haché et mélangé, avant de réaliser que c'était exactement *cela :* un rêve, rêvé sur le mur par les têtes auréolées d'argent en face de moi.

Au bout de quelques minutes, l'histoire-rêve me devint compréhensible. Des humains y chassaient une femelle perdue dans la forêt. Quelque chose de malfaisant l'avait volée. Mais afin de la secourir, ses amis devaient vaincre des prédateurs. Les humains qui regardaient dans leurs sièges criaient devant les prédateurs avec lesquels Jack et Carl et les autres se battaient pour réussir à atteindre Ann.

À ce stade, les choses s'affolèrent. Ann, qui se trouvait être une petite créature pas plus grosse qu'une larve de termite, avait été volée par un *chimpanzé*. Jack et Carl l'ayant libérée, le chimpanzé avança pesamment à leur poursuite avant de se faire capturer lui-même. Je dois dire que mon attention avait tendance à se relâcher, mais en voyant que Jack et Carl avaient un navire semblable au *Forest Lawn*, je me redressai de nouveau. Et quand le nom du chimpanzé se révéla être « Kong », comme dans tous ces « Hé, Kong ! » dont j'avais fait l'expérience lors de mon premier jour à Manhattan, je me dis, *je connais ce rêve*. Ils vont l'emmener à New York, pas vrai ? Et c'est ce qui s'est passé ! Minute, papillon... Ne me dites pas qu'il va s'échapper de son centre de réhabilitation... !

Alors que Kong se carapatait de l'unité de réhabilitation miniature pour repartir à la recherche d'Ann, je me rendis compte que je respirais à peine, tant était fort mon désir de voir mon frère de rêve triompher, survivre à ce calvaire. À présent, dans la pièce, les humains hurlaient presque en continu. Kong récupéra Ann et commença à chercher un endroit où se réfugier. *Vers le haut*, pensai-je, *toujours fuir vers le haut*. Allez, vieux Kong, tu le sais ça, *perche*-toi quelque part ! Et voilà-t-y pas qu'il le fait ! Dans une séquence d'escalade délicieuse, culminant avec lui sur la corniche au sommet de la plus haute tour, contemplant New York, Ann nichée tendrement dans sa paume, minuscule et vulnérable, mais très belle : le plus adorable petit être humain au monde sous la protection de Kong !

Quelle fin ! Le rêve le plus incroyable, le plus exaltant que l'on puisse imaginer. Je me sentis extrêmement heureux et fier de Kong pendant une seconde, jusqu'à ce que je sente des doigts humains chercher mon bras à tâtons. Et là... je vois le vieux type devant lequel je m'étais faufilé à la porte me saisir tout d'un coup. Un bref aperçu de mes dents lui fit desserrer suffisamment son étreinte pour que je me libère et m'éloigne dans l'obscurité, heurtant d'invisibles objets sur mon passage. J'entendis le type m'emboîter le pas et suivis mon instinct : vers le haut, et vers la lumière de la fenêtre.

Heureusement pour moi, de petits rebords en quinconce me permirent de grimper sur le mur qui menait au puits de lumière. Ayant atteint le rebord inférieur de la fenêtre, je me hissai dans une étroite petite pièce presque entièrement remplie par un humain, gras et jeune, allongé dans un fauteuil. À moitié aveuglé par le rayon perçant de lumière très blanche émise par la machine derrière lui, j'essayai de l'effrayer autant que possible. Je devais à tout prix l'écarter de la porte qu'il bloquait. Mes gesticulations semblèrent fonctionner parfaitement, sauf que le gros garçon paniqué, se trémoussant sur sa chaise de plus belle, restait sur mon chemin... alors je produisis des gesticulations encore plus agressives, agitant furieusement les deux mains au-dessus de la tête, hérissant ma fourrure et poussant des cris aigus. À ce moment-là, j'entendis redoubler les hurlements des humains qui rêvaient en contrebas.

Derrière moi, illuminée par le crépuscule, je vis la pièce transformée. Des humains hurlants se précipitaient tête baissée vers les côtés. Le même genre de chaos que quand vous preniez en embuscade une famille de potamochères. Immense et sombre au-dessus de la cohue, occultant presque le rêve, la silhouette d'un singe colossal, la fourrure hérissée : Kong, mon frère ! Au comble de l'excitation, je lui fis signe et, vous ne me croirez jamais, il me vit et me fit signe en retour ! Les pauvres humains vidaient désespérément la pièce, sautant de terreur par-dessus leurs sièges pour échapper à la chose — et qui sait où Kong s'en alla, car, quand je me laissai retomber dans la pièce finalement vide, il semblait s'être refondu dans le rêve, qui ne marqua plus que « Fin » avant de devenir tout blanc. J'imagine qu'il s'est dit : sans rêveur, le rêve est fini.

Je n'avais plus qu'à ramasser ces montagnes de noix appétissantes et ces délicieuses petites miettes, tantôt salées tantôt sucrées, répandues sur le sol. Ayant mangé à peu près tout ce que j'avais trouvé, je sortis me promener dans le crépuscule new-yorkais, avec la sensation de faire quinze mètres de haut.

Merde, après tout, qu'est-ce que j'avais à perdre ? S'ils m'attrapaient, ils m'attrapaient — il n'y avait aucune gloire à cavaler bêtement à la recherche d'une bonne planque. Je me sentais grisé par l'exemple de Kong. Après tout, avoir peur des *humains* était inutile !

Fort de ce nouvel et téméraire état d'esprit, je flânai le long du trottoir quasiment désert en quête d'action. Une farce simiesque et tapageuse, voilà ce que je cherchais. Premier endroit prometteur, une sorte de magasin d'alimentation où je pris deux bâtonnets d'une nourriture à l'écorce affreuse et à l'intérieur sensationnel. Je ne pense pas qu'on m'ait même remarqué. La boutique suivante, je la quittai avec deux chapeaux et un étui à cigarettes — mais pas d'allumettes, hélas, je dus donc me débarrasser de l'étui et des chapeaux. Je barbotai une brassée d'oranges sur un étalage de trottoir et passai cinq distrayantes minutes à les lancer sur les passants depuis un auvent rayé qui dépassait d'une tour.

Arracher les bâtons des vieux mâles et femelles m'occupa un moment, avant qu'un plan ne prenne forme dans ma tête. Ce qu'il me fallait, c'était un *verre*. Ouais, un verre, une clope et un jeu de bluff ou flush. J'avais remarqué un peu partout des endroits à la lourde et aguichante odeur d'alcool, et me glisser dans l'un d'entre eux fut un jeu d'enfant.

Camouflé par la haute bordée de fumée de tabac, je partis en reconnaissance dans le tripot sans être remarqué. Un comptoir surélevé — des humains assis tout du long — occupait tout un côté de la pièce. Derrière, un scintillant mur de whiskys, hors de portée mais pas complètement inaccessible. Je m'élançai sur l'une des hautes chaises en bois puis sur le comptoir, où je fus distrait de mon objectif par un verre à moitié bu, laissé sans surveillance, de ce que je reconnus avec joie être du Scotch. À la bonne vôtre, comme Mannicher avait l'habitude de dire.

« Hé, Jimmy ! R'mets-moi ça pour mon ami ici. Cigarette ? » demanda un humain derrière moi, m'offrant une Lucky déjà allumée.

Vous savez, c'est dommage qu'il n'y ait pas plus d'animaux qui fument. C'est une chose que Don, un type fantastique à presque tous les égards et qui m'aime plus que tout au monde, n'arrivera jamais à comprendre. Il y a une interdiction totale de fumer dans la Casa de Cheeta depuis dix-sept ans que j'y réside. Le dernier cigare officiellement consenti le fut dehors, sur la terrasse, le 9 avril 1998 je crois. Et revoir George Burns ou Jack Nicholson dans *Entertainment Weekly* vous tire des larmes parce que personne n'a la moindre putain d'idée de combien c'est ingrat pour un chimpanzé mondialement célèbre, inscrit dans le *Livre Guinness des records* pour sa prodigieuse santé et longévité, de voler des cigarettes à la tire dans la cité historique de Palm Springs.

Cette année, j'ai déjà réussi à m'emparer d'un paquet contenant six cigarettes dans le sac à main d'une thésarde en zoologie frustrée à qui Don n'avait pas permis de s'en griller une, même dans le jardin, et une Camel Light esseulée — oubliée ou abandonnée dans un cendrier à l'extérieur des portes du Desert Regional Medical Center Hospice. Je devrais essayer de les faire venir clandestinement, dans des tubes de dentifrice, comme Joe Cotten dans *Citizen Kane*.

Les trouver n'est qu'un début. Il faut ensuite les dissimuler au-delà de la ligne herbacée derrière la piscine, et, quand Don a allumé le gaz pour se faire du café avant de quitter la cuisine pour je ne sais quelle raison, aller jusqu'au massif, les déterrer, retraverser la pelouse en courant jusque dans la cuisine, l'allumer (jamais facile quand vous n'aspirez pas) et ficher le camp jusqu'à la cage. Là, je peux enfin tourner le dos au Sanctuaire et fumer, bordel !, en n'oubliant jamais d'enterrer le mégot. J'ai failli me faire pincer quelques fois mais je suis presque sûr de n'avoir éveillé aucun soupçon sérieux.

Je perds le fil. Ce que Don ne doit jamais savoir c'est combien, ô combien de fois j'ai charmé un humain indifférent ou peu avenant en lui piquant une cigarette entre les doigts avant de tirer une bonne taffe. Transformer Bette Davis de « Enfin, s'il vous plaîîît, c'est un restaurant pas une foire aux monstres » en hôtesse d'une soirée mémorable et tapageuse à Sardi n'est pas un tour facile, et ç'aurait même été impossible sans une cigarette. C'est une clope qui a brisé la glace entre moi et un Bogart initialement hostile, par exemple. C'est une clope qui nous a liés, moi et Gary Cooper, pour la vie. Partager un barreau de chaise avec un membre d'une autre espèce — quel meilleur moyen d'oublier, pour un moment au moins, ce que Charlie Chaplin a une fois décrit, avec son infaillible chic pour la pseudo-poésie parfaitement débile, comme « la solitude cosmique de l'homme » ?

Il fallut cette Lucky dans le bar de New York pour que la soirée débute, une soirée que je terminai en éclusant des Repeal

Special (une bière Lager légale et un shot de bourbon canadien) avec Benny, Red, Kreindl, Hal, Crelinkovitch, Grand George et les autres, suspendu à l'envers au ventilateur du plafond à attraper les sous-bocks qu'ils m'envoyaient. Quoi d'autre ? Il y eut ce bol de noix incroyablement savoureuses (je découvrais que j'adorais la nourriture américaine) remporté en échange d'une batterie de sauts périlleux arrière — et je crois aussi me souvenir avoir crié un bon moment à l'intérieur d'une petite chose noire brillante qui contenait une succession de voix miniatures couinant rageusement, appelées « les épouses ».

J'ai plus appris sur le métier d'acteur dans ce bar que sous la houlette d'une douzaine de dresseurs différents à la MGM et la RKO. Je crois que les acteurs les plus sérieux vous diront qu'ils ont tiré de la vie les neuf dixièmes de leur art et qu'ils ont « volé » le dixième restant. Ou l'inverse si vous êtes Mickey Rooney. Les cours d'art dramatique ? Ça peut aider... mais vous avez le truc ou vous l'avez pas. Regarder et copier, tout est là. Quand les gars ont applaudi la fin d'un autre Repeal Special, j'ai simplement applaudi en retour et ils m'ont aimé pour ça. Et quand ils ont fait de grands sourires... Ce bar est l'endroit où j'ai commencé à développer mon fameux « truc » : le double retroussé de lèvres. Un humain vous fait un grand sourire, vous lui lancez un regard, puis retroussez les lèvres supérieure et inférieure pour révéler vos gencives roses et imiter leurs bouches moelleuses. J'en ai probablement abusé au fil des ans, mais c'est plus drôle que n'importe quelle blague de Red Skelton. Les gars adoraient quand je retroussais mes lèvres, et me gratifièrent d'un nouveau surnom pour l'occasion : « Louis ».

La soirée prit fin sur une légère altercation entre Benny et Kreindl, dont je sentais qu'elle avait beaucoup à voir avec le privilège de ma future compagnie. « Si tu emmènes Louis faire son numéro chez Turney, il va en demander quelque chose, espèce de crétin. Il doit bien valoir vingt ou trente dollars pour quelqu'un et Turney en verra pas la couleur, OK ? Qui l'a trouvé en premier, hein ? C'est nous, et on va garder ce qui nous tombe du ciel. »

C'était Benny, je crois, et ce fut lui qui me prit la main. À présent la ville était noire, avec des flaques de lumières solitaires éclaboussées çà et là en travers du trottoir, mais j'étais toujours empli de joie de vivre, de noix et de Repeal Special, et je ne pouvais m'empêcher de donner des à-coups sur la prise de Benny pour essayer de le secouer de sa traînasserie d'humain. Toute l'émotion de cette première parade à travers les rues avec Tony Gentry était en moi — si je peux m'en sortir ici, ai-je pensé, je peux m'en sortir n'importe où ! — et trop heureux pour la contenir, je me dégageai pendant que Benny essayait de réajuster sa prise. Je vis un mur de poignées et de rebords engageants et me mis à y monter.

J'étais Kong le Puissant, gravissant les sommets de New York. J'étais aussi ivre comme jamais... mais inspiré comme Harold Lloyd ! En traversant plusieurs rebords, j'atteignis une section verticale de pierres saillantes qui me firent accéder à une boîte en métal, d'où un câble s'étendait jusqu'à l'autre côté de la rue. En dessous de moi, Benny avait arrêté de me crier dessus en chuchotant et avait commencé à crier pour de bon tandis que je me dandinais en direction du câble qui émettait un bourdonnement ronflant. Tout chimpanzé a dans ses mains une sensation difficile à expliquer, une démangeaison face à une bonne branche, ou à une liane dotée de la bonne souplesse, et ce câble pendait juste comme il faut.

Un type super, d'ailleurs, Harold Lloyd... contrairement à Charlie Chaplin. Un demi-singe. Harold avait un parcours de golf de neuf trous sur le domaine de Greenacres, le manoir qu'il avait fait construire à Beverly Hills, où la jet-set était toujours la bienvenue pour passer faire quelques swings. Mais c'était en fait un parcours à huit trous avec un faux neuvième spécialement construit. Depuis le tee il avait l'air d'une facilité presque insultante, un green plat idéal, avec le drapeau en plein milieu. Un fer sept, facile. En fait, c'était un étang recouvert d'un manteau d'algues, dans lequel, surtout si vous jouiez quand la lumière commençait à faiblir, les drives parfaits disparaissaient inexplicablement les uns après les autres. Alors ça, c'était drôle. C'était *amusant*, surtout avec les golfeurs qui s'avançaient à grands pas furieux vers le green et s'enfonçaient eux-mêmes dedans, et la femme de Harold, une chose belle et fragile baptisée Mildred Davis, qui préparait des martinis derrière sur la terrasse.

De grands moments, sauf pour Mid, évidemment, qui souffrait terriblement — de la dépression comme de la boisson — depuis que ce cher vieil Harold avait mis fin de force à sa carrière dans un accès de peur jalouse et paranoïaque à l'idée qu'elle lui fasse de l'ombre. Mais vous ne pouvez pas juger quelqu'un parce qu'il détruit sa femme, encore moins lorsqu'il a une belle grâce simiesque et un trou de golf aussi amusant. Harold restera pour moi l'un des grands, qu'importe ce que le temps a fait à l'essentiel de son *œuvre*.

Quant au câble, eh bien, Kong le Puissant était sur le point d'y démontrer son incroyable talent lorsqu'une tête humaine émergea soudainement du mur trente centimètres devant moi. « Ferme ta grande gueule, sale clodo ! » hurla-t-il à Benny en contrebas avant de disparaître à nouveau dans le mur. Je me dis, *humm, jolies prises*, oubliai le câble, me déhanchai en montant le cadre de la fenêtre, et continuai mon ascension sur une autre bande de pierres verticale. Elle vous disait sans cesse d'escalader, cette ville. C'était ça qu'elle disait : *Escalade-moi*. Et, en regardant en bas depuis le sommet de cette tour, je vis ce que j'avais peut-être cherché depuis le début dans cet endroit sans feuille, sans arbre, sans verdure — un rectangle de forêt sombre incrusté au milieu des lumières. Je sentais l'attraction du foyer, plus forte que toute l'Amérique, et je pris le chemin rapide descendant l'escalier de secours, traversant une large rue et arrivant dans les arbres en caquetant de plaisir. Qui l'eût cru ? Il y avait peut-être des chimpanzés perchés dans les branches, ou des potamochères piétinant les hautes herbes. La forêt était clairsemée, bien sûr, et la broussaille était maigre, mais quelle importance lorsque vous preniez votre élan pour sauter sur un tronc d'arbre et valser d'une branche à l'autre ? Ainsi j'avançai en me balançant à travers une série d'arbres jusqu'à ce que, trop épuisé pour m'embêter à briser les branches dont j'aurais eu besoin pour un nid, je m'endorme, ivre et sans rêve...

... Je me réveillai avec douleur, au sol, une main humaine autour de la gorge. J'avais de la terre dans la bouche et une forte pression sur le dos me clouait au sol. Je pensai instinctivement : Trefflich. On glissa quelque chose autour de ma tête et on me retourna sur le dos, présentant à ma vue deux humains qui baissaient les yeux sur moi depuis un ciel bien matinal. Aucun d'entre eux n'était Trefflich bien sûr — ils n'avaient rien de son élégance bien nourrie. Je fis une tentative de fuite mais une étouffante douleur au cou me freina. Paniqué, je me tournai et fonçai vers l'homme qui me tenait en « laisse » (comme j'apprendrais à appeler ça à Hollywood), mais il se mit à me battre avec un bâton. Levant le bras plus haut, il me frappa à nouveau, puis une troisième fois. Je fus étourdi par la surprise autant que par la douleur, et me ruai aussi loin que la laisse le permettait.

« Merde, l'abîme pas » dit le second humain. « Si tu l'abîmes de trop, ils le reprendront peut-être pas, 'Pa. » Ils avaient tous les deux les mêmes fines barbes et grands yeux, mais le second était beaucoup plus jeune que le premier.

« Ouais. Je veux pas l'abîmer mais hors de question que j'me fasse mordre, c'est tout. »

« Tu lui abîmes la tête, y vont dire que c'était nous quand on l'apporte et pis on aura que dalle. »

Je gémissais à l'autre bout de la ficelle, gardant un œil sur le bâton du vieil homme.

« De quoi tu parles, fils ? On va pas le rapporter. Le zoo ça a pas d'argent à donner pour leur avoir rapporté un fugitif. Ça c'est de la bonne viande. D'la viande à ragoût. Les Chinois mangent ben souvent du ragoût de singe. »

« Moi j'mange pas de singe. C'est du cannibalisme. »

« C'est pas du cannibalisme. C'est pas différent d'un écureuil ou d'un pigeon une fois que tu lui as tranché la gorge et pelé la fourrure. »

« Ou d'un bébé nègre, 'Pa. J'mange pas de singe, c'est tout. Le zoo y doit sûrement donner une récompense si on leur retourne leur bien. »

M'impatientant au bout de la laisse, j'essayai de me débarrasser de cette ficelle autour de mon cou à grands renforts de saltos arrière. Une fois de plus, le bâton s'abattit sur mon bras dressé. Je hurlai et, sans réfléchir, fis ce que vous m'avez peut-être vu faire un grand nombre de fois à l'écran. C'est peut-être même la première image de moi que vous avez en tête. Je bondis sur 'Pa et enroulai mes bras autour de lui, blotti là où il ne pouvait plus m'atteindre avec son bâton. C'est la première action que tous les chimpanzés apprennent avec leurs entraîneurs. Quand vous voyez le chimpanzé sauter dans ces bras humains et s'y blottir comme un bébé, parfois c'est de l'amour et parfois c'est le

souvenir de la peur. C'est très dur de faire la différence.
« Mais enfin, 'Pa. Tu peux pas manger ce singe » dit le plus jeune. « Il t'a choisi comme pote. On t'a pas fait un câlin comme ça depuis un bail. »
'Pa essayait de défaire mon étreinte autour de ses épaules mais j'étais trop étroitement enroulé autour de lui, et il eut besoin de son fils pour m'arracher. Je finis par lâcher prise et le vieil homme jeta la ficelle loin de lui.
« Ramène-le au zoo, alors, mais ils te fileront pas un centime. Ça me brise le cœur de voir un travailleur crever de faim et une bande de singes et de lions becqueter comme des rois. Ça fait mal au cul quand une bête bouffe mieux qu'un homme. »
« Tu le vois faire ces roulades ? Ça, c'est un animal dressé, 'Pa, ça doit bien valoir un dollar pour quelqu'un. » Mais le vieil homme s'était retourné de dégoût, et je ne regrettais pas de le voir partir.
Alors le jeune homme me guida avec ma longueur de ficelle à travers la forêt tandis que la lumière s'intensifiait, et je vis que ce qui avait l'air d'une jungle plutôt luxuriante durant la nuit était en fait un terrain bien travaillé, parsemé de tas d'abris branlants où jouaient des enfants en piteux état et où erraient des humains plus vieux. Une grande partie de l'herbe avait été arrachée et n'était plus que de la boue, dans laquelle poussaient de petites rangées de plantes déprimées. On aurait dit que les arbres avaient été brutalisés, amputés de la moitié de leurs branches. C'en était quelque peu décourageant : ni forêt ni ville, un souk.
Nous avancions, à travers les abris à moitié terminés et la boue. La laisse me creusait la peau, mes bras m'élançaient à cause des coups et une gueule de bois, d'alcool fort et de peur plus forte encore, s'installait en moi. Nous approchâmes du zoo,

et je vis une douzaine d'abris grillagés en ligne, la plupart vides. Dans l'un d'eux était perchée une paire de perroquets blancs. Quelques autres animaux somnolaient dans les coins. L'endroit tout entier avait l'air d'être à demi abandonné. Le jeune homme et moi attendîmes peut-être une heure, mais personne ne se pointa et il dut comprendre à la fin qu'il n'y aurait pas de récompense pour lui ici. Alors il noua la laisse à travers le grillage et s'en alla.

J'aurais facilement pu démêler cette laisse et partir, mais la vérité, c'est que New York paraissait trop dangereuse pour être traversée à nouveau. Une autre journée dans cette ville me tuerait. C'était génial pour une aventure, peut-être, mais il ne faudrait pas longtemps avant que je ne sois retrouvé mort au pied d'une de ces tours qui grattaient le ciel. Tout le monde ne s'en sort pas comme Kong. Je me blottis contre le grillage du refuge vide, espérant ne pas attirer l'attention, et sentis qu'entre la réhabilitation d'un côté et la jungle de l'autre, aucune des deux ne serait vraiment un foyer pour moi.

Après un moment, un type arriva d'un pas lent vers les abris et déverrouilla le portail. Je gémis dans sa direction et, avant le coucher du soleil, Trefflich était là pour récupérer un chimpanzé assagi dans l'abri vide où j'étais content d'avoir atterri. Au moment où nous quittâmes enfin New York pour la Californie, tous les évadés sans exception étaient de retour dans leur « cage » — pour utiliser le terme le plus commun — chez Henry Trefflich & Fils.

6. Une entrée fracassante !

Je me souviens qu'au-dessus de l'entrée du bureau central de casting de la MGM, sur Western Avenue, juste à la sortie du parking de Culver City, un panneau disait :

N'ESSAYEZ PAS DE DEVENIR ACTEUR !
POUR UNE RECRUE, DES MILLIERS DE REFUS.

Trop d'acteurs nuiraient à leurs affaires, c'est évident. Pour qu'un film marche, il faut bien qu'un tas de non-stars fassent le travail de spectateur. D'où le violent DÉFENSE D'ENTRER ! écrit sur un panneau néanmoins complètement inutile. Comme les affiches NE PAS NOURRIR LES ANIMAUX, c'était touchant de manque de réalisme sur la nature humaine. Des files d'attente d'humains devant trouver prometteur ce rapport d'un sur mille défilaient sous le panneau, qui avait fait quadrupler la queue.

Le problème est devenu critique aujourd'hui. Comment endiguer le raz de marée d'Américains avides de célébrité ? Je n'ai pas de réponse. Avec des panneaux plus gros, plus violents ? En produisant toujours plus de rêves où faire jouer les humains ? La seule solution durable à votre pandémie réside entre les mains de chacun : n'essayez pas de devenir une star. Mais qui se résignerait à cela ? Les YouTubeurs ? Vous ne changerez pas de nature, n'est-ce pas ? Vous ne pouvez pas vous arrêter.

Durant l'âge d'or, les choses étaient très différentes. Les acteurs ne formaient qu'une infime minorité de la population : peut-être les tactiques d'intimidation des studios payaient-elles alors davantage. Assurément, pour un animal, ils en avaient de particulièrement dissuasives...

Une semaine et demie de réhabilitation intensive et tendue presque intolérable, tel fut notre voyage depuis l'est. Dans les années 1930 et 1940, la plupart des employés de la MGM qui faisaient le voyage depuis New York jusqu'à la côte prenaient un compartiment couchette à bord du 20th Century Limited qui partait de Grand Central à six heures du soir. Avant que les passagers ne se réveillent le lendemain, les wagons de nuit étaient rattachés au Santa Fe Chief à Chicago et, quarante-huit heures plus tard, ils étaient à Union Station, L.A. Très civilisé. Mais, pour nous, ce trajet ne fut qu'un long cycle d'obscurité, de semi-conscience, de fruits fades laissés à pourrir dans notre paille crottée, dans un bringuebalement cahin-caha moins apaisant que les bercements du *Forest Lawn*.

Le voyage nous réserva de sombres rêves — à moi et peut-être aussi aux autres fugitifs : je rêvai que j'escaladais l'une des tours de Manhattan et que le vieil homme de la ville-forêt grimpait après moi, avec force coups de bâton pour me faire tomber. Durant ma chute céleste, je vis à l'intérieur des refuges, dans les flancs de la tour, des humains gesticulant avec colère, s'étreignant ou se faisant des sourires qui étaient pures grimaces d'effroi — une multitude d'humains capables d'autant de violence que nous, les chimpanzés.

Quand cessaient les mouvements et le bruit cahotant des cabines de nuit, nous nous réveillions tous et rompions ce calme soudain par des cris nerveux pour vérifier que nous existions toujours. Je pouvais distinguer Bonzo, Frederick et Gerard au milieu des cris, et je me disais que l'on percevait alors dans la plupart de nos voix le résidu de rêves agités. Peut-être étais-je le seul à me demander si les humains étaient vraiment la réponse, qui sait ? Le monde défilait sous nos pieds et nous nous dirigions à l'ouest, vers les Usines à Rêves.

Nous étions déchargés, rechargés, déchargés encore. Pour la première fois depuis le *Forest Lawn*, nous sentions le léopard, le rhinocéros, le lion et le python musqué (pour sûr que ces choses empestent), et nous entendions des touracos envoyer des cris de détresse. Je crus avoir enfin compris : la réhabilitation était finie. Ce fut comme une épiphanie. C'était certainement la raison pour laquelle nous avions été privés de contacts, du confort du toilettage mutuel ou de ces baisers rassurants qui signifiaient tant pour nous. Afin de pouvoir nous aimer les uns les autres quand nous serions enfin jugés aptes à réintégrer la forêt ! Afin de faire les choses *comme il faut* cette fois... j'imagine que cela incluait aussi les léopards et les serpents réhabilités. Les humains nous avaient aidés à voir les erreurs de nos mœurs idiotes ; maintenant, à nous de profiter de cette seconde chance !

Mais lorsqu'on brisa les planches de mon refuge, se révéla un paysage pareil aux quais de Kigoma : encore un de ces camps de transit pour animaux que je commençais à trop bien connaître. Un énième refuge, partagé cette fois avec Bonzo, et un énième tour de reconnaissance de ses huit coins, qui ne servit à rien. De la paille insuffisante aux croisillons du grillage, je connaissais la routine. Nous avions vue sur une colonne de briques, une bande de mur et le coin d'un des refuges de léopards. Et puis, soudain, la cloison qui nous séparait du refuge d'à côté s'est mise à trembler sous une lourde déflagration. Et là, se déplaçant sur ses pattes arrière, les poils dressés telle la fiancée de Frankenstein : Stroheim !

Toujours un plaisir, cher ami ! Un peu plus lourd que la dernière fois, mais c'était à prévoir. Ce qu'on remarquait avant tout chez Stroheim, c'était sa tête. Il a toujours eu cette raie au milieu bordée de deux longues mèches de cheveux aplaties de chaque côté. Il ressemblait à un écolier furieux qu'on lui ait ébouriffé son crâne fraîchement peigné. Cette raie centrale était à présent un désert stérile. Pendant que je le regardais s'énerver, il fit ce vieux geste familier de se couvrir la tête des deux mains et de tripoter les bords de sa calvitie en arrachant les cheveux qui y restaient. Puis de tout le poids de ses épaules, il écrasa ses mains massives contre la cloison, m'aboyant dessus pour me montrer ses dents. Malgré ma crainte, je n'arrivais toujours pas à prendre Stroheim au sérieux. Il se retira et, honteux de me sentir en sécurité dans mon horrible refuge, je lui tournai le dos pour entamer, à grands renforts d'épouillage, le long processus d'apaisement du pauvre petit Bonzo.

Cette histoire de Stroheim s'arrachant les cheveux m'inquiétait. Cela avait-il un rapport avec le nouveau centre de réhabilitation ? Une ambiance délétère régnait dans cet endroit, comme si les meilleurs efforts du programme ne pouvaient empêcher les animaux de se renfermer sur eux-mêmes. Bien sûr, notre abri était plutôt du genre étriqué. En face, les léopards semblaient noyés dans le désespoir. Au moins les humains qui faisaient de temps en temps le tour de nos abris, certainement pour juger de notre rétablissement, étaient-ils amusants à regarder pendant leurs séances d'observation.

Pour je ne sais quelle raison, ces humains étaient tout le temps accompagnés d'enfants, qui nous offraient à travers le grillage de délicieuses nourritures américaines. À mon grand étonnement, ils faisaient preuve d'une meilleure compréhension des réalités dominantes que les adultes qui, eux, essayaient fréquemment d'interférer avec ces suppléments nutritifs vitaux. Les actions des enfants me paraissaient plus sensées. Ils en distribuaient aux animaux qui se montraient les plus actifs — en d'autres termes, à ceux qui semblaient dignes d'assistance. Donc les chimpanzés s'en sortaient mieux que d'autres espèces sur qui le programme ne semblait pas avoir d'effet : celles dont vous ne saviez avec certitude qu'elles étaient encore en vie qu'après avoir scruté leur corps allongé dans la paille emmêlée, leurs côtes dessinant de faibles lignes d'ombre à chaque inspiration. La violence rétrograde de la jungle, dont Stroheim faisait la démonstration, n'était, elle, récompensée par aucun supplément. Tout semblait logique.

Ce supplément de nourriture humaine était crucial. Notre régime en fruits avait subi un choc : radicalement en dessous de ce à quoi nous avions été habitués chez Trefflich. Quand, deux fois par jour, commençait le rituel de nos entraîneurs humains pour nous faire gagner des suppléments, nous étions affamés. Ils étaient deux pour à peu près quinze chimpanzés, et chaque bouchée de nourriture qu'ils daignaient nous accorder était une putain de performance. Ce n'était pas du tout comme l'heureuse abondance du *Forest Lawn* : chaque fois que nous faisions quelque chose que les humains appréciaient, nous recevions un seul petit haricot brillant qui valait à peine le coup d'être mâché. Cependant, les petits haricots étaient hautement addictifs, et on était tellement affamés qu'on gobait tout ce qu'on nous offrait.

Alors quand on nous sortit, Bonzo et moi, de nos refuges, à bout de laisse dans la cour, nous étions plus que disposés à leur faire plaisir. Chaque entraîneur portait un bâton lisse — « le manche à balai » ou « l'horrible-gourdin » — avec lequel ils menaçaient de nous battre si nous n'arrivions pas à les imiter. Ils s'acharnaient sur nous deux par deux. Voir l'entraîneur dresser son horrible-gourdin au-dessus de sa tête me remémorait le vieil homme émacié de la forêt de New York et je ne pouvais réprimer une implorante grimace d'effroi.

« C'est ça, fais-moi un sourire. Fais-moi un bon gros sourire à la Gable, Jiggs. C'est bien. »

Bonzo était troublé par l'horrible-gourdin et fut lourdement frappé avant de réussir à produire une grimace de peur sur commande. Je n'eus besoin que d'un coup en travers du dos pour comprendre qu'un saut d'amour feint dans les bras de l'entraîneur était ce qu'ils attendaient ; Bonzo, lui, souffrit terriblement après avoir mordu son entraîneur à l'épaule. Je n'étais pas passé loin de mordre le mien, mais le souvenir de la montre de Trefflich m'en avait dissuadé.

Aucune joie sur le visage de l'entraîneur, aucun amour dans sa voix — c'était un homme implacable, qui nous poussait à bout. Il réduisait les limites du monde autour de vous, il empêchait de penser à quoi que ce soit en dehors du couloir d'actions par lui défini. Ah, oui... la douleur, voilà ce qu'il y avait à l'extérieur du couloir. Une fois que vous aviez applaudi et « ri » sur commande, que vous aviez fait un bisou, mis un chapeau et bu un verre d'eau, une fois que vous étiez allé lui chercher le petit carnet tanné dans lequel il prenait des notes à la fin de la séance, vous gardiez le sentiment qu'il n'y avait vraiment rien entre lui et vous — un avant-goût de ce vide que les acteurs et les aspirants acteurs connaissent trop bien. La seule fois où j'eus assez de courage pour aller pêcher une cigarette dans sa poche de chemise, je reçus une paire de coups de l'horrible-gourdin. C'était juste une plaisanterie. Cet homme, ce mâle dominant inexpressif et ennuyeux, n'avait aucun amour en lui.

Matins et soirs, cette routine à bout de laisse. Le pire était presque d'entendre les autres se prendre des raclées. Mon expérience à bord du *Forest Lawn* avait été une chance. Le triple-salto-arrière-claquement-de-main-double-retroussé-de-lèvres-grand-sourire était un geste naturel pour moi. On n'avait même pas besoin de me le demander. Aux autres, si, et ils en payèrent le prix. Bonzo était un cas désespéré ; sa peur l'induisait continuellement en erreur. De retour à l'abri, j'essayais de le rassurer en le caressant et en le toilettant, mais très vite il s'éclipsait dans son coin et s'effondrait, immobile, pendant des heures.

Frederick était bon : il s'était pas mal entraîné à bord du *Forest Lawn* et rapportait les choses avec rapidité. Deux ou trois autres singes furent récompensés d'une pleine ration de haricots colorés. Stroheim, plus vieux, était moins malléable. Je crois que c'est pour cette raison qu'ils lui fichaient un peu la paix. En tout cas, il hurlait rarement. Et quand il revenait au refuge d'un pas lourd, jamais intimidé, il ne fallait pas attendre longtemps pour le voir parader à nouveau comme un imbécile dans son petit fief à lui. Je ne renchérissais pas. La lassitude du programme me gagnait. Elle nous gagnait tous.

La vie se réduisit à la faim et à l'horrible gourdin, à la douleur lancinante de nos contusions et à la masturbation. Et si l'on distinguait parfois un mouvement de recul chez les enfants amassés devant notre refuge, nous y restions aveugles et gardions la tête baissée, perdus dans notre invocation des derniers soubresauts de plaisir encore à notre portée au milieu de cette misère. Tous, sans exception, dix, quinze, vingt fois par jour. Et à chaque fois je faisais le serment que ce serait la dernière. Mais mon cerveau se remettait à tourner en rond et, ne voyant rien d'autre en quoi espérer ou sur quoi me reposer, je me retrouvais là où j'avais commencé, à chercher cette petite vibration de plaisir, la dernière qui nous restait.

Pire, je commençais à mourir de faim. Bien sûr, je recevais mes haricots colorés, mais le centre servait un menu presque exclusivement composé de ces *bananes* de merde. Quand j'arrivais à en grignoter un morceau, ma gorge se soulevait au souvenir du mamba et j'étais incapable de les finir. Bonzo s'engraissa sur mes restes, et une désillusion envers les humains s'empara progressivement de moi. Je me tracassais et m'interrogeais plus que jamais. Quelque chose avait dû m'échapper. Peut-être tout ceci n'était-il qu'une erreur, et vous une bande de singes fous ignorant ce qu'ils faisaient ? Ce train-train de pénurie et de raclées... c'était pour *quoi* ? Était-ce une cure de désintoxication *à vie* ?

Pendant un mois, nous suivîmes la routine. Quand je n'étais pas en alerte, mon esprit commençait à s'éteindre. Stroheim avait pris l'habitude de faire compulsivement la navette entre son mur arrière et notre cloison, contre laquelle il frappait avec mépris tous les trois ou quatre passages. Bonzo et moi étions trop désorientés pour le remarquer, trop occupés à osciller d'avant en arrière en rêvant d'un ailleurs. J'étais de nouveau perché sur la corniche au clair de lune, montrant à Tony Gentry comment m'attraper des pommes cannelles, quand Stroheim déboula directement *de la forêt* dans notre abri.

Je pense qu'il fut aussi surpris que nous de découvrir que la cloison contre laquelle il s'était jeté pendant cinq ou six jours avait finalement lâché. Sa lancée l'emmêla dans le lambeau de grillage déchiré et nous laissa, à Bonzo et moi-même, une brève seconde pour envisager la suite — mais en jetant un coup d'œil à mon compagnon, je vis qu'il avait déjà pivoté et présenté son arrière-train. Fantastique, pensai-je, simplement génial : une marque de soumission avant que l'autre ait fait *quoi que ce soit*. Stroheim était en train de se relever et de se hérisser, contre moi ou contre ce bête lambeau de grillage informe, je ne sais pas. Contre le monde, probablement — il se hérissait comme ça en général. Puis il commença à pousser des cris sourds qui grimpèrent rapidement en hurlements tandis qu'il se décrochait du grillage. Il n'y avait aucune issue, aucune chance de se calmer et de garder la tête froide, et j'étais terrifié. J'aurais pu me soumettre. Mais me soumettre à Stroheim, qui avait caracolé pendant que les autres brisaient le corps de ma mère ? Impossible.

Il s'élança vers moi alors que je bondissais sur le grillage frontal ; j'escaladai assez haut pour éviter l'impact. Le refuge vibra. Je n'avais aucun plan, mais lorsque Stroheim fit demi-tour et me sauta dessus, je lâchai le grillage, me laissai tomber sous lui dans la paille et m'enfuis dans son abri en passant sur le côté de la planche-cloison brisée et en la tirant derrière moi. Elle vint se plaquer contre le mur. Furieux, il fonça dedans, mais la cloison résista. Il se mit en tête de la démolir en poussant toujours des cris perçants, et je m'assis en l'attendant, lui et la fin.

Où que l'on soit — à l'intérieur ou à l'extérieur d'un refuge, parmi les humains ou les chimpanzés — la jungle semblait toujours nous rattraper. Il n'y avait pas d'échappatoire, nous n'étions en sécurité nulle part. J'avais traversé l'Atlantique pour l'Amérique et je me retrouvais précisément là où tout avait commencé : pourchassé par Stroheim. La stupide brute chauve, tyrannique, chapardeuse de bananes. Un nom me revient aujourd'hui du passé : Moose Malloy, ce grand malabar nigaud lent à la détente, « pas plus large qu'un camion à bière », courant maladroitement après Velma, son amour perdu, dans *Adieu, ma belle* (1944), avec Dick Powell en Philip Marlowe. Moose, trop large pour son cerveau. Des années plus tard, quand je vis *Adieu, ma belle* pour la première fois, je pensai immédiatement : Stroheim ! Voyez-vous, bien qu'il fût un tueur, il vous était impossible de ne pas prendre Moose en pitié. Et moi, je ne pourrai jamais — vous l'aurez compris — démêler la pitié de ma haine pour Stroheim.

J'attendis donc que le grillage cède et que Stroheim déboule, mais chacun des coups de ce pauvre abruti ne faisait que maintenir la porte *fermée*. S'il avait seulement mis ses doigts à travers et tiré en arrière, vous ne seriez pas en train de me lire. Mais non : tout ce que Stroheim savait, c'est que les cloisons s'ouvraient en les défonçant, c'est comme ça qu'on avait toujours fait ! Il était trop stupide pour m'assassiner. Après une période de pilonnage acharné, l'idiot abandonna, se replia dans l'une de ses bouderies abyssales et catatoniques et nous pûmes dormir.

C'était l'après-midi de la deuxième séance d'entraînement de la journée. Le matin suivant, les cours furent annulés. À la place, un large abri roulant entra dans la cour et, supervisés par l'entraîneur, nous fûmes tous chargés à l'intérieur d'abris entièrement grillagés, les plus petits que nous ayons vus jusque-là. Enfin... Presque tous. Mon entraîneur patrouilla face à nous, consultant son carnet et indiquant aux humains ceux d'entre nous qui devaient être déplacés. Un quart fut rejeté, dont Stroheim.

« Je vais vous laisser terminer, les gars » dit mon entraîneur. « Savourez votre joli travail. »

« Pas la peine de râler. Vous faites une bonne affaire. Très bonne, même. »

« Ouais, ouais. Ça va aider les gens, je suppose. »
« Hé. C'est la loi du showbiz. Un milieu cruel. »
Ouais, mais non en fait. Il y a des milieux *bien plus* cruels.

Nous fûmes chargés à l'arrière de l'abri, entassés les uns sur les autres, je remarquai Bonzo et Gerard, et mon nouveau co-turne et divers autres visages vaguement familiers du *Forest Lawn*, avant que l'obscurité et les secousses familières ne reprennent le dessus. Et quand les mâchoires des abris s'ouvriraient, ce serait sur un monde nouveau — c'est comme ça que ça fonctionnait. Ils vous plongeaient dans l'obscurité, puis ils mélangeaient le monde.

Le trajet fut court cette fois. Les périodes d'obscurité se succédaient de plus en plus rapidement : où que ce fût, nous approchions de là où nous allions. Je n'arrivais pas à croire que se déplacer en permanence d'un centre de réhabilitation à l'autre soit une habitude humaine, et j'avais le pressentiment de subir un *processus de sélection*. Du *Forest Lawn* à Trefflich, de Trefflich à l'institut d'entraînement, notre groupe se réduisait comme peau de chagrin, et cela avait un rapport avec nos performances lors des séances d'entraînement. Et pourtant Frederick avait été rejeté et Bonzo, qui n'avait pas vraiment brillé pendant les séances, pleurnichait en dessous de moi, donc il y avait un hic. Néanmoins, j'avais le sentiment que nous nous rapprochions de *quelque chose*. Stroheim avait été rejeté, et peut-être que c'était ça le plan depuis le début : retourner à la forêt, une forêt sans ses Stroheim, une forêt retrouvée.

Mais ce n'était pas une forêt, ni un processus de sélection. C'était un espace exigu à l'éclairage jaune, un couloir de tout petits abris individuels empilés de chaque côté trois par trois, dans lesquels des douzaines de singes et de macaques s'épiaient ou s'agitaient. Une fois que je fus déchargé, mis en laisse et confortablement installé dans mon nouveau refuge, je jetai un œil à mes nouveaux co-réhabilités et je sentis le souffle du mamba. Je me souvins de l'éclat luisant de son corps passant au-dessus de DiMarco et moi. Le contact de la mort...

Presque tous les chimpanzés ou macaques que je voyais étaient dans un état déplorable. Juste en face de moi, au niveau des refuges les plus hauts, se trouvait une femelle chimpanzé comme je n'en avais jamais vu. Sa poitrine et son ventre étaient tellement enflés qu'il lui aurait été impossible de se tenir debout. Elle respirait rapidement par petites bouffées, comme si elle ne pouvait pas contenir son souffle. En dessous d'elle, un chimpanzé recouvert d'un liquide pâle qu'il venait, je suppose, tout juste de vomir, ne bougeait plus. Il y avait des macaques avec des yeux étranges, enfarinés, et des plaies rouges ouvertes sur la poitrine. Et quelque chose qui avait l'air à moitié humain, de la taille d'un singe, presque entièrement sans fourrure. Je n'ai pas le courage de continuer ma description. Les humains n'auraient rien pu faire pour ces pauvres créatures. Aucun moyen de les sauver. Nous étions dans un hôpital pour incurables. Un lieu de mort. Je le sentis instinctivement — je le reconnus comme je l'avais reconnu dans la bouche du mamba. Ils étaient déjà entre quatre planches, parce que personne ne sortirait d'ici vivant.

Nous y étions donc. La fin de la course. Est-ce vraiment ce à quoi le sauvetage, la réhabilitation et l'entraînement allaient aboutir ? Oh, purée... Malgré les efforts de tous, il semblait que leur *Projet* — cette tentative courageuse mais désespérée de nous sauver de la mort — avait échoué. Malgré tous ces putain d'efforts. On aurait aussi bien fait de rester dans la jungle.

Pourtant, pourtant, pourtant... Cela avait tellement l'air d'une *méprise*. À quoi avaient servi les séances d'entraînement, alors ? Frederick les avait réussies haut la main mais n'avait même pas pu passer la sélection ce matin. Je me rappelle combien j'en avais été surpris. Tout comme les deux autres chimpanzés qui y excellaient, maintenant que j'y pense. Mais soudain je pigeai : ce n'était pas eux qui avaient été rejetés, crétin. C'était moi. *Eux* avaient été gardés.

Quand je dis que j'ai eu vraiment beaucoup de chance dans la vie, je ne veux pas dire que j'ai été assez privilégié pour regarder Fred Astaire faire sa célèbre « danse du golf » au premier tee de Pebble Beach, envoyant cinq balles d'affilée en cloche dans le Pacifique. Ou que j'ai été assez verni pour m'asseoir aux pieds de Robert Benchley près de la piscine du Jardin d'Allah tandis qu'il récitait *Feuilles d'herbe* à un Cocteau captivé au lever du soleil. Je veux dire de la vraie *chance*.

Je me pressais contre le grillage, inondant la pièce de mes cris comme les autres appelés, quand deux hommes s'approchèrent dans le couloir entre nos abris. L'un était habillé en blanc. L'autre, surprise !, était mon entraîneur. Contrairement à Tony Gentry, il était revenu.

« C'est celui-là » dit-il, en arrivant sous mon abri. « Jiggs. Celui-là va à la Metro. Faudrait apprendre à compter un peu mieux, les gars. »

« J'ai bien peur qu'il n'en soit de votre responsabilité. Nous, on passe commande et on récupère ce qu'on nous donne. J'imagine que vous vous êtes trompés à Lincoln Heights. »

« Ah ça, pour sûr que j'ai fait une erreur. Vous confier le chargement, c'était ça l'erreur ! J'aurais dû l'faire moi-même. Vous vous rendez compte de ce que vaut un animal pareil ? Je devrais foutre votre type en cage à la place de cet animal, ça lui apprendrait à écouter. "Ne pas toucher au grand chimpanzé dans la cage du fond." J'lui ai dit deux fois. Deux fois ! »

Ils ouvrirent mon abri, me laissèrent en dégringoler avant de me mettre en laisse. Je sautai dans les bras de l'entraîneur — et ce saut, croyez-moi, n'eut rien d'un saut d'amour feint. Ce n'est pas moi qui aurais dû être là, mais *Stroheim*. Le grand chimpanzé dans la dernière cage c'était *moi*, du moins jusqu'à ce que nous ayons effectué notre petite danse de passe-passe. Chanceux. Très, très chanceux. Et chanceux, chanceux, *chanceux* aussi, le Stroheim.

« La livraison est quand même pour douze animaux, M. Gately. Ça nous en laisse onze. »

« Ouais — mon autre stock est à Culver City en train d'être auditionné en ce moment même. Alors j'imagine que vous allez poireauter longtemps. Ou alors appelez Louis Mayer et demandez-lui si ça l'intéresse de vendre. »

« Cent quatre-vingt dollars pour douze animaux, M. Gately. Ça sera cent soixante-cinq pour onze. »

« Cent soixante-quinze dollars pour onze animaux et les dommages » dit Coach Gately, sans humour.

Les choses s'arrêtèrent là entre eux, et Stroheim ne sut jamais que je venais de lui sauver sa chienne de vie. Gately me fit sortir du bâtiment au bout de la laisse, évitant un petit chat roux et blanc qui trébucha dans un tintement, en chemin vers les bras ouverts d'un des humains en blouse blanche. Des émotions mêlées m'empoisonnaient les tripes : un soulagement égoïste, bien sûr, et le bonheur absolu d'être sorti d'affaire. Mais j'étais toujours sous le coup de ce que j'avais vu, et parfaitement conscient que Bonzo, Gerard et les autres n'allaient, eux, pas marcher avec nous sous l'azur étincelant. Ne pleut-il donc jamais en Amérique ?, me demandai-je distraitement.

Gately me guida jusqu'à son refuge sur roues et, nouant fermement ma laisse à la poignée de la porte, m'installa à côté de lui sur un long siège dans ce qui s'avéra être, lorsque la ville se mit à défiler derrière nous, sa partie frontale. Je supposai que c'était une ville autour de nous, quoique je ne visse que très peu d'humains, rien que des refuges roulants. Un flanc de coteau s'appelait HOLLYWOODLAND, et je pensai : ça serait utile, des panneaux pour tout identifier. J'aurais bien besoin de savoir le nom de quelques trucs.

Ce n'était pas une ville qui vous invitait à l'escalader, comme New York ; c'était une ville de portails. De part et d'autre défilaient des centaines de portails colossaux suggérant la présence d'une espèce d'humains colossaux. Derrière ces grilles, vous pouviez distinguer des lopins de forêt, des *orangers* et des *palmiers* ! Je ne me réjouissais pas trop, car pour être honnête, je savais que ce n'était qu'un bref répit avant une autre épuisante séance de réhabilitation. Paille, grillage, excréments, et les mêmes vieux fruits trop mûrs. Avez-vous au moins une idée de combien le temps se *traîne* dans les abris ?

Je me sentis soudainement très las, alors que Gately s'avançait sous l'un des portails ; bel et bien las : j'en avais ma claque de tout ça. Je savais que je serais incapable de venir à bout d'une autre longue séance. D'un autre refuge ou d'un autre abri. Les refuges ne *fonctionnaient* pas. Les abris n'*abritaient* pas. Une autre séance de réhabilitation et, comme Stroheim, je m'arracherais les cheveux. J'étais fini. Assez ! On n'imagine jamais que la petite voix insistante dans votre tête qui, sans relâche, vous encourage à *survivre, survivre, survivre*, puisse un jour s'atténuer, voire se taire, mais elle finit par le faire. Et pourtant, j'aime à me définir comme un survivant. J'ai survécu soixante-dix ans dans cette industrie. J'ai survécu à des navets comme *Le Gorille de Brooklyn*. J'ai même survécu aux nuits entières de récitation de Whitman par ce vieux détrempé de Benchley au Jardin d'Allah...

Un peu que je suis un survivant. Mais là j'étais prêt à abandonner. Je me disais : F-I-N-I. T'es fini.

Gately marqua l'arrêt, s'étira jusqu'à la laisse pour me détacher de la poignée et ouvrit la porte d'un geste.

Nous étions dans une forêt. Des chimpanzés caquetaient à la cime des arbres. Des gazelles broutaient les feuilles basses. Dans l'ombre, à la lisière des arbres, plusieurs zèbres grignotaient les hautes herbes brunes. Des spores, des graines et des papillons flottaient par millions dans l'air tiède autour de moi. Il y avait des perruches aux couleurs vibrantes aussi, et des humains en groupe assis et debout parmi les animaux. Mon cœur chavira. Oh, singe sceptique et sans foi ! Dégonflé ! Ils l'avaient fait : les humains l'avaient fait. Nous l'avions fait ensemble ! La joie me redressa sur mes deux pattes arrière et, ainsi, debout, je me mis à marcher en cercles délirants, répondant aux caquètements des chimpanzés. Je dansais de plaisir. Une danse de pluie dans un pays sans pluie ! Gately fit le tour de l'abri, retira ma laisse et me prit la main. Ensemble nous cheminâmes vers la forêt, en regardant Frederick descendre les branches en virevoltant pour nous souhaiter la bienvenue.

J'étais vraiment un *gamin* lorsque je suis arrivé pour la première fois aux States ! En gros, je n'avais pas la moindre idée de ce qui se passait. Bien sûr tout était déroutant, mais en passant en revue ce que j'ai écrit jusque-là, je me demande si je n'ai pas assombri mon histoire. Soyons honnête, j'ai probablement un peu exagéré. Pardonnez-moi. Ma mémoire, mon œil d'enfant, ont subi une légère distorsion dickensienne. Et puis, je voulais vraiment donner un coup de pouce à No Reel Apes et, bon, j'ai bien envie de vendre quelques livres, et on m'a dit que les histoires d'enfance difficile, ça marchait du tonnerre en ce moment.

Bien sûr, les enfances difficiles peuvent faire de grands artistes — c'est le fil qui relie Van Gogh, Dickens, Melville, Hitchcock, Frank McCourt, Dave Pelzer, Kirk Douglas, Margaret Seltzer et moi — mais ce n'est pas le genre d'autobiographie que Don apprécie tellement, les grands yeux d'enfant qui vous regardent accusateurs sur la couverture, les faces blanchies comme celles des lémuriens. C'est seulement que je me suis senti obligé d'aborder certains des problèmes que Don et la séduisante Dr Goodall cherchent à mettre en lumière pour leur campagne No Reel Apes. La cruauté envers les singes au nom du divertissement est obscène et *doit s'arrêter*, à moins qu'elle ne mène à d'incroyables films bien sûr, et j'ai personnellement passé de merveilleux moments à Hollywood... ce qui, comme je l'ai dit, m'a sauvé la vie ! Il y a donc deux versions de chaque histoire. Mais soutenez, si vous le pouvez, cette campagne qui propose — écoutez ça ! — de remplacer au cinéma les primates vivants par d'autres créés sur ordinateur.

Intéressant... Durant nos visites de charité aux hospices de Palm Springs, Don et moi avons vu plus d'une fois des chambres d'enfant tapissées de posters de héros en images de synthèse. Le minicyclope qui fait des vannes, l'âne sarcastique. Les enfants les adorent — mais *ils ne sont pas là, putain*, si ? Ils ne sont pas là, à partager un paquet de bretzels avec un ado en phase terminale, une cuvette en forme de haricot sur la tête et un tensiomètre dans la bouche, hein ? Et ils ne seront jamais là en chair et en os dans les moments qui comptent, accrochés au bout du lit d'hôpital comme un *memento mori*. La vraie magie des films c'est qu'ils sont de chair et de sang. Est-ce que Buzz l'Éclair a jamais souffert pour son art ? Non, et c'est pour ça qu'il est mauvais. Même si je dois bien avouer que les enfants n'ont pas la moindre idée de *qui je suis*. Bref, les effets spéciaux, selon Don et Jane, c'est la voie à prendre. Soutenez leur campagne : www.noreelapes.org ou quelque chose comme ça.

Je digresse. Nous avons parfois eu la vie un peu dure, et alors ? La MGM nous a offert la chance de notre vie. Je ne savais pas qu'il était courant pendant l'âge d'or des studios de laisser les jeunes stars languir un an ou plus, le temps qu'elles gagnent en confiance et qu'on leur écrive un rôle sur mesure. Comment aurais-je pu savoir que la faim et les coups faisaient eux aussi partie du processus de toilettage méticuleux de Louis Mayer ? Un processus presque en tout point similaire à celui que la MGM avait appliqué à Ava Gardner.

L'expérience fut d'ailleurs bien pire pour Ava que pour nous. Et elle, vous ne l'avez jamais entendue se plaindre. C'était une digne femme, Ava, malgré ses indiscrétions occasionnelles : comme laisser échapper combien elle trouvait son premier mari, Mickey Rooney, sexuellement inadéquat par exemple — cruel pour un « homme à femmes », puisque Mickey se définissait ainsi. Mieux vaut oublier cela. Lorsqu'elle se trouva sous contrat la première fois — « Honey, il a peut-être pris son pied, mais pas moi », *voilà* la formule, désolé —, lorsqu'elle se trouva sous contrat pour la première fois à la MGM, il leur fallut plus d'un an pour lui arracher son accent de Caroline du Nord... comme de mauvaises dents. Et ils durent lui apprendre à jouer, ce qui leur prit bien plus de temps avec Ava qu'avec moi. Betty Bacall eut six mois d'orthophonie intensive, une quasi-anorexie et Howard Hawks qui lui collait aux basques chaque seconde de chaque journée. En plus elle était à la Warner et, croyez-moi, une fois que vous aurez entendu les histoires terrifiantes des stars de la Warner, vous préféreriez être battu et emprisonné à vie plutôt que d'avoir un contrat avec eux. « Si tu as survécu ne serait-ce que sept ans à la Warner » disait Cagney, un spécialiste de la question, « alors tu peux survivre à tout. » Et au cours de deux merveilleuses décennies au sein des cages de la MGM et de la RKO, j'ai souvent frémi à l'idée de ce que le pauvre Jimmy avait dû subir sous la houlette des Warners.

Donc, je ne me plains pas. La MGM avait fait confiance à un paquet d'inconnus et ils avaient le droit de contrôler leur investissement. Ce léopard de l'autre côté de la cour avait peut-être l'air un peu léthargique et sonné, mais il a eu la chance de travailler avec la grande entraîneuse Olga Celeste, et de décrocher l'un des rôles clés de la décennie en jouant non pas un mais deux léopards différents face à Asta le fox-terrier et Kate Hepburn dans *L'Impossible Monsieur Bébé*. Voyez les choses comme ça : le nombre de chimpanzés qui auraient troqué leur place contre la mienne dans la minute, était, ma foi, considérable. Cela dit, je ne sais pas combien d'entre nous restaient encore à l'état sauvage à l'époque. 150 000 au moins. Des millions, probablement. À part le « petit souci » avec le labo (un centre de recherche sur des maladies hautement infectieuses, intégré à l'armée juste après la Seconde Guerre mondiale et aujourd'hui situé à L.A., près de Encino), qui fut essentiellement de la faute de Stroheim, je n'aurais pas pu rêver mieux. J'avais été nourri et instruit et maintenant j'étais prêt à être intégré à la vaste et heureuse famille de la MGM. La prochaine fois que vous entendez quelqu'un traiter Louis Mayer de brute, tyran, soudoyeur de témoins corrompant la justice ou toute autre demi-vérité, souvenez-vous que je ne serais rien sans lui.

Le labo était bien là cependant, indéniable face cachée de la capitale glamour du monde. J'en compris assez rapidement la nature : c'était là que l'on finissait si l'on ne perçait pas au cinéma. Et même si l'on perçait, n'importe quel animal ayant vu le court métrage autrefois si populaire d'Edison, montrant un éléphant électrocuté à mort sur Coney Island, reconnaîtra combien les bienfaits de la célébrité peuvent être brefs et dérisoires ! C'était ça, Hollywood : une ville qui vous brise le cœur. « Pour UNE recrue, des MILLIERS de refus. »

Gately et moi avancions à travers les hautes herbes, vers les grappes d'humains éparpillées dans les clairières. Tout était clair et scintillant comme dans un rêve, comme Beverly Hills à travers les yeux imprégnés de LSD de Cary Grant. Frederick et les deux autres chimpanzés élus vinrent à nous en caquetant, et nous nous embrassâmes tous, mimant des attaques de joie et nous défoulant dans un maelström de bonheur, à tel point qu'un homme au centre d'une grappe d'humains appela Gately pour qu'il nous calme : « Est-ce que tu peux retenir ces petits enfoirés pendant une seconde ? Non, viens plutôt là, on va jeter un œil maintenant ! »

Le groupe d'humains était disposé en cercle irrégulier autour de l'homme qui avait parlé. Nous nous déplaçâmes vers lui, à bout de laisse, à travers la foule. D'autres animaux — des lionceaux, des antilopes — jouaient avec leurs entraîneurs parmi les humains. C'était un nouveau genre de forêt pour moi.

« Je suis Cedric Gibbons. Vous êtes Gately, c'est ça ? Vous pouvez demander à ces animaux de faire ce que vous voulez ? »

« Oui, c'est possible. Mais ça dépend de certains facteurs. La manière dont ils réagissent aux individus. »

« Et donc vous nous avez apporté un échantillon au cas où ce ne soit pas le coup de foudre. Montrez-moi. »

« Donne ta main » dit Gately, et il fit serrer la main de Gibbons à Frederick, puis lui fit arracher son chapeau. « Rends ça maintenant, Buster. »

« C'pas moi qu'il doit rencontrer » dit Gibbons. « Maureen,

viens par là faire connaissance avec ton futur partenaire. Et où est le Roi de la Jungle ? Tu l'as vu ? »

« Il est sur la corniche » dit quelqu'un, et des humains se mirent à crier, « Johnny ! Appelez Johnny ! » En réponse nous parvint un vague cri aigu, comme le barrissement d'un éléphant.

« Vous avez vu *Tarzan, l'homme singe*, Gately ? Non ? On avait un bon chimpanzé pour ça, mais un vieux. On peut plus s'en servir. Ce qu'on recherch... » et Gibbons fut à nouveau interrompu par le cri aigu. « *Johnny*, bordel ! Ce qu'on recherche, c'est un ressort comique. Heu, un animal qui sache faire des singeries, mais simple à maîtriser pour Maureen... »

Là, Gibbons fut à nouveau interrompu par un humain, un mâle adulte, qui sautait d'un arbre et courait vers nous. Qui sautait d'un arbre et ne portait pas d'autre habit qu'un rabat de cuir autour de la taille. Je fus surpris de voir ce qu'était la musculature humaine, combien ils étaient puissants sous leurs pelures. C'était impossible qu'il ne soit pas un alpha, peut-être l'alpha de tout le groupe, pourtant son visage n'avait pas l'attitude d'un tyran lorsqu'il dit en souriant : « Moi sur corniche avec deuxième équipe. Moi rencontrer chimpanzé maintenant. »

« Oh, Johnny » soupira Maureen tandis qu'elle se dirigeait tranquillement vers nous. Elle ne faisait pas plus de la moitié de sa taille. Il était tellement *debout*.

« Est-ce que tu penses *pouvoir* la mettre en veilleuse avec le langage singe ? C'est un peu pénible... »

« Jane fâchée. Jane besoin claque sur arrière-train » dit Johnny.

Oui, c'était bien là le Roi de la forêt.

« *Que ne puis-je à l'union de nos âmes loyales apporter des entraves ?* »* commença vaguement à chanter Maureen. « La langue de Shakespeare, Johnny. D'Edna St. Vincent Millay !

Rassure-moi, tu sais qui est Shakespeare ? »

« Gars dans salle de billard. Moi rencontrer chimpanzés » dit Johnny, en nous toisant tous les quatre et en tendant la main. Ah, Humanité, tu es si belle ! « Moi Tarzan. Moi Johnny. Qui Cheeta ? »

Des acteurs vous parlent d'auditions qui se déroulent comme dans un rêve... Frederick et les deux autres (et à présent Stroheim, qui approchait d'un pas lourd, en retard pour le grand moment) n'avaient pas l'ombre d'une chance. Qui Cheeta ? Non mais qu'est-ce que c'était que cette question ?

Je sautai dans le nid formé par les bras du Roi de la Jungle et, pour la deuxième fois ce jour-là, mon cœur chavira. C'était moi. Moi — Kong, Jiggs, Louis, le Trompe-la-Mort... Moi, Cheeta.

7. Film en Folie !

Au commencement il y avait Tarzan, moi et Jane. Nous vivions dans une forêt, au sommet d'une corniche jaillissant de falaises abruptes, dressées au-dessus d'un monde recouvert de nuages où s'entretuaient des tribus sauvages. Nous vivions dans un rêve. Nous parlions entre nous ainsi qu'aux autres animaux, à l'exception de ceux à sang froid. Seuls deux mots nous étaient vraiment nécessaires : « *Aaahhheeyeeyeeyeeaaaahheeyeeyeeyaaahhhh* », « Je suis »; et « *Umgawa* », « Qu'il en soit ainsi ».

Nous tirions notre lait d'antilopes et ramassions les œufs d'autruches invisibles, nous mangions du poisson, des fruits et de jeunes buffles rôtis, et dormions dans des nids suspendus côte à côte dans les arbres. Seuls les éléphants mouraient, comme tout prédateur osant défier Tarzan en combat singulier ; la seule arme tolérée sur la corniche était son couteau. Tarzan aimait Jane : ils sublimaient leur amour en nageant. Tarzan m'aimait : nous sublimions notre amour en volant. Jane et moi étions jaloux l'un de l'autre, mais nous arrivions à nous entendre : chacun incarnait une facette différente de Tarzan, mais nous l'aimions trop pour nous battre. Sur la corniche, les chimpanzés ne se battaient ni ne tuaient, et j'avais beau appartenir à ce groupe, ma loyauté allait aux humains. Ils avaient davantage besoin de moi. Johnny était Tarzan ; Maureen était Jane ; j'étais moi-même.

Enfin, pas complètement. Il y avait un prix à payer pour intégrer le rêve : une petite taxe de travestissement — je jouais (et je ne crois pas avoir jamais reçu de récompense pour ça tandis qu'année après année s'égrenaient les nominations aux Oscars) une *femelle*.

À part le problème Jane, rien à signaler. Jane avait quitté la civilisation, mais au plus profond d'elle-même, elle était encore en manque, et sa famille venait alors de Londres pour essayer, par des mots, dont elle avait encore une soif avide, de l'inciter à revenir. Mais rien n'y faisait. Plus fort que la jungle, il y avait Tarzan (*umgawa*, couteau) ; plus fort que Tarzan, Jane (vénérée, adorée) ; plus fort que Jane, les hommes blancs (foyer, devoir) ; plus fort que les hommes blancs, la tribu Gaboni (embuscade, enlèvement) ; plus fort que les Gabonis, la jungle (éléphants, débandade) ; et plus fort que la jungle... Tarzan (*aaahhheeyeeyeeyeeaaaahheeyeeyeeyaaahhhh*)... Ainsi ce cycle naturel résolvait-il tout le problème assez simplement, et nous pouvions retourner à notre rêve sur la corniche. *Umgawa.*

Au début de l'automne 1933, Johnny, moi et Maureen vivions donc dans la forêt de Sherwood, près de Thousand Oaks, à côté du lac Toluca dans la San Fernando Valley, et parfois dans le Studio n°2 à Culver City, rêvant *Tarzan et sa compagne* avec Jack Conway à la réalisation. Jack avait remplacé Cedric Gibbons à la fin du mois d'août parce que Gibbie était en réalité directeur artistique et qu'il ne s'en sortait absolument pas. Je pense aussi qu'il était arrivé à saturation des blagues du genre :

« Gibbons bosse avec l'homme singe. » Ce pauvre vieux Gibbie était marié à Dolores del Río, qui dormait dans une chambre séparée au-dessus de la sienne. Gibbie y accédait par une trappe, à supposer qu'elle daigne l'ouvrir et fasse glisser l'échelle.

Ce que nous faisions dans l'Usine à Rêves était... enfin, je suis certain que les aspects techniques vous intéressent aussi peu que moi. Mais avez-vous déjà entendu l'histoire du sauvage qui pense que la caméra lui vole son âme ? Là, c'était l'inverse : nous jouions le rêve et, corollaire hasardeux de cette conversion du rêve en passé, les caméras nous donnaient une âme. On la laissait se répandre sur vous, et s'il s'en répandait assez, vous commenciez à devenir Immortel. Bref, je ne veux pas vous noyer sous les détails techniques. Une fois le rêve dans le passé, il était alors considéré comme animé (tableau « animé ») et les spectateurs accouraient par millions pour vivre ce rêve au lieu du présent. Au fond, nous faisions du commerce de rêves anciens, dont nous étions également les rêveurs.

Il y avait sept Usines à Rêves principales, dirigées par sept mâles dominants : Mayer, Warner, Goldwyn, Cohn, Zukor, Zanuck et Laemmle. Ces mâles dominants étaient les rois de la ville, mais il existait une flopée d'autres rois : un Roi d'Hollywood (Gable), un Roi des Muets (Fairbanks), un Roi de la Jungle (Johnny), une Reine d'Hollywood (Myrna Loy), une Reine de la Warner (Kay Francis), une Reine du Monde (Dietrich) et une Reine Dragon (Joan Crawford). Il y avait aussi un Baron, un Duc, une Première Dame d'Hollywood, ainsi que d'autres créatures plus rares — un Papillon de Fer, une Blonde Platine, un Ange Profane, un Vieux qui ne Rit Jamais, une Déesse de l'Amour, un Grand Profil, une Sweater Girl, une Fille Qui a du Peps, une Fille au Clin d'Œil[*]. Quelque part dans les collines surplombant les usines, entre les bosquets d'érables et les eucalyptus en fleurs, vous pouviez croiser Le Regard, La Gueule ou même Le Plus Bel Animal du Monde (pas moi : Ava Gardner). Ils étaient si beaux, c'étaient des êtres humains si spéciaux, que la terre sur laquelle reposait Hollywood semblait elle-même parfois frémir de plaisir, comme si on la caressait avec tendresse.

C'est ainsi que je me rappelle mes premiers jours à L.A. Et par-dessus tout, le plaisir du rêve, ou du « travail », comme on le qualifiait curieusement, qui honorait largement la devise de la MGM, « *ars gratia artis* » : l'art récompense l'artiste*. L'art rend l'artiste heureux... Ce cri de délice faisait écho à notre bonne fortune. Une devise exposée à tous avant chaque film de la MGM, accompagnée d'un rugissement de mon bon ami et collègue Jackie le lion, qui je dois l'avouer me mettait un tantinet mal à l'aise. Jackie avait une façon bien à lui de s'adresser aux spectateurs. « Cassez-vous de mon putain de territoire ou je fais de la charpie de vos petites têtes d'enfoirés » serait une ébauche de traduction de ce qu'il disait.

Je pense souvent à Jackie quand Don passe un de ces CD dont il raffole tant, avec des tas de touracos et de perroquets se cherchant des noises en hurlant près d'une cascade dans la forêt. Bon Dieu ! Après quoi on a droit à une demi-heure d'une baleine mâle vantant lugubrement ses prouesses au lit. Et le bougre passe ça en boucle. Toute la sainte journée, on doit écouter ces perroquets et cette baleine qui font gueuler les mésanges dans les palmiers sauvages derrière le Sanctuaire, nous noyant sous ce flot d'agressions territoriales qui nous mettent les nerfs en lambeaux pendant que Don, lui, se prélasse sur la terrasse. Il dit que ça le « déstresse ». Enfin bon, les spectateurs n'avaient pas l'air d'être dérangés par Jackie, l'animal le plus doux qu'il soit en réalité, figure culte s'il en est.

Mon art me rendait heureux. Je me sentais comme un de ces oiseaux-mouches qui butinent le nectar dans les buissons de jacarandas autour des loges des stars sur les plateaux de Culver City. La vie se teintait d'une intense douceur... je compris plus tard que ma grande crainte s'évanouissait enfin. J'étais réhabilité, ou presque. Il ne me restait plus qu'une corvée à acquitter.

Nous en étions à la deuxième ou troisième matinée de tournage, et je ne m'étais pas encore habitué à ces petits miracles qu'Hollywood s'amusait, l'air de rien, à nous pondre, lorsque nous rencontrâmes pour la première fois les acteurs-singes. Un escadron d'humains se baladait sur le plateau du lac Toluca, riant, fumant, et portant leur tête sous le bras. Ils étaient gorilles jusqu'au cou. Gately nous fit descendre du chêne vert dans lequel nous nous amusions, Frederick et moi, pour nous présenter, et des cigarettes furent distribuées (complément de salaire fréquent sur les plateaux de tournage — une manière de joindre les deux bouts). Les humains transpirants disparurent alors sous leur tête de gorille et commencèrent à nous imiter. Il fallait faire avec. Peut-être y avait-il un programme de croisement interespèces à la MGM pour essayer de concevoir l'acteur humain simiesque parfait ? Si c'était le cas, ce n'était pas une franche réussite, car bien qu'en temps normal je n'ose jamais critiquer un autre acteur, ces types étaient des cas *désespérés*.

« C'est plus comme un roulement, Leslie, ça remonte le long de la colonne », dit l'un des singes, « ensuite tu raidis les bras pour donner le coup. Comme ça. » Alors, avec les autres singes, il commença à marteler le sol de ses poings, dans une parade rituelle classique dirigée contre nous deux. Naturellement, nous les imitâmes en retour — comme nous l'avions appris avec M. Gentry et Gately — mais sans recevoir de récompense, probablement car ils ne se doutaient pas que nous les *imitions*.

Ils nous singèrent à leur tour, atrocement, et nous les singeâmes à nouveau, assez bien.

« Leslie... tu te balances en arrière mais tu ne bouges pas assez tes mains. Vic... excellent. Leslie, regarde Vic, tu vois comme il porte son poids vers l'avant. Fais comme lui. C'est super, Vic. »

Mais Leslie ne voulait pas faire comme Vic... elle voulait nous observer, Frederick et moi, parce que Vic avait l'air... moitié moins convaincant que Stroheim. Non, être obligé de regarder la lourdeur et le ridicule de ces caricatures disproportionnées de nous-mêmes était vraiment très embarrassant. Où étaient les crocs et le pelage hérissé ? C'est là que Thalberg était un génie. Il avait vu ces idiots dans *Tarzan l'homme singe* et avait tout de suite compris qu'il devait trouver des professionnels. Donc nous. Donc le *Forest Lawn*.

Un homme essayant de faire le chimpanzé, c'est plutôt pathétique, alors qu'un chimpanzé essayant de faire l'homme, c'est drôle, parce que... eh bien, pourquoi *d'ailleurs* ? Ça doit être l'inspiration. Vous nous voyez purs et vous voulez être nous. Nous vous savons impurs, mais nous aspirons quand même à être vous. C'est la tragédie au cœur de notre — d'aucuns diraient de ma — comédie, un tantinet plus profonde que celle de mon estimé collègue, l'abruti utopique, satyre, dragueur de jeunes filles en fleur, auto-mythologue et (ai-je besoin de le préciser ?) sentimental Chaplin... et de sa *Weltanschauung*, pour utiliser un terme typique du vocabulaire volontairement tape-à-l'œil de Charlie l'autodidacte. Avec ses trois putain d'Oscars ! La différence entre nous deux, Môssieur — la différence cruciale entre nous —, c'est que personne n'a jamais qualifié mon travail de « démodé ». Il faut atterrir, Chaplin.

Le chef du groupe d'acteurs-singes se releva et retira sa tête alors que Jack Conway approchait en traînant derrière lui un petit cortège de mâles dominés. Avant d'être réalisateur, Conway avait été acteur à l'époque du muet, ce qui était parfait pour gérer Johnny. Il nous faisait mourir de rire en chantant des ballades irlandaises grivoises sur son ukulélé alors que Maureen se forçait à sourire. Soit dit en passant, deux des Oscars de Chaplin furent des Oscars d'honneur, c'est-à-dire « pas des vrais ». Puis un membre du cortège de Conway nous fit signe de nous approcher et nous informa qu'ils étaient prêts à filmer la version réelle de la scène de Mary. Mary était un rhinocéros de Hambourg que j'avais passé la majeure partie de la matinée à regarder déambuler autour du plateau, chevauchée par un Johnny hurlant.

« Je sens que nous avons beaucoup amélioré notre gestuelle, M. Conway » dit le singe-en-chef, « on a vraiment compris le truc du chimpanzé. »

« Ouais, enfin, on a déjà les plans qui seront projetés en arrière-fond, donc ça c'est juste au cas où. Bon, alors qui est la mère de Cheeta ? »

Quoi ? Ils ne vont pas vraiment faire ça, quand même ?

Comme vous le savez, la mort de ma mère sous les sabots d'un rhinocéros constitue le climax émotionnel de *Tarzan et sa compagne*. Je n'aime pas particulièrement disserter sur mon travail pour la simple raison qu'il est parfois trop douloureux. Le cinéma peut exiger cela de vous. Il l'a demandé à Bette Davis, à Gloria Swanson, à Monty Clift. Même à Johnny à la fin. *Regarde dans le miroir*, nous dit-il. Et c'est vraiment très étrange que la scène la plus émouvante des onze films de Tarzan avec le duo Weissmuller-Cheeta soit celle de mes débuts, quand je tente, hébété, de digérer la perte de ma mère tandis que Jane piaille à côté. Il y a bien la trahison de Jane, dans *Tarzan s'évade*, mais ce n'est pas aussi fort. Ce n'est pas la mort, puisque la mort n'a pas sa place sur la corniche.

La MGM m'avait sauvé, réhabilité, entraîné et renvoyé dans une jungle parfaite, et maintenant ils enterraient ma mère pour moi.

« On tourne ! » cria Conway, et le maladroit humain s'en alla d'un pas lourd jouer sa parodie, dans son costume de gorille ridicule ou, devrais-je dire, de « chimpanzé ». Cent fois il se précipita dans une trouée entre les arbres pour détourner de Maureen, dont la cheville était coincée dans une racine, l'attention du rhino. Mary était une bosseuse mais elle restait un rhinocéros, nom de Dieu, et on ne peut pas s'attendre à ce qu'un animal sauvage y arrive dès la première prise. Alors l'humain se livra à ses laborieuses cabrioles, retirant sa tête après chaque prise pour faire remarquer combien il faisait chaud dans un chimpanzé. Ce travail mécanique commença à le fatiguer, ses sauts ressemblèrent bientôt à ceux de ma mère quand elle avait tenté de se relever pour se dégager des coups, et la performance épuisée de l'humain finit accidentellement par lui donner, là, sur la corniche, le visage de Maman. Je la regardais mourir encore et encore. Stroheim glapissait d'excitation à la vue d'un tel divertissement.

Mais cette fois, Tarzan, Roi de la Jungle, Seigneur de ce Domaine Sauvage, arriva dans le rêve en se balançant au bout d'une liane et rendit la justice. Il renvoya Mary — aucun animal ne fut maltraité pendant le tournage, ne vous inquiétez pas, à part peut-être Cedric Gibbons, et Maureen ! — et emporta le corps de ma mère là-haut, dans la canopée, où il la coucha dans un suaire de brindilles et de lianes. Adieu, Maman.

Gately m'amena vers Maureen et le corps de l'acteur-singe. En posant les yeux sur ma mère morte, je ne pus m'empêcher de sangloter, de me tordre les mains, et de chercher un peu d'humanité dans les yeux de Johnny et dans la main de Maureen. Je n'avais jamais eu l'occasion de la pleurer. Maureen m'embrassa avec hésitation. « Elle est partie, petite Cheeta. Et tu ne peux rien y faire, ni moi, ni personne. »

Ouais, ouais, la douleur s'effacera. Mais c'était le début de ma carrière, le moment où je fus enfin placé face au destin minutieusement préparé pour moi pendant toutes ces années. Pour moi, Cheeta.

Ces pauvres vieux Vic et Leslie et leurs impresarios étaient, eux, en revanche, en voie d'extinction. Après mes débuts, la Metro ne se rabaissa plus jamais à utiliser des humains en costume de singes. Étais-je un pionnier, le vrai inventeur du stanislavsquisme* simiesque ? J'ai du mal à le dire. N'importe qui aurait du mal à le dire, d'ailleurs, « stanislavsquisme simiesque ». Mais ils appelaient ça l'âge d'or parce que les films avaient une *âme*. Un tas de pixels, chaque poil flottant distinctement dans la brise digitale, ne saura jamais jouer la résignation face à la mort d'une mère. Et c'est ça, les effets spéciaux, Don — c'est un retour aux hommes en costume de singes. L'adresse du site encore une fois : www.noreelapes.com

Oui, Docteur Goodall, c'est un scandale absolu de voir à quel point nous nous amusions en rêvant ces films qui donnaient du plaisir à des millions de gens. Frederick, Stroheim, les deux autres et moi vivions dans un refuge luxueux sillonné de branches, de cordes, de rampes et de frétillants grillages dans une des parcelles à l'arrière de Culver City. Chaque matin, Gately nous emmenait jusqu'à la corniche pour y rêver toute la journée. Nous descendions Ventura Freeway jusqu'à Thousand Oaks dans son pick-up Chevy Camper et, avec les assistants directeurs et les antilopes, nous attendions Maureen, toujours un peu en retard sur le plateau.

Johnny était invariablement en avance et discutait ou se bagarrait pour rire avec les mâles dominés, sans jamais prendre de hauteur ni abuser de son statut. La plupart du temps, le matin, je le poussais d'un regard appuyé à s'approcher de Gately, qui attendait assis sur le pare-choc de la Chevy, et de moi, qui rebondissais au bout de ma laisse en la faisant vibrer comme une corde musicale. Un saut dans le creux de son biceps, une main dans les boucles de ses cheveux roux tigrés (légèrement collants à cause de la pommade), une bise matinale et ma tête calée comme un violon sous l'angle de sa mâchoire. « Alors ! Comment va, Maureen ? » disait Johnny, avant de me détacher, ou bien « Touchdown ! Et Weissmuller pour transformer l'essai... », en faisant semblant de me donner un grand coup de pied. Si j'essayais de l'épater avec une série de sauts périlleux arrière, il enlevait sa veste (il était tout le temps impeccablement habillé) et marchait sur les mains. C'est Tarzan qui m'a appris ce tour... sérieusement ! « On se revoit sur le plateau, petit » disait-il en s'éloignant à petits bonds.

J'aimais Maureen parce qu'elle nous détestait ouvertement, nous autres chimpanzés, tout en essayant de rester professionnelle. C'en était touchant. Elle était petite et vive, et son sourire de façade n'était au fond qu'une grimace de peur. Et malgré tous ses ronchonnements de grande sœur à l'encontre de son partenaire à l'écran, Johnny seul savait déclencher la brève explosion de son vrai sourire. Autre constatation remarquable : l'odeur ténue de ses émanations sexuelles — elle détournait avec aisance son désir aveugle pour Johnny, qu'elle transformait en une fausse exaspération permanente. « Johnny ! Satané garnement ! Rha, si j'avais une pierre ! » et ainsi de suite.

Maureen avait suivi des cours dans des écoles de bonnes manières à Londres et à Paris ; Johnny, lui, venait de Chicago. Elle était civilisée, il ne l'était pas. Elle savait parler, lui pas. À la manière de certains animaux de la forêt, elle vérifiait à tout moment qu'il y avait bien un moyen de fuir. Johnny, lui, allait toujours où bon lui semblait. On sentait que le chaos et l'excès la terrifiaient, et qu'elle se sentait rassurée en distribuant ses petits gâteaux glacés faits maison sur le plateau de tournage alors que Johnny et les singeurs sciaient patiemment aux trois quarts les pieds de sa chaise pliable en toile.

Aucune archive de ces premiers jours sur la corniche ne pourra jamais en capter la douceur ni la liberté : ces cigarettes langoureuses et ces longues séances de balançoire, le temps passé à paresser et à se prélasser... À ma délicieuse surprise, la majeure partie du temps vécu sur un plateau de cinéma consistait à attendre. Mais permettez-moi de vous citer quelques passages du journal que j'aurais aimé avoir tenu :

Huitième jour de tournage — Forêt de Sherwood, Thousand Oaks. Harry Holt et ce mufle de Martin Arlington arrivent sur la corniche et séduisent Jane à l'aide de vêtements et de parfums dans l'espoir de l'attirer à Londres. Johnny arrive sur le plateau coiffé d'une de ces gigantesques paires d'oreilles en caoutchouc utilisées par les dresseurs pour transformer leurs éléphants d'Asie en éléphants d'Afrique. Tournage suspendu pendant cinq minutes le temps que l'équipe retrouve ses esprits. Maureen dit, « Ton humour, cher Johnny, est éléphantesque. »

Onzième jour de tournage — Forêt de Sherwood, Thousand Oaks. Johnny, Arlington et les figurants locaux passent leur pause déjeuner à parier pour rire sur une partie de lancer de sagaie durant laquelle un des figurants s'arrache un morceau d'oreille. Tout le monde sur la corniche commence ses phrases par « *umgawa* ». Johnny me décrit comme le « premier rôle féminin ». Il semble avoir tissé des liens avec un des lionceaux du plateau.

Douzième jour de tournage — Studio n°2, Culver City Studios. De nuit, les porteurs du safari, menés par Holt et Arlington, tentent d'appâter Jane à l'aide d'une étincelante robe argentée et d'une Victrola*. Johnny ne comprend pas la Victrola et la terrasse d'un coup de couteau. Illuminé par les projecteurs, il nous apparaît, divinement imberbe. Je récolte un éclat de rire général en imitant Jane, jupon à dentelle, gants longs et chapeau floral — les premiers habits que j'ai jamais portés.

NB. N'importe quel chapeau vous assure un rire, un fruit ou une cigarette de la part des humains. Je déclenche de nouveaux rires en volant le chapeau de Conway et son ukulélé, puis en baragouinant bruyamment depuis sa chaise. Pas de lionceau.

Treizième jour de tournage — Studio n°2, Culver City Studios. Jane a accepté la robe. Comprenant à quel point elle plaît à Johnny, je la vole alors qu'elle pend accrochée à un arbre pendant une de leurs baignades. Mais Jane me poursuit dans une combinaison moulante couleur chair alors que je détale à travers les branches. On entend l'hystérie monter dans sa voix : « Cheeta, rends-la-moi ! Oh, Cheeta, ce n'est pas drôle... Lance-la-moi. Lance-la-moi ! Cheeta, tu ne vois pas que je n'ai rien sur moi, Cheeta ? Donne-la ! Donne-la-moi ! *Donne-la-moi !* » Elle n'aurait pas tant envie de cette robe si elle était vraiment heureuse ici, dans la jungle, et en lui donnant je réalise qu'elle est plus forte que Tarzan et qu'il finira par la lasser. Gately me demande de sautiller d'anxiété sur une branche : pas la peine, je ne l'avais pas attendu pour ça. Quand Maureen m'approche un peu plus tard, elle me fait paniquer et je m'en prends à elle, la frappant assez fort sur la cuisse.

Quatorzième jour de tournage — Studio n°2, Culver City Studios. Invité à déjeuner par Johnny (!) à la cafétéria des studios, on me présente Melvyn Douglas, Louis Calhern, Jean Harlow, Norma Shearer et Chico Marx, qui taquine un Johnny rougissant avec un exemplaire du magazine *Screen Dreams*. Il vient d'être élu Plus Bel Être Humain Sur Terre. "Alors que le monde commençait à peine à se remettre du charme de Gable, la Metro nous envoie un autre garçon plein de sex-appeal, le champion de natation Johnny Weissmuller" lisait Chico, d'une voix qui sonnait comme le fond d'un abri insalubre. "Cet Adonis de la jungle est bâti à grande échelle. Cou : quarante centimètres. Biceps relâché : trente-trois centimètres. Biceps contracté : trente-sept centimètres" — ma qué est relâché et qué est contracté ? "Avant-bras : trente-et-un centimètres" — ma qué, c'est pas toi ça, c'est Marie Dressler. "Poitrine (dégonflée) : cent trois centimètres. Poitrine (gonflée) cent vingt centimètres" — ma c'est qu'il a *due* poitrines ! Ma solo un avant-bras ! Ma, vous voulez savoir la più importante des mesures, pas vrai, mé demoiselles ? "Trente-sept centimètres" — Il a un mollet de trente-sept centimètres. Ma qué, c'est piccolo pour un mollet. » Johnny rit beaucoup et parle peu — moi aussi.

Retour sur le plateau, c'est l'anniversaire de Jack Conway et Johnny demande à Maureen de découper le gâteau que l'équipe lui a acheté. Ce n'est pas un gâteau mais une bombe à eau recouverte de glaçage qui lui explose en pleine figure. « Homme blanc mauvais ! Homme blanc mauvais ! » répète-t-elle. Sa cuisse a développé un vilain bleu qui ne peut être masqué par le maquillage. Pas de lionceau.

Seizième jour de tournage — Culver City Studios. Nous sommes dans le Cimetière des Éléphants. Tarzan joue au golf avec les défenses. Il me tend une défense et je deviens son caddy pour la journée. Au début, je suis interloqué par l'étendue de cette forêt d'os et par le nombre effarant d'éléphants fraîchement décédés. Mais il s'avère qu'ils ne font que dormir. « *Mahawani* dormir », nous dit Tarzan. Et à l'arrière des studios, cet après-midi-là, nous les voyons éveillés et rafraîchis, piétinant les huttes des indigènes. L'homme blanc est peut-être mauvais, me dis-je, mais ce sont les indigènes qui semblent toujours se faire tuer.

Vingt-deuxième jour de tournage — Lac Toluca. Tarzan s'est fait blesser par Arlington ! Jane pense qu'il est mort ! Nous sommes rejoints, tous les cinq, par un autre groupe de chimpanzés plus âgés et nous passons une grande partie de la journée à le soigner dans un nid suspendu dans la basse canopée. L'atmosphère est silencieuse et solennelle. En se réveillant de son sommeil, il pose les yeux sur moi, murmure « Cheeta » et s'évanouit à nouveau. Je dois trouver Jane, qui, inconsolable, a laissé Holt et Arlington la ramener à la civilisation. Je dois lui dire que Tarzan est en vie.

J'occupe le reste de la journée à m'élancer à toute allure à travers la forêt. En fin d'après-midi, je rêve qu'un lion un peu nerveux essaye de me poursuivre, mais je réussis à lui échapper et me retrouve chassé par Mary, le rhino ressuscité. Puis je rêve que je suis sur un rondin de bois, flottant à travers le lac Toluca. Je rêve que je rencontre Jane et que je lui dis que Tarzan est en vie. Son visage lorsque je lui annonce la nouvelle me rend honteux d'avoir un seul moment douté d'elle. Nous ne pouvons pas le laisser mourir. Nous avons découvert ici un paradis. Si Tarzan meurt, alors le paradis sera perdu. Je communique ma détresse en sautant sur place et en gémissant. Nous devons nous arrêter à cause de la lumière.

Johnny est en train de jouer avec un lionceau quand je vais le saluer. Il s'adresse à Frederick en l'appelant « Cheets ». Je m'élance sur les poings vers sa chère Chevrolet sport deux portes de 1932 et je m'appuie sur le klaxon aussi longtemps qu'il le faut pour que le Plus Bel Être Humain Sur Terre arrive. Mais c'est Gately qui s'approche, avec son horrible-gourdin.

Vingt-huitième jour de tournage — Lac Toluca. Tout est rentré dans l'ordre ! Tarzan est de nouveau en pleine forme, et il salue Arlington et Holt d'une poignée de main ferme et sans rancune tandis qu'ils arrivent sur la corniche avec des vêtements et des parfums pour essayer de séduire Jane et qu'elle revienne à Londres. Dans la matinée, Johnny marche sur les mains pour moi, son polo lui cachant le visage. « On se voit sur le plateau, petit ! » Lui et les singeurs scient à nouveau les pieds de la chaise en toile de Maureen. Conway s'assoit dedans.

Et le temps passe ainsi sur la corniche... La vie se répète. Arlington et Holt finiront toujours par débarquer. Jane sera toujours séduite. Tarzan survivra toujours aux périls des hommes blancs et retournera à l'innocence. Je bondirai toujours dans ses bras avant d'en être arraché. « Toujours ne fait que commencer » comme le dit Maureen à Johnny, se blottissant dans son étreinte sur le dos d'un éléphant.

Et tout continua ainsi. Tarzan fut de nouveau blessé. Jane comprit de nouveau ses erreurs. Et puis un matin, après que Gately ne fut pas venu me chercher trois jours durant, j'ai commencé à comprendre que « toujours » était fini. C'était le début du mois de décembre 1933 — *Tarzan et sa compagne* ne sortit pas sur les écrans avant la mi-avril de l'année suivante. J'apprenais vite les rouages d'Hollywood, mais à l'époque je n'avais pas encore compris la règle clé — vous ne valez jamais mieux que votre dernier film. Et ce film-là, personne ne l'avait encore vu.

Alors j'ai passé l'hiver 1933-1934 à attendre Gately et à regarder pléthore d'acteurs me passer devant de l'autre côté des croisillons du grillage. Bien sûr, plus que tout, c'est là-bas que je désirais être, au milieu des indigènes drapés de fleurs et habillés de jupes de rafia, et des joyeux païens avec leurs fourches et leurs paniers tressés. Je voulais échanger des cigarettes avec les officiers aux tuniques écarlates, partager des confidences avec la *crème* de la haute société viennoise et leurs éventails papillonnants, chercher des noises aux vagabonds, conspirer avec les courtisanes, danser avec les gitans, festoyer avec les gais chevaliers d'antan, jouer aux indiens et aux cowboys avec les indiens et les cowboys. Je n'oublierai jamais mes racines — elles sont extrêmement importantes pour moi — mais nous étions des singes en cage, et une fois terminés la toilette, les repas, la masturbation et la grimpette, il ne nous restait plus grand-chose à faire.

Au même moment, à quelques centimètres, des myriades de tribus humaines défilaient devant nous, si variées, si belles, si originales. Comment ne serais-je pas mort d'envie de me joindre à elles ? Comment ne pas envier les humains ? Tous les jours, ils paradaient devant nous, telle une incessante réclame à la gloire de la race humaine. Ils étaient tellement plus *intéressants* que tout ce que n'importe quelle autre espèce avait pu inventer. Ouais, et nous attendions au fond d'une boîte, comme tous les animaux de la ménagerie de la MGM, remuant de la paille en songeant à notre prochaine sieste. Il n'existe pas de meilleur spectacle au monde que l'histoire humaine, c'était ça leur message. Nous, nous n'étions qu'un spectacle de foire.

Deux ou trois mois de ce « repos » furent consacrés à attendre l'arrivée de Gately. Quiconque travaillant dans le divertissement, a fortiori les acteurs, vous dira à quel point cette profession est précaire, et au fil de l'hiver un doute planant à propos du laboratoire de recherche s'empara de mon esprit. *À part* en cage, c'était ici que nous étions le plus en sécurité : parmi les humains. Plus ils vous regardaient et riaient, plus grandes étaient vos chances. Être face aux caméras était la meilleure option : on ne vous battait jamais là-bas. J'éprouvai donc un intense soulagement mêlé de joie quand je vis non Gately, mais Johnny, se détacher du flot de l'histoire humaine un soir de mars 1934 et glisser son doigt à travers le grillage. « Comment va, Cheets ? Tu veux monter avec nous chez Carole Lombard pour un petit verre ? »

Nous accourûmes tous les cinq devant lui, et pendant une terrible seconde, j'eus peur qu'il ne me reconnaisse pas. Mais si... vous ne pouvez pas savoir à quel point peu d'humains vous regardent dans les yeux, mais Johnny, si... Et son sourire s'éclaira comme un projecteur.

« Le voilà, mon premier rôle féminin. »

« Vous voulez parler de Jiggs, M. Weissmuller ? » demanda notre gardien et ramasseur d'excréments.

« Ah non l'ami, je parle de Cheeta ! »

« Y s'appelle pas vraiment Cheeta, monsieur Weissmuller, c'est Jiggs. Faites bien attention qu'y vous morde pas. »

Je m'élançai à toute allure par la porte de la cage en grimpant au torse de Johnny, et lui décochai une salve de gros baisers. Ça pouvait sembler excessif mais je voulais que le gardien en prenne plein les yeux. C'était ça la différence, voyez-vous — là-dedans, je n'étais *que* Jiggs. Dans le monde réel, j'étais Cheeta. Sur le papier, j'étais Jiggs ; dans les bras de Johnny, je serai toujours Cheeta.

8. Nuits d'Hollywood !

Nous conduisîmes jusqu'à Beverly Hills. Johnny me parla pendant tout le trajet en partageant ses chips avec moi : « Tu vois ? Ça c'est le Country Club de Los Angeles, où je joue au golf. Et ça c'est North Wilshire Boulevard, et là-haut c'est Pickfair, où habite Doug Fairbanks. » Il tourna sous un portail et descendit une allée bordée de chênes verts, de petites torches enflammées et de voitures. « OK, Cheets » dit Johnny. « Tu vas bien te tenir ? Tu ne cogneras pas Maureen ? »

« Johnny, mon salaud ! » dit une voix depuis le perron. « C'est Lupe Vélez qui est avec toi ou bien je suis plus saoul que ce que je pense ? »

C'est par cette phrase, agrémentée de quelques variantes, que la moitié des humains présents ce soir-là chez Lombard choisirent de nous saluer. « Tarzan amener Cheeta » dit Johnny, et nous pénétrâmes dans le palace de Lombard. Ou plutôt, dans l'endroit qu'elle louait après que son mariage avec William Powell eut mal tourné. Il avait appartenu à un producteur ayant perdu sa place à Hollywood, et Carole y campait, au milieu de quinze chambres, de boiseries, d'une salle de billard, d'un petit zoo (Oh, comme les humains aimaient leurs animaux !) et d'une salle de projection privée où, après quelques verres, des présentations (Cary Crawford, Joan Cooper, Gary Grant, Wallace Rathbone, Basil Chevalier, Maurice Beery... je n'arrivais plus à suivre) et un paradis de cigarettes, nous commençâmes la soirée en regardant *Tarzan et sa compagne*.

Conway était là, et Gibbie avec Dolores del Río, et Arlington et Harry Holt aussi — je remarquai que la plupart des invités portaient le même type de casque et de costume kaki que ceux des hommes blancs sur la corniche. Maureen était là aussi, avec la robe argentée qui lui avait valu de perdre son sang-froid avec moi. Je m'avançai vers elle d'un pas lourd et lui offris ma main, qu'elle refusa de prendre.

« Johnny, tu n'as pas fait ça ! Espèce de gros Apollon sans cervelle, elle va être malheureuse ici » prédit faussement Maureen. « Allez, viens, viens là, Cheeta ma chérie » se radoucit-elle en se baissant pour me prendre dans ses bras. « Ce ne sera pas de ma faute si elle... mmmph, tu es lourde... si elle commence à s'ennuyer ! Et tu vas t'ennuyer, n'est-ce pas, ma pauvre petite ? Hein que tu préférerais être dans la jungle plutôt qu'ici, au milieu de ces gens ennuyeux. Veux-tu faire attention à ma robe... Méchante Cheeta, non ! » Toujours très maureenesque. Il n'y avait en fait que deux notes dans sa voix, exaspérée ou séductrice, et ça pouvait vite vous taper sur les nerfs, même si vous faisiez de votre mieux pour l'apprécier. Ce n'était pas vraiment à vous qu'elle parlait, mais aux enfants qu'elle sentait déjà s'empiler dans son ventre.

Nous fûmes interrompus par l'arrivée de l'un des acteurs-singes, chargeant de manière menaçante quoique peu réaliste dans la salle de projection et s'arrêtant au beau milieu de l'écran à rêves. Il parada violemment et retira sa tête pour révéler, à ma grande surprise, une magnifique femelle humaine blonde.

« *Hot Voodoo* » dit-elle, déclenchant de grands cris de joie. « Que la Paramount aille en enfer. Au diable Sternberg. Et qu'Hollywood aille se faire foutre. Mais soyez tous bénis. Carole, mon ange, mon ange chéri, bénie sois-tu en particulier, même si ta maison donne envie d'avorter. Les Barrymore sont venus déguisés en zèbre. » C'était Marlene Dietrich, qui me fit un peu pitié : une si belle femme réduite à jouer les singes.

Un zèbre arriva en effet peu après, se scindant en un couple d'humains. Il était poursuivi par un lion du nom de Fredric March, et par un chasseur avec un fusil qui me fut présenté comme George Sanders. « Cheetaaa, très chèèère » dit Sanders. « Si vous êtes un tant soit peu comme moi, vous trouverez cela excessivement pénible de vous voir à l'écran. Je vais donc partir, avant que ces terrrribles monstres ne se retournent contre vous et vous écorchent vif. Il ne va pas me chier dessus, rassure-moi, Maureen ? »

Je me souviens également que Charles Boyer arriva un peu plus tard dans la soirée, déguisé en crocodile, et que Johnny fut forcé de le combattre dans la piscine.

Voyez-vous, chacune des personnes dans cette salle de projection appartenait à l'un des patrons de studio, l'un des sept mâles dominants d'Hollywood. Quand les acteurs n'étaient pas en train de rêver des films, ils passaient la plus grande partie de leur temps à essayer de cacher ce qu'ils faisaient à ces sept mâles dominants, qui eux-mêmes avaient un vaste réseau d'espions dirigé par deux vieilles femmes, Louella Parsons et Hedda Hopper — l'une petite, courtaude, vague, floue comme un fondu enchaîné et mortelle ; l'autre grande, maigre comme un clou, vive, taillée comme une aile de chauve-souris et mortelle. Pour échapper aux espions de Louella et Hedda, les stars préféraient faire la fête ensemble, donc vivaient en vase clos et s'ennuyaient ferme. Ils ne pouvaient pas sortir boire quelques verres sans avoir à imaginer un « thème » pour cacher leur monotonie. D'où Mercedes de Acosta et Franchot Tone déguisés en léopards, se plaignant l'un à l'autre qu'il fût trop tard pour échanger leurs taches.

Maureen me rendit aux bras de Johnny et je fus présenté à une autre étourdissante kyrielle d'humains : John Fonda, Henry G. Robinson, George Astor, Gloria Joel, Mary Gilbert, C. Aubrey McCrea, Edward Swanson, des noms qui à l'époque ne voulaient encore rien dire pour moi. Ils m'approchèrent tous en tenant des cigarettes et des verres si faciles à saisir. Johnny serrait des mains quasiment en continu, détournant modestement vers moi la plupart des conversations. « Ah ça alors, merci, c'est vraiment chic de votre part de dire ça. Tout ce que je fais, c'est me tenir debout en essayant de ne pas avoir l'air trop bête. Vous connaissez Cheeta ? » « C'est Maureen qui fait l'acteur pour nous deux, vous savez. Cheeta me donne aussi quelques tuyaux, pas vrai ? » Ou bien « Lupe est sur un tournage à Mount Whitney et Garbo ne voulait pas être mon rencard, alors j'ai invité Cheets, ici présent... »

J'étais très fier d'être dans le creux de son bras, parce qu'il était si naturel et si apprécié. On sentait et enviait la simplicité de sa joie de vivre. Sans même faire d'efforts, il était le mâle dominant de cette pièce, qui pourtant en était pleine.

Les lumières s'éteignirent et Maureen lança un « Pas de chahut ! » qui déclencha un chahut soutenu. Dans l'obscurité et la chaleur, avec la main de Johnny caressant ma fourrure et quelques gorgées du Pink Lady de Claudette Colbert dans le ventre, je dois avouer que je me suis assoupi. J'ai rêvé encore une fois de l'ancienne corniche dans la forêt, sous la lune avec les figuiers, et lorsque je me suis réveillé, le rêve semblait se poursuivre sur l'écran devant moi. Je ne fus donc pas aussi estomaqué que j'aurais pu l'être en regardant Johnny jouer dans la canopée avec un petit bout de chimpanzé échevelé qu'il appelait (mais non, ce n'est pas possible, j'ai l'air tellement... et ma *voix*...) Cheeta. Je me dis alors : Très bien, donc ça c'est moi. Voyons où ça nous mène.

J'ai vu *Tarzan et sa compagne* plus de fois que je ne saurais l'admettre au cours de ces vingt dernières années. Au début, ce n'était que pour les grandes occasions, quand le film passait à la télévision ; mais depuis qu'ils les ont sortis en DVD, Don trouve toujours une bonne excuse pour regarder un film de Weissmuller-Cheeta. En fait, il les regarde tous à la suite au moins une fois par an. Une petite Quinzaine du Film de *Tarzan*, le soir, quand ma tension est basse et que je suis trop fatigué pour me soulever du canapé. Mais aussi chaque fois que nous avons un visiteur — c'est une occasion en or pour que Don nous montre au débotté un petit « extrait » d'une demi-heure. Un enfant passe nous voir : c'est l'occasion de revisiter un classique immortel comme *Tarzan et la femme léopard*. Et bien sûr, je n'arrive pas à m'empêcher de les regarder, à commencer par *Tarzan et sa compagne*, le plus pur, le plus vrai, le plus magnifiquement filmé, le *meilleur* de la série. Je ne dis pas cela pour moi — c'était mon premier rôle et, soyons honnête, rien de plus qu'une œuvre de jeunesse — mais pour *Johnny*.

Chers, très chers humains, si jamais je me sens triste, et que je doute de votre sagesse ou de la légitimité de votre domination — et laissez-moi vous avouer qu'il m'arrive, très occasionnellement, de vaciller dans ma foi —, je pense à la beauté de Tarzan dans le succès mondial de la MGM de l'année 1934, *Tarzan et sa compagne*. Il y a soixante-quinze ans, dans la salle de projection de Carole Lombard, j'ai détaché ma main gauche de celle de Claudette Colbert et ma droite de celle de Johnny et j'ai commencé à applaudir. Je criais aussi, je crois. Johnny était un spécimen magnifique, mais celui-ci — cette créature d'un blanc argenté sur l'écran — était le parangon des animaux, le mâle dominant ultime. En le regardant, on se disait : *nous autres* ? Nous ne sommes que des *bêtes*. Si vous arrivez à créer quelque chose d'aussi beau que ça, eh bien peut-être qu'après tout vous avez raison : nous *devons* vous obéir.

Et je ne pouvais contenir cette petite explosion d'émerveillement qui jaillissait de moi. Maureen se pencha par-dessus Johnny et gazouilla « Chut, veux-tu ! Veux-tu te taire, Cheeta. Tais-toi maintenant. » C'est vrai, je criais tout de même beaucoup. « Elle va devoir s'en aller, Johnny » dit-elle.

Quoi que Johnny eût l'intention de répondre, ses mots furent engloutis par le bruit d'une paire de mains derrière nous, accélérant en applaudissements, et par George Sanders disant d'une voix traînante : « C'est bien vrai, Cheeta, vous nous humiliez. Très "applaudissable" votre physique, M. Weissmuller. *Bravo*, Cheeta ! » Il fut vite rejoint par un crescendo d'applaudissements et d'acclamations. Du coup, l'autre ferma son clapet. Juste après, je fus récompensé par un grand éclat de rire pour un numéro à l'écran avec une cigarette, puis la pièce explosa à nouveau quand je sortis de la tente d'Arlington en portant mes gants longs. Ils... m'adoraient !

Le rêve continuait, palpitant, insoutenable. J'étais impatient de savoir ce qui s'était passé après mon départ de la corniche. Et je dus également admettre que Maureen était plutôt bonne.

À ma grande honte, le bleu sur son flanc droit, là où je l'avais frappée, était clairement visible tout au long du film. Elle était aimante et sage, et Tarzan l'aimait à en mourir, et lorsqu'il effeuilla sa robe argentée et la jeta dans la rivière pour y nager, vous compreniez aussitôt en quoi la corniche ressemblait à un paradis, pour ces deux-là comme pour moi. Libérée de ses vêtements, Jane nous montrait sa vraie nature. Son corps nu, éclairé par les reflets ondulants de la rivière, était encore plus beau que celui de Tarzan. Ensemble, sous l'eau, ils oubliaient Arlington et Holt, la robe argentée, la corniche, le temps, l'air, le film, tout excepté eux. Il y eut un silence total dans la salle de projection, brisé seulement par Dietrich.

« Mes chers, ce n'est plus Hollywood. C'est de l'art. »

« Oh, Maureen ! Et M. Conway ! » dit George. La salle entière applaudissait.

« Je me demande cependant ce que M. Breen va en dire » nota Conway, par-dessus son épaule. « Avec sa satanée Ligue pour la Vertu*, il ne laissera jamais passer cela. »

« On s'en fout de la Ligue pour l'idiotie ! » dit George. « Et de cet horrible petit Breen. *Nous* l'avons vu, *nous* savons que ce ne sont pas des obscénités. C'est ton plus beau travail, Maureen. Tu as créé un poème de lumière, très chère ! *Bravo !* »

« Ce n'est pas moi » dit Maureen, calmement.

« Oh. »

« Hum. C'est une nageuse, Jo McKim. Ma carrière... Je ne pouvais pas vraiment, vous comprenez ? Et c'est tellement... »

« Non, non, tout à fait. C'était stupide de ma part. Impensable, vraiment... oh regardez » dit George. Le silence de Dietrich était perceptible au-dessus de tous les autres. « Cheeta essaye de voler ta robe ! Très amusant. »

Johnny retira sa main droite de mon ventre et la passa

autour des épaules de Maureen. Nous retournâmes au rêve. Abstraction faite de l'intrigue secondaire de Tarzan et Jane, c'était l'histoire incroyablement émouvante de moi bravant la jungle pour sauver Tarzan. C'est essentiellement un buddy movie, comme je l'ai déjà dit — *Tarzan et son compagnon* — sur l'amour d'un chimpanzé pour un humain, Cheeta sauvant la mise à tout le monde en appelant Tarzan à la rescousse de Jane à la fin. En gros, j'étais partout à la fois dans la forêt, tel un ange gardien messager sortant les humains du pétrin dans lequel ils s'étaient fourrés. Infiniment plus héroïque que tout ce que j'ai pu faire en vrai, évidemment.

Alors que je me regardais sautant à droite et à gauche, tramant les retrouvailles de Tarzan et Jane, alors que l'histoire arrivait à son terme dans un grand fracas apocalyptique d'indigènes, d'éléphants, de lions, de cannibalisme et de mort, je sentis la main de Maureen se faufiler derrière mon cou. « Toujours ne fait que commencer » dit Jane à l'écran, et le rêve s'éteignit tandis que la musique s'élevait et que je criais ma joie en chevauchant ce que je me rappelais être un gros morceau de placo mais qui n'était autre que le dos d'un éléphant. Fin. Dans la salle de projection, Maureen, Johnny et moi étions blottis les uns contre les autres, comme Maman, Victoria et moi dans un nid. Comme une vraie famille.

J'étais en larmes. Johnny aussi. Gibbons étreignait Conway. Dietrich disait : « Ma betite Kater fa adorer ça, en tout cas. »

« Un tabac ! Un tabac assuré ! » criait George à qui mieux mieux. Il courut vers Maureen pour s'excuser de sa « sombre stupidité. Je pourrais m'arracher la langue. Tu étais absolument merveilleuse. Tout le film... je suis en larmes ! »

Laissons aux faiseurs de listes, à ces maniaques de la hiérarchie, le soin de décider de la place de *Tarzan et sa compagne* dans le Top Dix des Meilleurs Films de Tous les Temps. De toute façon, dans l'art, les comparaisons sont odieuses. La salle de projection de Lombard retentissait sous les applaudissements et, tous les trois (nous serons par la suite mentionnés dans les photographies promotionnelles comme « les deux stars du film, et Cheeta »), nous nous levâmes et nous tournâmes pour y faire face — une Afrique de crocodiles, de zèbres, de léopards, de chasseurs blancs et d'indigènes, saluant tous notre rêve. Ils ne pourront plus jamais me tuer désormais, me suis-je dit. Toujours ne fait que commencer.

Mitraillé par des accolades à répétition, Johnny m'abandonna à Claudette. « Bon travail » marmonna-t-elle, aussi pingre au niveau compliments qu'au niveau porte-monnaie. Elle me tendit délicatement à Basil Rathbone, qui me qualifia de « voleur de scènes ». Des êtres humains très spéciaux se pressèrent autour de moi, me félicitant, reconnaissant que, tout chimpanzé que je sois, j'étais l'un d'eux.

Je pense pouvoir dire que beaucoup d'amitiés merveilleuses et enrichissantes commencèrent pour moi cette nuit-là, même si ma mémoire est certainement un peu ternie par les Brandy Alexander sirupeux dont John Barrymore n'arrêtait pas de me gaver. À un moment, j'ai essayé de refaire le truc du ventilateur de plafond que j'avais appris à Manhattan, et je crois que c'est Wallace Beery (un rien mal dégrossi mais bien loin de « l'homme le plus sadique que j'aie jamais rencontré, un ivrogne bon à rien et cruel » que l'enfant star Jackie Cooper avait décrit. Je suis sûr que Jackie peut aussi se souvenir des autres facettes de Wally !) qui actionna l'interrupteur mural du ventilateur. La pièce commença à tourner à une allure écœurante. Je ne sais si ce fut grâce à mes hurlements ou à l'intervention de George (« Bon Dieu, mais c'est pas vrai ! ») qu'il finit par s'arrêter, et ce, malgré les éclats de rire que je ne manquais pas de provoquer, mais je le suivis en titubant dans la cuisine, où Dietrich (qui terminait toujours les soirées dans la cuisine : c'était une sacrée cuisinière, Marlene, avant sa plongée dans l'alcoolisme et les hallucinations... Elle adorait désarmer les hommes en les gavant) était en grande conversation avec Mercedes de Acosta et ses taches de léopard.

« Marlene, ma chère » dit George, « Jack est à nouveau en train de boire avec Barrymore dans la salle de billard, et il est en larmes. Mon petit doigt me dit que ça a quelque chose à voir avec *toi*. Mais en attendant, voudrais-tu protéger ce pauvre animal des malversations de Beery ? »

Mercedes allait protester, mais Dietrich l'arrêta. « Oui, oui, oui, mais bien entendu, George. »

Je voulais les laisser et retourner voir Johnny, mais Dietrich m'attrapa par la main et je les suivis en trottant docilement alors qu'elle commençait une « petite exploration » de la maison de Lombard. Je fus assez touché de voir que l'ancien propriétaire avait entièrement tapissé l'endroit de trophées en l'honneur d'animaux qui semblaient avoir beaucoup compté pour lui. Les murs au-dessus de l'escalier que nous empruntions étaient recouverts des têtes préservées de différentes espèces, vraisemblablement des animaux de compagnie chéris désormais décédés.

« Bébé » dit Dietrich en ouvrant une lourde porte en chêne, « Ma toute belle ! Tu sais que je ne ferai jamais intentionnellement de mal à Jack ? Et quand bien même, je me fiche de ce que pensent ces gens. Mon rayon de lune. »

« Pleine lune » dit Mercedes.

« Lune rousse ! Ma petite pépée ! Ce soir nous sommes en Afrique. Je sens le *hot Voodoo* qui monte. »

« Lune de miel. Le vent chaud souffle depuis les dunes... »

« La femme de l'empereur a banni ses eunuques pour s'isoler

avec la nouvelle prisonnière du harem de son mari. Seul un singe dans la jungle profonde nous regarde. Est-ce que le singe t'excite, ma toute belle ? »

« Oui, ça... fais ça... ce que tu es maligne, Marlène. Je me dis seulement que Tarzan doit être en train de le chercher, ma chérie. »

J'errais dans la pièce en essayant d'y trouver de la nourriture, ou peut-être un reste de Brandy Alexander oublié.

« Weissmuller ? » dit Marlene. « N'est-il pas *magnifique* ? Mais c'est un enfant, un enfant américain de Chicago amoureux de sa mère... Tu sais quoi, je crois qu'il est encore en train de siroter son premier verre de la soirée. »

« Continue. Viens décrocher la lune. »

« Je n'arrête pas. Et tes impressions sur l'Irlandaise ? Comme actrice, je veux dire. En tant que personne, elle me semble... mmmh... chastement inhibée. »

« Enfin bon, ce n'était pas elle, n'est-ce pas... ? Ne t'arrête *pas*. Arrête-toi de *parler*... Sous l'eau. Et c'était le seul passage supportable. Le reste, c'était juste tarte. »

« Oui, enfin, je savais que ce n'était pas elle, évidemment. George... mmmhpff... George m'a tout raconté hier à Lakeside. Il connaît très bien la doublure, apparemment. Oh, ma petite esclave ! Ma sale *bête*. »

À propos, tout au long de cette conversation, Marlene et Mercedes étaient en train de stimuler leurs organes sexuels respectifs. Je m'ennuyais passablement en les regardant, vous imaginez bien, mais je réussis à comprendre le fonctionnement de la poignée de porte — je commençais à devenir bon avec les portes — et détalai à la recherche de Johnny.

Je saluai Gable, qui dans l'entrée discutait de différentes techniques d'installation de doubles-vitrages, je contournai en sautillant Clara Bow, dans le couloir où elle était affalée en train de pleurer en silence, et je sortis par la porte-fenêtre, sur la pelouse où John Barrymore était en train d'essuyer du vomi de son plastron. Le glamour qui imprégnait l'air était grisant. J'eus le pressentiment que j'allais pouvoir trouver Johnny dans la piscine, alors je descendis la pente en direction des lumières du poolhouse. La nuit avait été longue.

Derrière la piscine, les petites lumières scintillantes de Los Angeles disparaissaient dans un océan de noirceur si loin en dessous de nous que je compris soudainement que je me trouvais enfin sur une vraie corniche, suspendue loin au-dessus d'une plaine. C'était une sensation agréable et je m'arrêtai pour la savourer, accompagnée par les odeurs d'eucalyptus et d'ambroisie et les gazouillements des oiseaux et des singes dans le petit zoo. Veinard, *veinard*, quelle vie de veinard j'ai eue !

Des bruits d'éclaboussures m'arrivaient depuis la piscine, mais en m'avançant, je compris aux talons hauts jetés sur le sol et à la robe argentée pliée sur une chaise longue que ce n'était pas Johnny mais Maureen qui était dans l'eau. Je lui adressai un cri sourd pour la saluer et avançai sur mes deux pattes arrière vers le rebord de marbre. Maureen cria et se reprit. « Oh, Cheeta, chérie, tu m'as fichu une de ces peurs ! » Elle continua à glisser d'un côté à l'autre de la piscine, se prélassant nue dans l'eau. « Viens donc ! » dit-elle. « Oh non, tu ne peux pas, n'est-ce pas ? » Elle disparut sous la surface et remonta en riant, crachant de l'eau par le nez. « Tu ne sais pas ce que tu rates ! La sensation de l'eau, quelle merveille ! Tu sais, Cheeta, je n'avais encore jamais osé faire de bain de minuit ! Jamais ! »

La robe argentée était posée sur la chaise longue et je me dis quelque chose comme : c'est la robe qui l'attire hors de la Jungle. Si elle apprend à vivre sans, nous pourrons rester tous les trois sur la corniche à jamais. Ou peut-être me dis-je simplement : Johnny aime ça, je vais lui apporter. En tout cas, j'ai attrapé la robe et je suis parti sur la pelouse, la voix de Maureen m'ordonnant de revenir. « Oh, Cheeta. Rends-la-moi ! *Rends-la-moi !* Oh, pourquoi est-ce que tout le monde *me hait* ? »

Jane et moi, nous n'avons jamais vraiment... Nous étions en quelque sorte condamnés à ne pas nous entendre. C'est le genre de situation où, malgré les meilleures intentions du monde, vous prenez tout de travers, les blagues vous échappent et vous ne faites rien comme il faut. Je ne crois pas que ce fut la faute de quiconque. La faute de la robe, peut-être — c'est la robe qui a tout déclenché. Il me fallut un moment avant de trouver Johnny : le temps qu'une petite délégation, dont faisaient d'ailleurs partie Marlene et George, se forme pour retrouver la robe, Maureen était en train d'éternuer et de renifler dans le poolhouse, dont elle sortit enfin après avoir été amadouée par Johnny, qui insistait pour qu'elle rentre avec nous. Il me déposa en premier.

9. Les jours Heureux !

Le pouvoir de vie et de mort des mâles dominants sur leurs employés inspirait des tas de commentaires. Adolph Zukor était un « tueur ». Harry Cohn « en envoyait plus au cimetière que tous les autres réunis. » Jack Warner avait tué *son frère* : « Harry n'est pas mort » disait la veuve de Harry, « c'est Jack qui l'a tué. » Mais tant que la pile de vos lettres d'admirateurs ne baissait pas, vous étiez en sécurité. La quantité de lettres que vous récoltiez chaque semaine des quatre coins de l'Amérique était la clé de la hiérarchie. Au fil des années, je ne descendis jamais en dessous de cinquante : moins que Rintintin, mais plus que Rex le chien. Dieu merci, vu ce qui est arrivé à Rex.

Chacune de ces lettres recevait de ma part la même réponse sur papier à en-tête marquée de la même empreinte digitale miméographiée, dans laquelle je confiais m'amuser « comme un fou sur la corniche avec Tarzan et Jane. Je me fourre dans toutes sortes de bêtises ici à Hollywood et j'attends avec impatience un bon gueuleton de bananes ce soir au Brown Derby ! Merci encore pour ta lettre, et j'espère que tu nous suivras, Johnny,

Maureen et moi, dans notre prochaine aventure au plus profond de l'Afrique Noire ! » L'imposture m'apparaissait bien trop facile à déceler. Une partie de mon public allait forcément commencer à trouver ces lettres un peu suspectes, non ? Peut-être pas. J'étais une star, et les stars ont d'étranges pouvoirs.

Johnny se réservait une heure par matinée, cinq jours par semaine, pour répondre à son courrier. Ses admirateurs étaient principalement des femmes et de jeunes garçons. Il adorait la compagnie des hommes et celle des animaux, mais les femmes et les jeunes garçons étaient deux types d'humains sur lesquels il exerçait un pouvoir spécial. Ils cherchaient un recoin sous ses bras, comme un abri sous sa corniche. Il faisait penser à cet arbre de la forêt qui s'embrase de blanc ou de rose lorsqu'il est assailli par certains papillons. Il pouvait être sur la plage à Santa Monica, où il travaillait trois jours par semaine en tant que maître nageur volontaire et, *vwoumf !*, il se transformait en une floraison de jeunes garçons et de femmes papillonnantes. Je le sais parce que Mayer nous avait envoyés là-bas avec Maureen pour faire des photos publicitaires avec lui. Nous étions tous les trois installés dans le bateau à moteur que la MGM avait offert à la brigade de maîtres nageurs, avec TARZAN dessiné sur la coque. Une combine de Howard Strickling, évidemment.

Depuis *Tarzan et sa compagne*, le courrier des admirateurs de Maureen consistait presque exclusivement en sollicitations pour qu'elle débarrasse le cinéma de sa présence, qu'elle *enterre sa honte* dans un couvent et qu'elle laisse l'écran à des modèles plus sains comme Mary Brian ou Loretta Young. Que son derrière musclé et son divin entrejambe ne soient pour rien dans ce désarroi importait peu. Ni que Loretta soit un symbole d'hypocrisie dans toute la ville, et qu'une des blagues les plus célèbres dans le milieu soit : « Pourquoi y a-t-il autant d'églises à Hollywood ? Parce qu'à chaque fois que Loretta commet un péché, elle en construit une. »

Tout cela était cruellement injuste pour Maureen. Je suis un chimpanzé, j'ai déjà connu, à mes heures, des derrières qui émettaient autant de signaux sexuels qu'une radiobalise, et croyez-moi, ce derrière-là n'en émettait aucun. C'était une des filles les plus coincées d'Hollywood, pourtant l'Amérique profonde la croyait pire que Jean Harlow.

Alors, Strickling s'était dit qu'une Maureen batifolant joyeusement dans un maillot de bain d'un blanc virginal rassurerait la Ligue pour la Vertu sur sa décence naturelle, en même temps qu'elle lui permettrait de prendre subrepticement quelques clichés de ses jambes dénudées. Mieux encore, elle pouvait ainsi, avec Johnny, aider à sauver des vies américaines en enseignant des techniques de natation et de sauvetage. Maureen jouait son propre rôle — une fille au bord de la noyade — et Johnny, infatigable, se jetait dans la houle à corps perdu pour la sauver et la ramener à la vie, dégageant ses voies respiratoires et lui insufflant ses bienfaits pour maintenir sa carrière à flot. Moi, je sautais sur place à distance des rouleaux, seul animal sur la plage à ne pas savoir vraiment nager.

Si Johnny aimait particulièrement les femmes et les jeunes garçons, c'est parce qu'il pouvait leur apprendre à nager. Avec une femme reposant son abdomen sur l'intérieur de son avant-bras de trente-et-un centimètres de circonférence, un garçon de huit ans plongeant depuis sa tête et l'océan Pacifique bouillonnant autour de ses épaules, il était tellement heureux qu'il poussait le cri de Tarzan.

Aaahhheeyeeyeeyaaahhheeyeeyeeyaaah ! Je suis ! Je suis !

Je l'ai regardé — dans la baie de Santa Monica, dans le lac Sherwood, dans la piscine du Black Sea à l'ombre des magnolias du Jardin d'Allah, sur les lignes de flottaison de la piscine de l'Hollywood Athletic Club, ou étendu près de la cascade artificielle dans la grotte sauvage sculptée de Merle Oberon. Je l'ai regardé depuis le bord de toutes les piscines d'Hollywood initier à l'eau des femmes et des jeunes garçons. « Tout le monde peut nager » disait-il. Tout le monde sauf moi, bien sûr, qui restais au sec, un peu trop couvert sous ma fourrure couleur Coca-Cola, secouant dans ma frustration le manche d'un parasol.

Après une heure passée dans une piscine, Johnny développait un sixième sens et savait qui n'avait encore jamais nagé et qui ne nagerait jamais. Souvent il se glissait vers le rebord et faisait gicler de l'eau avec une précision incroyable d'entre ses deux paumes sur le jeune garçon solitaire, maussade ou grognon (il s'adaptait à toutes les humeurs), avant de plonger pour ressurgir un peu plus loin. Quelques minutes plus tard, il répétait son geste, et cette fois se laissait attraper. « C'était pas moi. C'était la baleine là-dessous. Pourquoi tu viens pas voir si tu m'crois pas ? T'aimes pas *nager* ? Tu vas te reprendre une giclée rien que pour ça. » Et alors il recommençait avec ses mains, à l'envers cette fois, dans ses propres yeux. « Aaaargh ! Hé, fiston, ça te dirait que je t'apprenne à nager correctement ? Imagine que tu sois dans un bateau, qu'une vraie baleine arrive et le coule... tu te noies et c'est tout ? Ou bien tu te sauves en nageant jusqu'au bateau de sauvetage là-bas ? Va chercher ton maillot, petit, je vais te montrer comment gagner les Jeux olympiques. » Il y avait toujours des enfants comme ça sur le bord des piscines d'Hollywood, laissés à eux-mêmes et un peu trop familiers avec le serveur ou le gérant de l'hôtel. « Voyons voir ce que tu as appris » disait Johnny à la fin, les jetant à l'eau dans un grand vol plané ponctué de hurlements de joie. Leurs mères n'auraient pas apprécié, mais où étaient-elles ? Pas ici en tout cas, pas avec les enfants et les jeunes filles s'exerçant, dans les bras de l'Adonis de la Jungle, à parfaire le coup de jambes du crawl Weissmuller à six battements par cycle. « Je me sens tellement honteuse, mais je vous ai vu avec ce petit garçon et je me suis dit, si *lui* y arrive... Je me demandais si vous voudriez bien... »

Oui, certaines de ces femmes s'offraient sexuellement à Johnny, mais les séances de natation restaient, du moins de son côté, du domaine de la natation. Enfin, il les initiait tout de même à l'amour de sa vie.

C'est bien des années plus tard, sur un vol retour depuis Acapulco, que j'entendis l'histoire du *Favorite* : un ferry touristique à deux étages qui transportait des passagers entre les différents parcs de la rive nord du lac Michigan. Une fin d'après-midi de l'été 1927, il fut frappé par une violente rafale. Johnny était sur la rive à moins d'un kilomètre de là, faisant une pause dans son entraînement avec son frère Pete. Le temps qu'il leur fallut pour ramer jusqu'au *Favorite*, le bateau avait déjà coulé. Assis sur le toit du poste de pilotage qui dépassait encore de la surface de l'eau, le capitaine, en état de choc, fumait. Il ne savait pas nager ! Johnny et Pete plongèrent pour sauver ceux qu'ils pouvaient. L'eau était noire mais les visages des passagers brillaient d'un éclat blanc, et ils remontèrent les corps, les confiant aux bons soins des gens qui arrivaient désormais en canots ou en dinghies. Ils en remontèrent vingt, trente, et onze d'entre eux furent ramenés à la vie à l'aide de bouche-à-bouche et d'appareils respiratoires. Johnny et Pete sauvèrent onze habitants de Chicago. Mais tous les morts, excepté un, étaient des femmes et des enfants.

Il n'y avait donc rien de pervers dans son comportement, malgré l'épais nuage de désir sexuel chez ces femelles humaines qui faisait presque ondoyer l'air autour de lui. Il transformait ce qui pour eux était la mort, en ce qui pour lui était la vie. Ou du moins pour ceux qui ne faisaient pas seulement *semblant* de ne pas savoir nager. « Il est difficile de mourir avec M. Tarzan dans les parages » comme l'avait si brillamment dit ce merveilleux interprète, Barry Fitzgerald, dans son célèbre « monologue enfiévré » du *Trésor de Tarzan*. Pour sûr que c'était vrai.

Aux quatre coins de l'Amérique, Johnny aidait des enfants à échapper à la mort. Vous autres humains aviez récemment trouvé un truc contre les impuretés de la farine, vous permettant de cuire du pain « blanc » plus sain, et Johnny s'affichait sur les paquets de ce pain supernutritif, encourageant les jeunes à se protéger contre les maladies en mangeant cette innovation alimentaire sans modération. Sa campagne contre la mort l'amena sur les boîtes de céréales Wheaties pour le petit-déjeuner, à promouvoir des VERTUS BIENFAITRICES vous offrant la CLÉ DE LA VITALITÉ. Puis il y eut Bob Wheeler, 12 ans, qui dut être au moins aussi heureux que Mayer et Thalberg quand Johnny, en août 1934, remonta son corps inconscient des vagues près de la jetée municipale de Santa Monica et le ramena à la vie. « Vous êtes Tarzan ! » furent ses premiers mots quand il revint à lui.

Il était difficile de mourir avec Johnny dans les parages. Quand je plongeai dans la mare recouverte d'algues du neuvième trou du parcours d'Harold Lloyd, ce fut lui qui me tendit un bois 3 alors que les autres golfeurs étaient pliés en deux. C'est comme s'il m'avait sauvé la vie. Il y eut aussi la fois où je posais pour des photographes au volant de la Rolls-Royce décapotable de Doug Fairbanks et où j'ai accidentellement desserré le frein à main. C'est Johnny qui sauta à l'intérieur pour arrêter la voiture alors qu'elle commençait à descendre l'allée. Bon, l'accident en lui-même n'aurait probablement pas été mortel, puisque l'allée de Doug tournait et que la trajectoire de la voiture aurait certainement été stoppée par sa statue de trois hommes assassinant quelques serpents. Mais si j'avais abîmé sa Rolls, c'est Doug qui m'aurait tué.

Ce pauvre vieux Doug avait alors 50 ans déjà, et il passait le plus clair de ses journées à se muscler avec un entraîneur-masseur du nom de Chuck ou à faire la navette, nu, entre ses bains de vapeur et une sorte de tente à miroirs dans son jardin. Son corps vibrait encore d'une vigueur fatiguée, mais son visage ressemblait à San Francisco après le tremblement de terre de 1906. « Johnny, espèce de sale taré » riait-il juste avant que je ne desserre le frein à main, « si ton horrible singe abîme ma superbe automobile, je le crève. Cette voiture requiert un artiste au volant. Elle doit être maniée comme une... » Doug continua à décrire les beautés de la Rolls (c'était un horrible anglophile) mais je n'écoutais déjà plus. C'était la première fois qu'on m'appelait le singe de Johnny. C'est d'ailleurs la joie causée par cette nouvelle qui me fit déloger ce satané frein.

C'est peut-être l'incident avec la Rolls qui incita Johnny à commencer mes leçons de conduite. Tout le monde sait que ne pas savoir conduire à Los Angeles est une condamnation à mort sociale, et il lui semblait donc important que j'apprenne à en maîtriser les bases. Elles consistaient à rester assis sur ses genoux et à appuyer d'une main sur la poire du klaxon tout en manipulant le volant de l'autre. Après une période d'expérimentation, nous décidâmes de nous restreindre au klaxon (je ne suis pas un conducteur né, mais j'ai certainement causé moins de dégâts parmi les piétons que d'autres stars de l'âge d'or de la MGM).

Johnny passait donc me chercher de temps à autre vers cinq heures au zoo de la MGM, généralement accompagné d'un ami — Jimmy Durante, Errol Flynn, Ramón Navarro, David Niven, qui n'était pas encore une star bien sûr, bien que son heure approchât — et nous descendions jusqu'à Sunset, où nous nous arrêtions en face du Lycée Pour Filles d'Hollywood. Quand les filles, qui pour moi ressemblaient plus ou moins à des femelles adultes, déferlaient du portail, je devais faire sonner le klaxon pendant que Flynn ou Niv ou Ramón et Johnny s'aplatissaient sur le trottoir et regardaient leurs réactions depuis le dessous du châssis de la voiture, en se plaignant de risquer la taule ou même San Quentin.

Puis ils s'empilaient à l'intérieur et nous roulions encore cinq cents mètres dans Sunset jusqu'aux portes du théâtre des Vanités d'Earl Carroll, où une enseigne lumineuse vous informait qu'« À travers ces portes passent les plus belles femmes du monde », et nous répétions la procédure alors que les filles arrivaient pour le spectacle du soir. Johnny me récompensait avec des chips, Flynn avec des petites gorgées de sa mignonnette de bourbon, Niv avec des cigarettes, mais je sentais qu'ils étaient déçus des réactions.

« Mes chers camarades » décida Niven, « si notre numéro doit avoir une quelconque *élégance*, alors nous devons donner à Cheeta de quoi travailler sérieusement. »

Lorsque je vis Niv la fois suivante, il avait conçu un petit engin avec deux miroirs de rasage et un bâton. Johnny pouvait désormais s'allonger à l'abri des regards sur le siège avant de la Chevy, et diriger avec précaution la voiture d'une main sous le volant, l'autre main tenant le périscope de Niven. Allongé dans l'autre sens, Niven utilisait ses pieds pour contrôler les pédales. Je me tenais debout sur la tête de Johnny avec une main posée sur le haut du volant, l'autre actionnant le klaxon, et un cigare (un autre accessoire de Niven) coincé entre les dents. Nous nous écartions alors avec hésitation du trottoir. L'effet laissait à désirer, un peu comme un pervers tremblotant battant honteusement en retraite, et de toute façon Johnny et Niv ne voyaient toujours pas les réactions.

C'est alors que Johnny eut l'idée d'utiliser un ou deux de ses anciens collègues de *Tarzan, l'homme singe*, le premier film de la série, une sorte d'ébauche des triomphes à venir. Je fis la connaissance de mes deux premiers nains, Chet et Len. Des années plus tard, au cours de ma carrière sur les planches, je connus de nombreux autres nains, mais Chet et Len en étaient des exemples typiques : agressivement sexuels, fortement portés sur la boisson (ils étaient *tous* saouls), cyniques, querelleurs et très tendres envers les animaux.

Chet se tapissait au pied du siège conducteur, actionnant les pédales ; Len, suffisamment petit pour tenir le volant sans avoir à s'allonger sur le côté, pouvait s'enfoncer dans le siège et, tout en utilisant un périscope amélioré, diriger discrètement et confortablement la Chevy. Je conduisais debout sur ses cuisses, Weissmuller et Niven saluant royalement depuis la banquette arrière. Tout cela simplement pour attirer l'attention de quelques femelles sexuellement réceptives.

D'ailleurs, sauf avertissement contraire de ma part, tous les actes d'êtres humains mâles adultes mentionnés dans ces mémoires peuvent être vus comme une tentative pour attirer l'attention de femelles sexuellement réceptives. « Épater ces dames est une tâche difficile » comme le dit toujours la voix off sur Animal Planet, avec ce petit gloussement que j'ai appris à redouter quand elle vient à parler de sexe. « L'oiseau jardinier possède sans doute la parade nuptiale la plus évoluée de la Création. » De toute la Création ? C'est une blague, non ? Aucune autre ne vous vient à l'esprit ? Indice : afin de parfaire sa parade nuptiale, cette créature a inventé le téléphone, le cinéma, la voiture, la musique, l'argent, la guerre moderne, le tapis en peau de tigre, l'alcool, la lumière d'ambiance, le bateau à moteur, le manteau de vison, la ville et la poésie. Alors, s'il vous plaît, ne ricanez pas trop quand l'oiseau jardinier essaye de tirer son coup.

Mais Niv et Johnny avaient depuis longtemps dépassé ce stade : simplement chercher à faire tourner les têtes de quelques danseuses d'Earl Carroll. Nous montâmes jusqu'à Mulholland pour un tour d'essai, vîmes que Len était aussi imperturbable que virtuose, et je dévalai alors la route et ses larges courbes, klaxonnant à tout rompre, à une allure proche de la vitesse maximale de la Chevy. Nous touchions du doigt un truc. Nous décidâmes d'ailleurs que ce dont nous avions réellement besoin était la Cadillac de Dietrich, la « Plus Belle Voiture d'Amérique », si longue que son chauffeur, Briggs, n'était que très rarement sur le même code postal que son employeur. Oui, le Plus Bel Être Humain Sur la Planète Terre regardant les Plus Belles Filles du Monde depuis la Plus Belle Voiture d'Amérique, conduite par un singe. Ô Poésie. Et on pouvait encore perfectionner la combine selon Johnny. Il fut envisagé de conduire jusqu'au zoo de Griffith Park et de passer prendre Jackie le lion, en réalité assez docile. Son dresseur était un saoulard et un grincheux toujours en manque d'argent. Ouais, Jackie, disions-nous tous, Jackie compléterait bien le tableau, la tête sortant de la fenêtre passager, sa crinière au vent, moi écrasant le klaxon. Jackie et Cheeta — une équipe de rêve.

Dietrich, cependant, ne voudrait jamais nous prêter sa Cadillac. Mais pourquoi pas Fairbanks ? *Fairbanks !* La Rolls décapotable de Fairbanks ! Là, nous approchions de la perfection !

Après que Johnny et Niv, à force d'âpres négociations, eurent persuadé Doug de leur laisser emprunter sa Rolls (« Mais pas toi, tu m'excuseras, David, tu as déjà pris un ou deux verres, n'est-ce pas ? », « Mais absolument pas, Doug. Je suis simplement dans une forme flamboyante », « Prends plutôt un cigare. Et ramenez-la-moi à temps pour le déjeuner »), nous sommes sortis avec précaution par le portail à la rencontre des deux nains, qui attendaient avec Jackie à l'angle de la rue. Notre plan de bataille était d'aller chez Joan Crawford, qui habitait un peu plus bas dans la rue, puis chez Mayer, ensuite de passer par Summit Drive, où nous pourrions rendre une petite visite à Chaplin, David Selznick et Ronnie Colman, avant de descendre en une lente procession le long d'Hollywood Boulevard et d'entrer dans la légende.

Mes chers humains, mes doux lecteurs, vous êtes un public facile. Même sans mes petites touches perso (visière de golf et cigare), Jackie et moi aurions cartonné, simplement parce que nous sommes des animaux. Soyons honnête. J'ai été assez chanceux de pouvoir faire rire quelques personnes en chemin, et peut-être même de les avoir fait un peu réfléchir, mon travail et mon talent m'y ont aidé. Mais une grande partie de mon succès, une bonne partie du moins... — disons une *fraction* de mon succès, dix pour cent, accordons-nous là-dessus — peut être attribuée au simple fait que je suis un animal. Aucune autre espèce n'aime les animaux autant que vous.

Plus je me promenais dans Hollywood, plus je constatais votre amour des animaux. Tout le monde partageait sa villa avec des chiens, tout le monde avait des volières, il y avait des chevaux, des serpents, des tortues, un zoo à Luna Park et un autre dans Griffith Park. Il y avait une ferme à autruches sur Mission Drive, juste à côté de la ferme à alligators de Californie, où les alligators étaient si appréciés que les jeunes humains en kidnappaient toutes les nuits ou presque.

Je commençais à comprendre l'étendue du projet. Combien de *Forest Lawn* y avait-il eu ? Accrochées aux murs des charmantes maisons de mes confrères acteurs, on apercevait souvent des photographies représentant le maître des lieux à côté de la carcasse de quelque violent prédateur marin. Le sauvetage massif des poissons, à un degré équivalent à celui réalisé pour nous les animaux terrestres, semblait impossible, aussi les humains essayaient-ils vraisemblablement de retirer de la mer un maximum de dangereux prédateurs pour protéger les plus petits poissons. Et puis il y avait aussi les chevaux blancs sur les étiquettes de whisky, les chameaux sur les cigarettes, les souris aux grandes oreilles dans les films et tout le reste.

Un exemple : quand Strickling voulut promouvoir le film de Mae West *Ce n'est pas un péché*, il engagea deux cents perroquets pour se percher dans les halls de cinéma tout autour du pays et réciter le titre du film, que le Code Hays fit malheureusement interdire à la dernière minute parce que trop suggestif, le forçant à changer pour *La Reine de la Belle Époque*[*]. Mais les oiseaux continuèrent à chanter *Ce n'est pas un péché, Ce n'est pas un péché*. C'étaient les Perroquets Impossibles à Bâillonner. Personne ne se souvient du film, mais pendant les deux semaines qui suivirent, vous ne pouviez pas aller à une soirée sans que des gens trinquent à la santé de ces perroquets.

Vraiment, si les Usines à Rêves approuvaient votre film, vous pouviez vous permettre n'importe quoi. Quand Emma, la reine des éléphants de la MGM, se brouilla avec son dresseur sur le plateau de *Tarzan trouve un fils*, elle le souleva d'un coup de trompe, le jeta au sol et lui brisa le dos. Elle ne fut même pas suspendue. Les autres éléphants suivirent son exemple, le studio fit front et rejeta la faute sur le dresseur, comme ils l'avaient fait quand Gable avait écrasé une femme du nom de Tosca Roulien sur Sunset Boulevard en septembre 1933, ce pour quoi John Huston avait porté le chapeau. Oups, bon, maintenant que j'en ai parlé, et comme l'a montré l'enquête, c'était Mme Roulien qui était en faute, en traversant sans regarder le trafic torrentiel qui se déverse habituellement dans Sunset Boulevard à deux heures du matin. En revanche, on ne revit plus jamais Maurice le lion après qu'il eut mis en pièces ce bon vieux Charles Bickford pendant le tournage du film de la Fox *À l'Est de Java*. Il avait beau être un animal, il ne s'était jamais vraiment battu pour rester sous les projecteurs. Ce qui avait toujours, *toujours* été le seul moyen de survivre ici.

Quoi qu'il en soit, une fois que nous fûmes installés tous les six dans la Rolls, et que Niv eut placé le cigare allumé entre mes dents, Johnny eut mauvaise conscience envers Doug. Fairbanks était sans conteste le plus grand farceur de tout Hollywood. Il allait se sentir trahi en apprenant ce que nous avions fait avec sa voiture sans même lui proposer de participer.

« Nous ne pouvons pas le laisser tout seul » dit Johnny. « Il nous faut Doug. »

Nous nous mîmes alors en route, repassant sous le large portail de Doug et descendant l'allée, tandis que je faisais claironner le délicieux accent anglais du klaxon de la Rolls pour alerter l'ancien Roi d'Hollywood de notre approche. Et Doug était là, descendant les marches de l'entrée avec Marco Polo, son mastiff anglais de cent quarante kilos sautillant derrière lui et sa très distinguée femme anglaise, la blanche Lady Sylvia, coiffée d'un chapeau mou, observant notre raffut depuis le perron. Malheureusement le cigare de farces et attrapes que Doug avait donné à Niv m'explosa violemment au visage à ce moment précis, me faisant paniquer et envoyer un coup de pied assez violent dans la tête de Len. Nous glissâmes sur la pelouse, prenant de la vitesse, car dans mon violent accès de panique, j'avais plus ou moins écrasé le corps de Len contre celui de Chet, le coinçant ainsi contre les pédales. Niven criait « Sautez ! » et Johnny « À gauche, Len, à gauche ! » alors que nous dérivions de nouveau sur l'allée, brutalement stoppés par une effroyable collision avec la Chevy chérie de Johnny, humblement garée sur le parterre de gravier devant la maison.

Niven, amolli par l'alcool, était indemne. Jackie, qui retomba sur ses pieds après avoir été éjecté, aussi. Len et Chet furent blessés, mais réussirent à passer outre, moyennant quelques verres dans l'après-midi. Je fus projeté dans les airs, virevoltant nonchalamment au-dessus de la Chevy en purée, au-dessus des briques en chevrons de la terrasse et des vases débordant de pensées et de géraniums, au-dessus de l'élégante main blanche de Sylvia retenant son chapeau à large bord, les fusains posés sur son carnet de croquis où le visage de Doug commençait à prendre forme, encore épargné par la surprise de ce qui était en train de se passer. Pendant que je tournoyais en attendant la mort, ma vie entière défila devant mes yeux.

Vous savez quoi ? Ce fut tout sauf mémorable — le fait de savoir que j'étais sur le point de mourir me gâcha complètement l'expérience. Vivre en voyant la mort, non comme un danger auquel damer le pion mais comme une *fatalité*, me parut inévitable et vain : cela me frappa — avec plus de force que la façade en stuc de la maison de Doug et Sylvia que j'allais bientôt percuter. Je voulais tant ne pas mourir ! Comment s'en sortiraient Jane et Tarzan sur la corniche ? Pendant de longues et amères secondes, j'ai plané au-dessus du sol de briques de la petite terrasse avec sa barrière en fer et à travers les fenêtres ouvertes de la chambre des Fairbanks, atterrissant sur un large lit somptueusement mou — dans lequel, quatre ans plus tard, ce pauvre vieux Doug allait être cruellement trahi par son propre cœur et tué dans son sommeil.

Bon, Niven est bien connu — notoirement connu, même — pour embellir ses anecdotes. « Tes histoires ne perdent rien quand tu les racontes, David » marmonna un jour un auditeur sceptique (je ne donnerai pas son nom, pour lui épargner l'embarras) après qu'il eut raconté une nouvelle histoire fantasmagorique pendant l'une des parties fines hebdomadaires de Lionel Atwill à Pacific Palisades.

« En effet. Les tiennes en revanche... » répondit Niv.

Enfin, c'est une question de goût, vraiment — moi, je crois que ça gâche une bonne histoire si vous n'êtes pas persuadé qu'elle est réellement arrivée. Niv vous dirait sans doute : « Après un silence, Doug nous regarda de haut en bas et dit, "Sylvia, dis à Cook que nous serons six pour le déjeuner" » ou bien « Je sortis du véhicule et regardai Doug de mon air le plus désolé : "Pas simple à garer, ta voiture." » Ça ne se passa pas tout à fait comme ça, bien sûr.

La tête tournant encore, je sautai hors du lit et sortis sur la petite terrasse d'où j'aperçus Doug, Sylvia et le chien, qui aboyait inutilement, en train de courir vers la Rolls complètement détruite dont s'extrayaient, chancelant de toute leur hauteur, les deux nains et un Johnny en sang. Niven, plutôt sonné, était lui en train de se plaindre auprès de Doug : « Elle est pas simple à garer, ta voiture. »

Johnny était debout, Dieu merci. Il pouvait parler. Il disait, « Oh, non, non, non, non, où est Jackie ? Comment va Jackie ? Est-ce que Jackie va bien ? Len, ça va ? Chet ? »

Je devrais ajouter, pour être tout à fait précis, qu'en arrière-fond de toute cette scène, on percevait la rumeur d'un de ces guides touristiques qui harcelaient quotidiennement les maisons des rêveurs en contant dans un porte-voix, à des excursionnistes entassés dans un bus, une version erronée de notre vie derrière ces murs couverts de vigne vierge. En plein milieu d'une description du malheureux dénouement du mariage de Doug avec Mary Pickford, une voix faible et métallique disait : « ...tragiquement le conte de fées ne pouvait pas durer, et ce qui avait semblé être une parfaite union était condamné à... »

« Oh, Dieu merci, Jackie ! » dit Johnny. « Il va bien. Oh, bon Dieu, merci. » Jackie s'éloignait furtivement à travers les buissons, d'un air endeuillé, presque triste, comme le font les chats après un choc. « Regardez, il va bien, il marche... Chet, tu vas... où est Cheeta ? »

Sautant sur place et faisant tourbillonner mes bras au-dessus de ma tête, je lançai mon hurlement le plus résonnant et le laissai s'épanouir en un cri de joie. Je suis là ! C'est moi, Cheeta ! Les visages des humains dans l'allée se levèrent vers moi et je leur adressai un salto arrière de bonheur, et... et tant qu'à y être ! Je me mis debout sur les mains. Je voyais que Johnny allait bien — une légère coupure sur le front, qui saignait plus qu'elle n'était grave. Oh quel veinard, veinard, *veinard* je suis ! Difficile de mourir avec M. Tarzan dans les parages.

« Bon Dieu, Johnny, nous sommes de sacrés *veinards* » dit Niven.

Mais Tarzan était déjà en train de répondre à mon cri d'un puissant yodel... *«Aaaahhheeeeyyeeeyyeeeyyaaahheeyyeeyeeeaaah...»* avant d'éclater de rire et d'être rejoint par Niv, les nains, et enfin les Fairbanks. Et alors Doug prononça les mots immortels : « Sylvia, dis à Cook que nous serons six pour le déjeuner. »

Je crois que si Johnny adorait faire son cri de la jungle, c'est parce que sa voix était la seule imperfection de son corps. Il s'était entaillé la gorge sur une palissade lors d'un accident dans sa jeunesse à Chicago en essayant — c'est fou — d'imiter Douglas Fairbanks dans *Le Signe de Zorro*. Sa voix était aiguë et nasillarde. Ajoutez à cela que Thalberg essayait désespérément d'éviter que la corniche ne soit polluée par ses mots en envoyant des dépêches urgentes sur le plateau après avoir vu les premiers rushs : Nous n'avons pas besoin de plus de dialogues pour Johnny. Moins de dialogues, plus d'action. Vous comprenez donc pourquoi Johnny était un peu complexé quand il parlait, et pourquoi il aimait tant lancer son cri. Enfant, on s'était moqué de sa voix ; adolescent, ses coachs lui avaient dit de la fermer et de nager ; jeune homme représentant l'Amérique aux Jeux olympiques, on l'avait dissuadé de dire quoi que ce soit qui manquerait de dignité ou pourrait paraître déplacé. Et il était désormais payé entre 1 250 $ et 2 000 $ par semaine, en comptant les primes, pour ne rien dire du tout. Le cri était la seule chose à la mesure de son corps, qui exprimait ce qu'il était vraiment : joyeux, beau, jeune, serein, incapable de s'exprimer.

C'était son autorité qui rendait les autres si heureux autour de lui. Il était parti à la recherche d'un père — on entendait souvent cette histoire, c'était son article de foi — et avait rencontré un entraîneur de natation du nom de Bachrach à l'Illinois Athletic Club alors qu'il avait 15 ans. « Big Bill » avait changé sa vie, il était devenu son vrai père en l'espace de cinq ans d'entraînement pour les Olympiades (réservées aux humains) en France. Il n'avait qu'à faire ce que Bachrach lui disait, et la vie était simple. L'autorité était une chose à laquelle il s'était volontiers plié parce qu'il savait qu'il avait besoin de cette discipline. Ce n'était pas le genre d'humain à passer les trois quarts de sa vie à se frotter aux mâles dominants, ou à se demander comment garder son emprise sur les dominés : il était né dominant mais ne voyait aucun problème à laisser d'autres dominants dominer s'ils le désiraient. Enfin, j'en sais rien. Je suis comédien, pas anthropologue.

C'était un grand enfant qui aimait tout le monde. La première fois qu'il a rencontré Jackie, il l'a frappé sur la truffe avec le manche de son couteau et Jackie lui a donné un coup de langue amoureux sur l'épaule, qui mit une semaine à cicatriser. Une autre fois, nous étions au Lakeside en train de faire une partie de golf, car l'autre terrain, le California Country Club, excluait encore à l'époque toutes les créatures sportives non humaines. (Il y a encore des terrains de golf en Amérique, croyez-le ou non, où Don ne serait pas admis s'il s'y présentait avec moi.) Mais au Lakeside, nous pouvions jouer jusqu'à plus soif. « Comment va, Cheets ? Je vais prendre un 7 », disait Johnny si je faisais le caddy pour lui, en me donnant le signal dont nous avions convenu. Je lui tendais alors le club en question ou, bon, d'accord, ce que je pensais se rapprocher le plus du club en question, ce n'était pas un putain de numéro de cabaret non plus, et Johnny dématérialisait la balle blanche d'un grand souffle de sa baguette.

Il était considéré comme un golfeur excessivement talentueux à cause de ses très belles mains, qui dirigeaient les clubs avec cette même détermination tranquille qu'il employait avec les animaux. Alors qu'il maintenait peut-être son geste une demi-seconde de vanité en trop, il ressemblait trait pour trait à une de ces petites figurines dorées qui ornaient ses si nombreux trophées. Des mains magnifiques, avec de larges demi-lunes sur les cuticules, et une écriture tout aussi magnifique à mes yeux. Contrairement aux motifs abstraits que d'autres stars griffonnaient sur les menus et les photographies, chaque lettre de la signature de Johnny était clairement lisible : une série de boucles patiemment formées. Dans les années 1940, alors qu'il vivait à

Mandeville Canyon, je me souviens avoir fait tomber un livre intitulé quelque chose comme *Une histoire de la Guerre civile américaine* de son fauteuil à bascule électrique, et avoir vu les marges remplies de son écriture caractéristique. « Imp. » avait-il écrit à plusieurs reprises, ou « Se souvenir », ou « D'où la guerre », et bien qu'il n'ait pas été dans la maison à ce moment-là, je sentais les mouvements familiers de sa main dans ses courbes rondes et précises, et j'eus l'impression qu'il me caressait.

Mais bref !, ce n'est pas un livre sur Johnny Weissmuller. Le déjeuner chez les Fairbanks fut un reflet parfait des règles en vigueur entre les sept mâles dominants et nous autres, les rêveurs.

« Messieurs, je pense qu'il serait judicieux de notre part de garder nos satanés clapets fermés sur cet incident pendant encore un jour ou deux, dit Doug. Si Hedda ou Louella découvre que tu as fait une croix sur ta voiture de sport alors que tu étais en compagnie de Niv, avant même l'heure du déjeuner, certaines conclusions pourraient être tirées qui ne plairaient pas du tout à L.B. Et Goldwyn n'a vraiment pas besoin d'entendre parler de tes problèmes d'alcool, David. »

« Je n'ai aucun problème avec l'alcool » dit Niv, en buvant, comme à son habitude.

« Tu tournes *La Charge* avec Flynn et De Havilland, n'est-ce pas ? Il s'agirait de ne pas fournir à Sam d'éléments contre toi. »

Doug commença à élaborer un plan complexe pour remorquer les voitures hors d'ici pendant la nuit, séparément, en soudoyant les employés de la casse et tout le toutim. C'était ça l'âge d'or. Étrange — nous étions de vilains enfants jouant à de vilains jeux au milieu d'un nid d'espions prêts à nous dénoncer s'ils venaient à nous prendre la main dans le sac. Et si un mâle dominant se montait contre vous, il pouvait vous punir, et alors les caméras cesseraient de déverser leur âme sur vous et adieu l'immortalité. Nous jouions nos vies. Et c'était peut-être ce qui rendait nos foutus rêves si bons. Les mâles dominants étaient de sacrés génies dans leur genre.

Il y avait différentes manières de prendre les choses. Joe Cotten, comme on le sait, prit un chemin assez direct quand Hedda fit publier un article calomnieux à propos de sa supposée aventure avec Deanna Durbin dans les studios d'Universal. Joe avait travaillé tard et passé la nuit dans sa loge plutôt que de faire le trajet retour pour rejoindre sa femme à Pacific Palisades, et Deanna en avait fait de même après avoir déposé son mari à l'aéroport de Burbank. Ils tombèrent l'un sur l'autre lors d'un petit-déjeuner de bonne heure dans la cafétéria, mais Hedda suggéra qu'il s'agissait plutôt d'un rendez-vous galant en pleine nuit. Joe informa Hedda que si quoi que ce soit venait à être publié, il lui donnerait un coup de pied au cul la prochaine fois qu'il la verrait, ce qu'il fit, sous des applaudissements frénétiques, lors d'une réception pour le vice-président des États-Unis au Beverly Hills Hotel. Sa rage fut si forte, si vertueuse et si publique qu'évidemment tout le monde supposa qu'Hedda avait perpétré un énorme mensonge. C'était un coup brillant de la part de Joe, trompeur invétéré. Ses pénétrations répétées de l'estimable mais sexuellement insatiable Deanna avaient longuement dérangé la sieste que j'essayais de faire dans un catalpa voisin — longue histoire, j'étais saoul — après avoir moi-même rempli mon devoir nocturne avec une femelle de la petite ferme du studio Universal. Bien joué, Joe ! T'es le meilleur. Bien que j'aie peur que mes lecteurs puissent avoir quelques difficultés à situer ton nom. Peut-être une note de bas de page, qu'en pensez-vous ?

« Cotten, Joseph : *acteur de second rôle respectable des années 1940 et 1950, jamais vraiment à l'aise avec les premiers rôles.* »

D'un autre côté, si vous vous retrouviez un jour pris dans de vraies difficultés, ou si vous aviez commis un méfait tellement ignoble qu'il ne pouvait pas être couvert par une des Usines à Rêves, alors Strickling ou Eddie Mannix, ou la personne employée pour cela par votre usine, vous apportait une aide précieuse en arrangeant toute votre paperasserie et en aidant les témoins à clarifier leurs déclarations. Si l'inimitable Joan Crawford, un être humain exceptionnel doté d'un amour exemplaire pour les animaux, était par exemple apparue dans la seule bobine encore en circulation d'un film pornographique des années 1920, alors Manny n'aurait pas hésité à aller à Bakersfield pour mettre le feu à la maison du propriétaire de cette unique bobine — peut-être même avec le propriétaire encore à l'intérieur ! Bien sûr, Joan n'aurait jamais joué dans un film pareil. Et si elle l'avait fait, où en est la preuve ? C'est le genre de soutien qu'on ne reçoit que de sa vraie famille.

C'était du gagnant-gagnant : il fallait rester sous les projecteurs en se faisant prendre en photographie, et eux vous promettaient sept films d'affilée avec, en sus, un régime d'accompagnement nutritionnel spécifiquement préparé pour vous aider à optimiser vos performances. Judy Garland ne serait pas la force de la nature qu'elle est aujourd'hui si elle n'avait pas reçu un programme thérapeutique de suppléments bien-être sur mesure pour l'aider à venir à bout des premiers chefs-d'œuvre qui l'ont rendue Immortelle.

Alors, vraiment, où étions-nous si ce n'est au paradis ? Que faisions-nous, saouls à trois heures de l'après-midi, après un superbe déjeuner durant lequel Sylvia essaya théâtralement de me nourrir de bananes avant de me lancer une remarque acerbe parce que j'avais décliné son offre et opté pour un steak tartare et une cigarette ! C'était une chic fille, cette Sylvia, et je n'ai jamais pu la voir comme la croqueuse de diamants superficielle et pingre que tout le monde décrivait après la mort de Doug et son bref et lucratif mariage avec Gable. Que faisions-nous donc, délicieusement saouls en cet étincelant après-midi californien à l'odeur de pin, avec presque une journée entière devant nous, attendant sur la pelouse que le chauffeur d'Hedy Lamarr nous emmène chez Constance Bennett pour une conversation avec William Faulkner, aiguisée par quelques martinis et peut-être ensuite par quelques sets de tennis sur son court privé ? Ne passions-nous pas un sacré bon moment ? N'était-ce pas le bonheur le plus complet qu'un anthropoïde puisse connaître ? N'était-ce pas ça, le paradis ?

« Femme magnifique. Tarzan jouer set rapide » dit Johnny à Connie alors que nous arrivions dans la maison de Carolwood Drive.

Parfois, pendant les présentations, ou lorsqu'il se sentait un tant soit peu complexé, j'avais remarqué que Johnny se réfugiait dans le langage de Tarzan. Et Connie Bennett était si grande, blanche, blonde et parfaite qu'il piquait un fard face à cette beauté désarmante, tachetée de lumière sous les magnolias, fraîche comme une rose après son succès dans *La Revanche du cœur*.

« Johnny ! Johnny ! Monsieur Weissmuller ! Grand cinglé des bas quartiers de Chicago. » Elle avait dit ce qu'il fallait. Johnny aimait qu'on le traite de fou, puisqu'il ne l'était en vérité pas du tout.

« À l'époque où je créchais sous le métro aérien, Connie » disait Johnny en jouant les durs, « je me disais souvent : "Quelque part sur Park Avenue il y a une fille éveillée, allongée dans son lit, qui pense à moi en ce moment." » Il n'était pas mauvais, le bougre, pour amorcer ses parades sexuelles. J'avais une main

dans la sienne, levai l'autre pour attraper celle de Connie, et me balançai entre eux un moment, comme si nous étions une famille. Elle lança soudainement son autre main en avant.
« Et c'était moi. Hé, Pierre, Feuille, Ciseaux. Maintenant — un, deux, trois ! T'as perdu. Je t'ai eu. Tu veux une astuce ? Commence toujours avec la pierre. Tout le monde commence avec les ciseaux. C'est Myron qui vient de me l'apprendre. »
« J'aurais simplement dû t'emballer. »
« La prochaine fois, Chicago, Illinois. La prochaine fois. Gilbert est là, en train de donner une bonne raclée à Irving Berlin. Myron m'a aussi dit qu'avec David Niven vous aviez démoli la torpédo de Douglas ce matin. Tu as fait ça à mains nues, n'est-ce pas ? »
Bon Dieu... sacrée parade nuptiale. Connie Bennett se retourna et descendit le chemin bordé de magnolias en direction de la fête, je me balançais entre elle et Johnny avec le sentiment d'orchestrer quelque chose de magistral entre ces deux-là. Grand Dieu, comme elle était magnifique en 1935. La somme de ces petits détails agréables rendit ce jour inoubliable.
Myron Selznick organisait des parties de cartes dans la salle de jeux où, je suis triste de vous le dire, cher lecteur, un certain nombre de ces messieurs, comme Joe Schenck et Gregory La Cava, le réalisateur, fumaient. Oui, à l'intérieur. Dietrich était là, énigmatique, captivante et puant l'urine. C'était l'un des traits les plus humains de Dietrich, elle se faisait pipi dessus en riant. Nous nous sommes ignorés. Jackie était étendu aux pieds d'une actrice discrète du nom de Marilyn Miller. Ses nerfs la tuèrent l'année suivante, mais je me souviens qu'elle semblait éprouver un grand réconfort à caresser l'estomac de Jackie ce jour-là (pendant une soirée, être un animal peut souvent vous condamner à vous coltiner tous les ratés). Je me souviens avoir

trouvé des érables et des magnolias très agréables à escalader. Niv tenait une forme prodigieuse et, merde alors, il y avait même un trampoline, sous lequel j'ai entamé une petite collection secrète de tous les verres abandonnés sur lesquels j'ai pu mettre la main.

Alors que la lumière commençait à virer au crépuscule, Gilbert Roland, le nouveau galant de Connie, m'avait pris sur ses épaules tandis que je descendais vers les terrains de tennis pour regarder Johnny. Il m'emporta avec lui jusqu'à la chambre de Connie, où elle était allongée sans rien d'autre que son pantalon blanc, cambrant le dos et étirant ses bras comme un chat implorant des caresses. Une dame pleine de classe, Constance Bennett. J'avais la vague envie d'être *elle*.

Évidemment, tous deux obsédés par leur santé, ils commencèrent par un de ces remèdes homéopathiques de charlatan que Connie surnommait « poussière d'étoile » et qu'ils ingéraient par le nez. Les humains sont toujours diable-ment surprenants ! Je sautai sur le lit et passai mes bras autour de Connie dans l'espoir d'une rapide toilette, et nous nous embrassâmes un moment, alors qu'un Gilbert à la mine concentrée se penchait sur ses extraits de plantes.

« Gilbert, mmmh, voudrais-tu bien fermer la porte ? »

« Nous sommes entre amis ici, *adorada* » dit Gilbert.

« Non, c'est, euh, c'est Cheeta, elle me chatouille. Et je crois que j'aime bien ça. Dis... passe-moi un peu de ça, tu veux ? »

Gilbert apporta une petite boîte argentée remplie de poudre, et la femme blanche lécha son doigt et le trempa dedans. Puis elle me fit une grimace de peur, que j'imitai, et elle glissa son doigt dans ma bouche ouverte. Je le suçai.

« Connie ! Tu ne vas pas commencer avec ça, rassure-moi ? » se plaignit conjugalement Gilbert. Ils continueraient pourtant à vivre dans le péché encore plusieurs années avant que leur Usine à Rêves ne les force à officialiser leur relation.

« Attends. Tais-toi. Non, je ne vais pas commencer. Pas encore. Hé. Cheeta est l'une d'entre nous, esclaves de Mayer, et elle mérite une petite récompense. » Constance saupoudra pour moi une petite traînée de son remède dans le creux de ses seins, et commença à rire, à se cambrer et à frissonner, criant, « Arrête, arrête, arrête, oooh, je suis une fille indigne ! »

Et ça, par exemple, vous voulez le refuser aux chimpanzés, n'est-ce pas, Docteur Goodall ? N'est-ce pas, mon très cher Don ? Aucun singe, si votre campagne réussit son pari, n'aura plus jamais l'opportunité d'apprécier une carrière dans le show-business avec tous les plaisirs qui vont avec. Ainsi, vous voulez tuer tout espoir chez ces centaines de milliers de jeunes singes talentueux en les privant de rôles à auditionner ? Pour neuf dixièmes des singes que vous rencontrez, la comédie, ou la stratégie de survie à long terme qu'est la célébrité en général, est la meilleure chance d'échapper au train-train de la vie quotidienne. Et vous voulez leur retirer ça et le remplacer par un homme en combinaison couverte de balles de ping-pong lumineuses dont on enregistre les mouvements sur ordinateur avant de les recracher pour dix millions de centimes le pixel ? Vous n'avez pas réfléchi sérieusement, n'est-ce pas, mes chers amis ? Mais dites-moi : si No Reel Apes (ce jeu de mots : c'est vraiment un putain de coup de génie à la Lubitsch, non ?) devient une réalité grâce à un lobbying parlementaire financé par cette autobiographie, alors qui jouera mon rôle dans le film tiré du bouquin ? Est-ce que vous pensez que cette scène fonctionnera avec un Cheeta numériquement intégré sur les tétons de Naomi Watts pointés artificiellement ? Imaginez bien la scène.

Que ma fourrure en images de synthèse réussisse parfaitement à capter la lumière vespérale qui commence à filtrer entre les persiennes de la chambre de Constance Bennett, tout le monde s'en fout. Les gens veulent voir des animaux. Vous avez besoin de nous. Sans nous, vous en êtes rendus à observer d'un regard vitreux la terrifiante monotonie de votre visage, de votre corps, de votre espèce. Un de ces jours Animal Planet, Discovery Channel et National Geographic seront aussi entièrement en images de synthèse, et alors vous comprendrez ce que je suis en train de vous dire. En attendant, souvenez-vous que certains d'entre nous sommes prêts à accepter de souffrir un peu pour notre art. Et notre art vous est dédié, pour que vous restiez sains d'esprit. Alors faites preuve d'un peu de gratitude.

Vous voulez éradiquer la douleur, Docteur Goodall. Mais je m'en fiche de la douleur, c'est l'art qui m'intéresse ! Enfin bon, n'oubliez pas : www.noreelapes.quelquechose !

Bref, ce fut un moment agréable avec Constance, et nos petits ébats me revigorèrent. Je bondis hors du lit et dérapai en direction du balcon, où la balustrade s'offrit comme une opportunité d'escalade alléchante. *Tah-ti-tum-ti-ti-tah* le long de la rampe et puis, *hop !*, jusqu'au chandelier, *ha ha ha*, d'où je pus me balancer, *ta dam !*, vers la corne d'un rhinocéros auquel Connie rendait hommage sur le mur, et puis *ouuups*, réception sur un porte-manteau, dont je réussis à descendre, un peu à la Doug Fairbanks quand il s'affalait au sol. *Le Chimpanzé pirate ! Le Signe de Cheeta !* Ha ha ha ha ! Et voilà Marlene, flânant bêtement d'un pas endormi dans l'atrium, je lui assenai alors une bonne grosse claque sur le derrière et me sauvai en galopant, puis je changeai d'avis, rebroussai chemin et agitai mes bras en une parade d'agression violente, laquelle fit s'évaporer instantanément le sang-froid de la Fräulein, qui s'esquiva en criant avant de déguerpir. Sur la corniche, on ne parle pas aux créatures à sang froid, Marlene. (Ah, qu'est-ce que c'était drôle ! Ça me fait même encore rire. Marlene, où que tu sois, *mein Liebchen*, je veux que tu le saches : tu es terrible.) Je rebondis vers le jardin, pensant : Johnny, Johnny, Johnny, Johnny, Johnny, Johnny, Johnny, Johnny, Johnny, allez, allons faire du trampoline !

Je ne voudrais pas donner l'impression que c'était là une journée ordinaire. Il serait plus juste de dire que j'ai passé les deux tiers de l'année 1935 à me masturber dans une cage. Mais bon, une cage est une cage est une cage, comme l'aurait si bien dit Gertrude Stein. Parfois Marie Dressler ou Ronnie Colman ou ce cher Lionel Barrymore faisait un détour par la ménagerie et me sortait pour le déjeuner ou pour un pique-nique, ou bien une jeune Ginger Rogers m'emmenait voir les courses hippiques à Santa Anita. Le jeu à base de poussière d'étoile de Connie eut sa petite heure de gloire, et j'en ai profité pour renifler les décolletés dénudés de Mary Astor, Tallulah Bankhead, Pola Negri, Evelyn Keyes et ainsi de suite, comme si je cherchais cet indéfinissable « je ne sais quoi » qu'elles avaient toutes — les bienfaits pour la santé de cette poussière d'étoile étaient évidents.

Scott Fitzgerald m'emmena voir Fredric March dans *Les Amours de Cellini* et réussit à vider à lui seul une caisse de vingt-quatre bouteilles de Coca-Cola pendant la double séance. « C'est tout ce que j'arrive à prendre, Cheets » dit-il. Mon siège trembla avec lui pendant tout le film — il vibrait de peur. « C'était sensass, hein ? » fut la seule chose qu'il dit durant toute l'heure que nous prit le chemin du retour.

Je suis content de pouvoir dire qu'aucun de mes confrères chimpanzés ne changea d'attitude à mon égard. Ils erraient dans la paille d'un air abattu comme ils l'avaient toujours fait. Gately était là pour nous garder en bonne santé. Conway m'emmena faire un tour une fois. Thalberg lui-même me serra la main à travers le grillage : un grand honneur. Mais quelque part, être à l'intérieur ou à l'extérieur du refuge m'était devenu indifférent : j'avais l'impression d'être en cage dès que je n'étais plus avec lui.

Assis sur un banc sous un cerisier, sa veste soigneusement pliée à côté de lui, penché en avant, ses mains magnifiques serrées entre ses genoux et sa tête légèrement inclinée dans une posture d'écoute attentive... Un jour, Johnny parlait avec une fille dans le jardin. Le son des balles contre les raquettes retentissait depuis l'arrière de la maison. Je me jetai dans ses bras et il m'attrapa comme un quarterback, sans même me regarder. Nous formions une équipe.

« Elle est dans le Nevada pour encore deux semaines, et je réalise qu'elle me manque sacrément » disait Johnny. « Et chaque fois que je sors, je me dis, sans rencard, c'est vraiment pas marrant ! Alors parfois je passe par le studio pour récupérer ce danger public. »

« Elle est loin, et tu te sens seul. C'est naturel. »

« Et elle me rend marteau. Au téléphone. Tu sais, ces histoires sur des gens que j'ai jamais rencontrés. Tu vois, quoi. Ça me fait me sentir encore plus loin d'elle. »

« Eh bien, pendant qu'elle est loin d'ici... »

« Ah non, non, non, non, tu as mal compris, je suis désolé » disait Johnny. « Je l'aime. Je l'aime tellement. »

Ah. « Lupe ». Il était à l'époque dans un de ces arrangements monogames à vie (son troisième). Ces arrangements étaient des périodes rituelles de promiscuité charnelle restreinte auxquelles les rêveurs se prêtaient, souvent pour une durée de plusieurs années. C'était comme un échappatoire à leur état naturel d'appétit sexuel aveugle. (Tout cela est un peu compliqué à comprendre, mais soyez indulgents.)

Bien que les liens humains durent plus longtemps, ils étaient similaires à ceux des chimpanzés en ce que les dominants vous décourageaient de vous attacher à quelqu'un trop en dessous de vous dans la hiérarchie. Ainsi le second « mariage » de Johnny avait-il été célébré avec une femelle du nom de Bobbe Arnst, une ancienne danseuse de Ziegfeld et chanteuse de cabaret, dont le courrier d'admirateurs était tellement plus faible que celui de Johnny que Mannix, l'homme de main de L.B., dut s'en mêler et corriger ce déséquilibre quand Johnny rejoignit la Metro pour la première fois. Il ne pouvait se marier qu'avec une autre rêveuse d'un rang similaire au sien dans la hiérarchie.

Johnny ne comprit pas bien cette règle et refusa de mettre fin à son mariage : il aimait Bobbe. Souvenez-vous, ce n'était qu'un garçon de Chicago qui avait arrêté l'école à 12 ans. Mais Mannix réussit à recadrer les choses à l'aide d'un cadeau à dix mille dollars pour la fille, qui comprenait un peu mieux les rouages de l'industrie du divertissement et mit elle-même un point final à leur petit « arrangement ». Dix mille balles, un sacré paquet d'argent à l'époque. Il est toujours difficile de donner une idée de la valeur réelle de l'argent au fil du temps. Les jeunes lecteurs trouveront plus parlant de se dire que c'était un tiers de ce que Johnny gagnait chaque année en faisant la promotion d'une ligne de maillot de bain, ce qui vous donne la valeur approximative d'un mariage en 1932. Pas tout à fait assez pour engager de bons musiciens de boîtes de nuit, une fois Bobbe de retour chez elle à Jacksonville, Floride. Enfin bon, la troisième relation à vie de Johnny ne présentait aucune menace pour son immortalité parce qu'elle impliquait une autre star de la MGM d'un statut presque équivalent : son nom était Lupe Vélez.

10. El Tornado Latino !

Sa maison de rêve, d'inspiration espagnole, sur Rodeo Drive, la môme Lupe l'avait remplie d'une flopée de canaris, d'une demi-douzaine de domestiques indigènes et de paires de chihuahuas, dont les noms associés avec humour changeaient tous les ans, si bien que je n'étais jamais vraiment sûr qu'il s'agisse des mêmes chiens. Ajoutez à cela un minimum d'une dizaine d'invités permanents et Johnny, qu'elle appréciait surtout pour la quantité d'air qu'il brassait autour de lui. La maison avait pour nom « Casa Felicitas » — la Maison du Bonheur. « Y aime les hommes grands — et Tcho-nny, mon Popp-i, il est oune homme grand ! » confiait-elle pleine de charme, pépiant comme une vingtaine de canaris, de cette voix qu'elle n'utilisait plus sans arrière pensée depuis qu'elle en avait découvert les charmes à l'âge de 6 ans, à San Luis Potosí, Mexico. Cette voix d'enfant expliquait en grande partie la magnifique maison de Lupe, ses animaux, ses domestiques, ses invités et ce mari brasseur d'air qui se laissait si facilement envoûter. Se faire passer pour une version canaille d'elle-même était une carrière toute trouvée — le public de la malicieuse et adorable petite Youpi Lupe ne cherchait qu'à lui pardonner ses méfaits. Elle avait du « Charme ». « LA TORNADE MEXICAINE SURVOLE LE MARCHÉ DU CHARME AVEC PLUSIEURS LONGUEURS D'AVANCE ! »

« Yé suis un peu vilaine parfois » admettait-elle à *Photoplay Magazine*. « Mais Tcho-nny ne peut pas s'attendre à ce qué les pétites ailes poussent sour mon dos. »

Elle pesait peut-être dix kilos de plus que moi, et si je levais les bras vers Johnny pour lui ravir une accolade, mes mains, qu'elle essayait de repousser, lui arrivaient un peu plus haut que la tête ; sa voix dénuée de son charme latin sonnait alors comme le grognement d'une paire de chihuahuas. Quand elle n'était pas excitée sexuellement, ce qui d'après mon expérience était assez rare, elle parlait un anglais à l'accent parfait, distribuant calmement ses ordres aux domestiques qui s'occupaient de ses pelouses et de ses parterres de fleurs.

Elle aimait Johnny, la petite garce, on peut lui accorder cela. La première fois que je l'ai vue — la première fois qu'elle visita notre plateau de la jungle — Johnny s'accrochait à elle entre chaque prise, la soulevait au-dessus de sa tête dans sa chaise pliante, lui faisait chevaucher le dos du rhinocéros mécanique (de « marche lente » à « galop ») : dès lors, j'ai su qu'il faudrait *me réfréner*. Tout le monde, y compris Johnny, savait que lorsque Gary Cooper l'avait finalement quittée elle avait, au plus grand plaisir du service publicitaire de la MGM, menacé Coop, ce cher et tendre ami, avec un pistolet. Je me dis, dans mon profond désarroi, qu'elle portait tant de mort en elle, une mort qu'elle était incapable de maîtriser, et qui risquait de se manifester un jour ou l'autre — elle serait capable de tuer une rivale si cela pouvait lui éviter de tuer Johnny ! Aussi, lorsque j'étais avec lui en présence de Lupe, je me retenais. Je jouais la comédie. Survivre dans ce genre d'affaires, m'a appris l'expérience, c'est juste éviter de se faire tuer.

Elle l'aimait, certes, mais c'était beaucoup me demander que de lui pardonner ses offenses contre lui. Les griffures et morsures que Johnny exposait chaque matin en dévoilant la Plus Belle Plastique au Monde sur le plateau, je les acceptais comme des marques ordinaires d'appropriation sexuelle chez les humains. Ça, passe encore. Mais pas les hématomes bleu-noir sur ses pommettes ou les brûlures de cigarette sur son biceps chéri, qui mesurait trente-trois centimètres au repos et trente-sept centimètres contracté.

Je me souviens d'une fois où j'étais assis dans la maison de Rodeo Drive, mon bras enroulé comme du lierre autour de la patte avant de Johnny. Il parlait dans un de ces appareils à écouter qui m'ont toujours rappelé, par leurs carapaces noires et brillantes et leurs petites voix d'insectes, ces scarabées géants avec lesquels je jouais enfant en Afrique. Lupe troublait l'air dans les parages.

« Non, il n'y en a pas » disait Johnny. « Faut croire qu'on est chanceux. Pas même un seul petit nuage. Il fait pile vingt-cinq degrés, maman. Il fait combien à Chicago ?... Eh bien, en remontant l'allée, il y a comme un gros buisson avec des petites fleurs violettes et des arbres de chaque côté, et c'est comme une hacienda mais en plus gros... » Sa mère l'appelait souvent de Chicago et lui faisait décrire en détail la maison et la météo californienne, comme si elle le suspectait de tout inventer. « Viens la voir par toi-même, on attend toujours ta *visite*. Viens visiter le paradis. » Puis Lupe commença son numéro. « Lupe, veux-tu... ? Non, pas encore. Non, elle non plus. Non, moi non plus. Non, c'est pas vrai. Non, tu ne — *Bordel de merde, Lupe, mais alors vas-y putain, tue-toi. Mais va le faire ailleurs, putain ! Va crever dans le jardin ! Jette-toi sous la tondeuse, bordel !* »

« *Hola*, Mamaa Tcho-nny » criait-elle. « Il essaye dé mé touer ! On va divorcer et il pourra révénir à Tchicago pour baiser les pétites Polonaises ! »

« Maman, tu vois, ça c'est ma femme ! Tu l'entends ? Eh bien, elle est comme ça *tous les jours* ! C'est... »

Johnny arrêta là son portrait de Lupe, parce que celle-ci avait attrapé la partie mandibule de la machine à écouter ressemblant à un énorme scarabée et l'avait éclatée sur l'angle du bureau colonial. D'autres mots d'explication auraient été superflus. Les piaillements des canaris, les aboiements hystériques des chiens, le hurlement impuissant du chimpanzé rebondissant de détresse sur une chaise longue et le perroquet criant en boucle « *Hola* Gary ! *Hola* Gary ! » suffisaient pour se faire une idée de Lupe. Elle était toute petite, il lui fallait quelque chose pour remplir l'espace autour d'elle. La tension et la douleur étaient son élément. Elle jeta sur les tomettes son portrait encadré du film *Le Gaucho* et, poudrée de minuscules particules de verre, elle scintilla à la poursuite de Johnny, écartant d'un coup de pied Laurel et Hardy, ou Samson et Dalila, enfin le nom de ses chihuahuas de l'époque. Vous n'étiez pas à l'abri en mouvement. Vous n'étiez pas à l'abri immobile. Vous n'étiez pas à l'abri *inanimé ! Caramba !* Ay-ay-ay ! Il fallait lui pardonner. C'était une star et la règle est qu'aux stars, on pardonne tout.

Même lorsqu'elle m'enferma un jour dans la cuisine avec Smith et Wesson, ou Désarroi et Désespoir, ou peu importe le foutu nom de ses chihuahuas de l'époque, pour qu'elle et Cariño puissent se rabibocher bruyamment sans être dérangés, j'ai essayé de lui pardonner, parce qu'elle l'aimait. Les chiens, qui supportaient la situation mieux que moi, ne la supportaient en fait pas du tout. Courant en rond dans un cliquetis teigneux — ils faisaient le bruit d'aiguilles à tricoter : le même bruit que mes nerfs —, ils essayaient frénétiquement de passer de l'autre côté de la porte pour empêcher que la brute ne continue ce qu'elle était en train de faire à leur maîtresse. Bienvenue dans le monde des schémas de comportements en cage, les gars. Prenez l'habitude des bons vieux cent pas, de ces incessantes figures en huit, et des bruits derrière des portes que vous ne pouvez pas ouvrir.

De toute manière, ils haïssaient Johnny — ils lui jappaient dessus et le mordaient. Mais ils ne savaient même pas ce qu'ils étaient. Ils descendaient d'une très, très longue lignée d'esclaves — tellement asservis qu'ils en avaient oublié leur condition. Ils ignoraient que c'était pour cette raison *précise* qu'ils avaient été élevés et achetés. J'aurais dû les prendre dans un coin cet après-midi-là, alors que nous étions enfermés dans la cuisine, et les tuer, les noyer dans leurs écuelles (un autre singe l'aurait fait) pour épargner à tout le monde une grande misère. Mais j'aimais Johnny, et il l'aimait *elle*, et elle les aimait, *eux*, et je savais qu'il y aurait eu une autre paire de chihuahuas à leur place la fois suivante, d'autres Lombard et Gable, d'autres Gin et Vermouth, et puis ça n'aurait pas été de très bon augure pour ma carrière si Strickling ou Mannix l'avaient su.

Alors je mâchonnais d'un air maussade les fruits du saladier, balançant de temps en temps des pommes sur les chiens, regardant les indigènes travailler sur les parterres de fleurs et écoutant ce que les créatures paniquées de Lupe prenaient pour le bruit de mon tendre Johnny brutalisant leur maîtresse. Comme s'il en était capable. Le perroquet yodla « Gary ! *Hola* Gary ! » tout du long... Se tromper de nom, ça *ne se fait pas*.

Je n'avais rien contre le perroquet, et je lui offrais parfois une petite cacahouète dans l'espoir qu'il se tairait avec son

« Gary ». Mais rien n'y fit. C'était le passé de Lupe. Tout comme les chihuahuas, c'était désormais une arme dans la guerre par procuration engagée entre Johnny et Lupe. Qu'avait-il pour contre-attaquer, à part moi, son éternel compagnon à l'écran ? Il avait Otto, c'est tout ce qu'il avait, un énorme clébard jouasse de la taille d'un léopard, qu'il avait ramassé à la fourrière. Otto était capable de mettre ses deux pattes avant sur les épaules de Lupe et de lui lécher son rouge à lèvres Tequila Mockingbird à même la bouche.

Ce n'était pas une flèche, et j'ai déjà vu Lupe s'amuser à lui faire disjoncter le cerveau dans le jardin. Elle l'appelait d'un « On va se promener ! » et le laissait arriver en courant vers elle, pétillant de sa joie de clébard, avant de l'envoyer balader d'un index méprisant et d'un « Mauvais chien ! » Puis de nouveau « On va se promener ! », retour d'Otto en courant comme si la guerre était finie et que tout était oublié avant d'être renvoyé la queue entre les jambes par un autre « Mauvais chien ! » pendant que les chihuahuas ricanaient aux pieds de Lupe. Satanés chiens-esclaves, ces chihuahuas ! Je ne dirais pas qu'elle était mauvaise, non... il y avait même *beaucoup* d'humanité en elle.

Ils allaient tout droit au divorce, puis faisaient demi-tour. Elle entamait une procédure puis désirait la paix. Elle jouait à l'enfant alors que Johnny *était* un enfant. Nous jouions tous aux enfants à l'époque. Nos organes sexuels étaient douloureusement emmaillotés — c'était le prix à payer pour faire du cinéma. On faisait de vous un enfant. On fit de moi un enfant. Même les *gamins* — et je ne cherche pas ici à manquer de respect au fils de Johnny, Johnny Sheffield, un garçon merveilleux et un compagnon génial — étaient transformés en enfants.

Johnny Sheffield était bien la dernière personne à se vanter de son jeu d'acteur, alors je peux dire sans peur de le blesser que pendant l'âge d'or, les enfants acteurs étaient loin d'être en or. J'ai remarqué cela ces dernières années — les enfants sont meilleurs acteurs qu'à une certaine époque, bien meilleurs. Vous ne vous en sortiriez jamais aujourd'hui avec un Johnny Sheffield, aussi chic garçon fût-il, ou une de ces caricatures cacophoniques à la fausse exubérance gluante comme, prenons un exemple au hasard, Mickey Rooney.

Pendant qu'on parle de Mickey, qui mit du baume au cœur de tant de personnes tout au long de son éminente carrière, dommage qu'un interprète aussi talentueux que lui eût calqué, dans *Le Songe d'une nuit d'été*, son personnage très applaudi de Puck sur ma performance dans *Tarzan et sa compagne*. Son film sortit à la Warner un an après le mien. Les saltos arrière, les joyeux gloussements, les espiègleries dans la forêt, c'étaient mes inventions, et je ne m'attendais pas à ce qu'elles me soient volées par un mesquin petit chapardeur pour lancer une carrière désormais en grande partie oubliée — mais il s'agit peut-être d'une pure coïncidence.

« Derrière chaque grande fortune se cache un crime », comme l'a dit un de vos écrivains, l'auteur du *Père Goriot*. Mickey sera sans doute ravi de me rappeler son nom dès que son entourage lui aura soufflé la réponse. Et si un jour il avait envie de faire la paix, je suis à moins de deux kilomètres des portes de son quartier résidentiel. Profite de cette deuxième enfance que tu traverses, Mickey, et fais le trajet. Pardonnons-nous. Nous avions entamé une procédure, maintenant réconcilions-nous. Ne soyons plus *cruels* avec les animaux, comme nous avons pu l'être tous les deux.

Soyons comme Johnny, qui aimait les animaux, malgré les marques de dents que les chihuahuas laissaient sur ses pantoufles et ses chevilles, malgré le ponçage que lui administraient les éléphants avec leurs poils métalliques, les côtes fêlées et les poignets cassés qu'ils distribuaient dans leur insouciance d'herbivores. Malgré les doigts et les épaules que Jackie le lion, avec toute sa délicatesse professionnelle, ne pouvait s'empêcher de disloquer. Malgré le chantier que les crocos firent de ses cuisses et de ses mollets, les morsures exploratrices des gnous et les zébrures laissées dans son dos par les griffes du Chat Sauvage Mexicain. Le Roi de la Jungle les aimait.

Il les aimait *tous*. Il l'aimait elle, eux, moi, l'Amérique et l'eau. Il était amoureux des sept dixièmes du monde et ce depuis sa naissance. Il aimait la mer — parce qu'il avait grandi pour remplir l'espace. Il aimait son yacht, une goélette de dix mètres mouillant à Newport, qu'il baptisa *Santa Guadalupe*, en hommage à Lupe. Lupe détestait le *Santa Guadalupe*. Il adora son yacht suivant, qui s'appelait *Charme*, encore un hommage à Lupe, puisqu'elle avait du « charme »... Cette chose mystérieuse que le charme, amenant à sa propriétaire tout ce qu'elle désire ! Elle détesta aussi *Charme*. « La mer dans mon país cé là où on balance nos poubelles » l'entendis-je dire un jour. Mais comme *Charme* était deux fois plus gros que *Santa Guadalupe*, elle ne le détestait qu'à moitié.

C'était l'époque où Bogie avait son *Santana*, et Flynn son *Sirocco*, et où Gene Autry et « Duke » remontaient et descendaient la côte à la barre de leurs bateaux à moteur récupérés à la Navy. Les Nunnally Johnson, Hank Fonda, Niv, Warwick Levene et Edna DuMart, Raoul Walsh, Ward Bond, les Benchley, Connie et Gilbert, Red Skelton, Forrest Tucker, Peter et Karen Lorre, Doug Jr., le fils de Doug, Kate et Spence — ou bien est-ce que c'était déjà Kate et Leland à l'époque ? — et Bogie et Mayo et Flynn et Wayne et M. Déductible, Bö Roos... C'était le noyau du groupe de voile, avec Johnny au centre de tout ce beau monde. Nous nous retrouvions tous au Newport Beach Yacht

Club, ou au Balboa Bay Club, ou sur l'île Santa Catalina. C'était trop d'excitation, de potins et de conflits pour que Lupe ne s'y absorbe pas d'une manière ou d'une autre.

« Si yé pouvais prendre lé train jousqu'à Catalina yé m'amouserais bien plousse » se plaignait Lupe. « Cé qui est bien avec lé train c'est qué ça né coule *yamais*. »

Lupe détestait d'entrée de jeu les sept dixièmes du monde. Dans tous ses films, l'eau était son ennemie jurée. Quand on commençait à s'ennuyer, on la poussait dans un abreuvoir, ou on lui versait une carafe d'eau entière sur la tête. Elle était si incandescente que vous vous attendiez à ce que de la vapeur lui sorte des oreilles. Moi, je n'ai jamais détesté l'eau : j'ai toujours simplement voulu qu'elle ne me déteste pas. Alors Johnny en toucha un mot à Bö Roos, le petit homme courtaud et truculent qui gérait leurs affaires, Bö demanda aux gardes-côtes de treuiller deux Pullman sur une barge, et nous prîmes tous le train pour les îles Santa, en nous disant que nous vivions à cent à l'heure et que nous étions complètement fous. Avec ça, Lupe trouva au moins de quoi occuper un de ses après-midis.

Une semaine plus tard, les gars firent monter le *Norwester*, le yacht de Roos et Wayne, sur un camion remorque et lui firent « prendre la mer » de Beverly Hills jusqu'à Las Vegas. J'écoutais depuis le nid-de-pie Johnny et Lupe en découdre au-dessous. Dans mon souvenir, ça avait rapport avec Tom Mix. Johnny lui en voulait d'avoir vu Tom. Ou bien est-ce que c'était Gable ? Ou Randolph Scott ? Un de ses ex en tout cas. Coop ? Chaplin l'opportuniste, peut-être ? (Elle avait eu une aventure avec lui.) Peu importe, Johnny lui en voulait parce que... attendez... John Gilbert : je crois que c'était lui, lui ou bien Erich Maria Remarque. Cette *mémoire*, vraiment... Excusez-moi... Je suis presque sûr que ce n'était pas Russ Columbo. Ni Doug — ça avait juste été une amourette, enfin une amourette qui lui avait coûté son mariage avec Mary Pickford — et Anthony Quinn, c'était après. Doug Jr., peut-être ? Flynn ? Impossible, il était avec nous. Red Skelton aussi, donc lui non plus. Gilbert Roland aussi, donc ce n'était pas lui. Bruce Cabot, non, Victor Fleming, non, Bert Lahr, non, Warwick Levene, non. Jack Johnson, alors ? Je le mets dans les finalistes. Edward G. Robinson est une autre possibilité, ou Max *Baer* — est-ce que c'était lui ? Est-ce que j'ai cité Ramón Navarro ? Non, attendez, c'était Jimmy Durante, je crois qu'ils s'engueulaient à propos de Jimmy. Ah non, pas du tout, c'était Jack Dempsey ! Je savais que c'était un J. D. — heureusement que je m'en suis souvenu aussi rapidement, sinon on y aurait passé la nuit. *Évidemment* que c'était Dempsey — il avait un combat amical à Vegas, et Lupe venait juste de laisser entendre qu'elle l'avait croisé à New York lors de son séjour sur la côte Est.

Enfin bref, l'équipe du *Norwester* menaçait déjà de passer ces deux-là sur la planche s'ils n'arrêtaient pas de se rentrer dans le lard, lorsque Lupe cria au conducteur de « baisser cette putain d'ancre » avant de se hisser avec l'échelle de corde sur la plateforme du camion et de sauter par-dessus bord.

« Lupe, tu es folle, tu vas te noyer ! » cria Red Skelton. Nous roulions dans le désert depuis maintenant six heures, et Red avait usé cette blague jusqu'à la corde, autant que les prostituées dont il était si friand.

Johnny se jeta hors du *Norwester* en jetant des excuses de tous côtés. « Allez-y, continuez les gars ! On gâche la fête de tout le monde. Non, allez-y, on trouvera une voiture pour rentrer à L.A. » Une salve de protestations ténues se fit entendre. « Allez-y, tirez-vous d'là. Sert à rien d'aller jusqu'à Vegas maintenant, je vais étrangler cette traînée et l'enterrer dans le désert de toute façon. »

Et de sa grâce tarzanesque, Johnny sauta hors du camion et commença à courir après le point rétrécissant qu'était sa femme. Si tout le monde avait été un peu moins saoul à ce moment-là, je suis certain qu'ils n'auraient jamais laissé faire ça, mais la fête suivit son élan et fila à travers le désert. C'était déjà un exploit légendaire, et pour être honnête ces deux-là plombaient *parfois* l'ambiance. Red lui cria, « Fais attention aux requins ! » Pressentant que le *Norwester* allait reprendre sa course sans les Weissmuller, je descendis rapidement du gréement, passai discrètement par-dessus bord et trottinai derrière ma co-star.

« Bon alors, qui était au courant pour Dempsey et New York ? » soupira Bö Roos, et les freins du camion soupirèrent à leur tour de toute la lourdeur de cette blague, alors qu'ils reprenaient leur chemin vers la capitale mondiale de l'Amusement.

Courant et marchant, puis courant tout court, Johnny rattrapait la petite tache noire devant lui. Courant et esquivant, puis esquivant tout court, Lupe, dans une colère sauvage, ses bracelets d'or scintillant violemment dans le soleil, lui jetait des poignées de désert du Mojave au visage. Je ne savais pas vraiment ce que j'attendais en les suivant ainsi. J'entendais Lupe hurler et sangloter dans sa propre langue, et Johnny, la voix cassée, disant, « Arrête ça ! Arrête ça, Lupe, s'il te plaît, s'il te plaît, s'il te plaît, arrête de nous faire du mal comme ça ! »

« Fous lé camp, espèce dé sale animal ! C'est terminé ! Tout é fini ! Cette fois c'est lé divorce. Fini ! Tou viens plou près et yé té toue Tcho-nny. »

Il n'y avait pas grand-chose pour se cacher le long de l'autoroute, mais je suis un chimpanzé, nous sommes nés pour nous cacher, et j'ai donc gardé la tête baissée derrière un buisson de sauge sauvage pas plus grand, disons, que la fille illégitime de Loretta Young (qu'elle n'a d'ailleurs jamais reconnue). J'avais peur que Lupe ne transfère sa rage de Johnny vers moi. Je n'avais pas peur pour moi, je dois le préciser. Au cas où Discovery Channel ne vous l'ait pas expliqué, il ne m'aurait pas été difficile de lui arracher chacun de ses adorables membres. J'étais encore jeune à l'époque, mais un chimpanzé adolescent peut envoyer un humain au Cedars-Sinai Hospital avant que vous ayez le temps de dire ouf. C'est une supériorité physique, chers humains, que nous vous rappelons rarement. J'avais peur, si les choses s'envenimaient, de tuer cette sale traînée, là, sur place, dans ses chaussures à talons, alors qu'elle lançait des pierres sur son mari en larmes au milieu du désert du Mojave.

« Si tou étais un vrai homme, *come mierda e muere, hijo de puta sin cojones* ! Si tou étais un vrai homme, tou té battrais avec Jackie Dempsey et tou lé touérais ! »

Le statut de mâle dominant était un critère important pour Lupe dans la sélection de ses partenaires. Il fallait admirer le fait qu'elle avait *effectivement* couché avec trois champions poids lourd mondiaux. Johnny pouvait mettre en miettes un crocodile mais ce n'était pas assez pour satisfaire Lupe. Était-il capable de démolir *n'importe qui* ? Lui, qui n'avait plus frappé personne depuis ses 15 ans ? Kong aurait pu faire l'affaire, mais il n'aurait jamais tenu le coup dans l'arène des cocktails.

« Le mariage c'est noul ! Tou né sais pas cé qué oune femme ! Tou né sais pas cé qué l'amour ! *Chinga de tu madre ! Me cago en la leche !* Monsieur Tarzan, *ha* ! Tou n'es pas Tarzan, tou es un *golfeur* ! »

« Lupe, arrête ça, d'accord ? Je *t'aime* ! Je m'en... arrête de jeter ces *putain de pierres*... Je m'en fous des autres. C'est du passé. Mais, Lupe, tu es ma *femme* et je t'aime et on est là l'un pour l'autre... »

Lupe ne lui jetait plus de pierre à présent. Elle s'était retournée et courait le long de l'autoroute déserte, agitant ses bras vers l'automobile qui se matérialisait lentement à l'horizon. Le chagrin faisait hésiter Johnny, et elle avait déjà une centaine de mètres d'avance sur lui quand la voiture arriva à la hauteur de Lupe. Elle n'avait pas vraiment le choix de s'arrêter : plantée sur ses talons aiguilles, la Mexicaine enflammée ressemblait à un *torero* affrontant un taureau. Elle se pencha à la fenêtre passager, déballant, à coup sûr, une série d'horribles mensonges à propos du géant qui la poursuivait désormais avec les mains écartées en un geste d'apaisement. J'abandonnai ma cachette et, piaulant d'anxiété, secouant la tête de désarroi, je marchai vers lui d'un pas lourd, mes mains brûlées par l'asphalte, au milieu de corps de serpents écrasés. N'y avait-il aucun endroit que les humains ne débarrassent méticuleusement de leurs prédateurs ?

Elle était en train de faire le tour de la portière passager, elle avait déjà les orteils sur le marchepied, criant, « Il est dangereux ! Foncez ! » quand elle me vit. « Vous voyez ? Régardez ! Cé son, son, son... complice ! Ils... » Lupe riait, ou bien elle pleurait ? Non, elle riait. « Ils... lui et le singe, ils volent les gens sour ces autoroutes ! Cé sont dé bandits ! Et yé souis la Reine dé Bandits, alors les mains en l'air, mon pote ! Fais passer la monnaie, *bastardo* ! »

Une main poussa Lupe du marchepied et la voiture démarra sur les chapeaux de roue, sa porte ouverte battant au vent.

« *Hijo de puta !* Les mains en l'air ! La prochaine fois on touera ta femme ! On violera tes enfants ! »

Elle ne savait pas s'arrêter, Lupe. C'était une vraie comique. Elle vivait dans un monde supérieur au nôtre où la tristesse, la fureur, la luxure et la comédie faisaient toutes partie de la même ivresse. C'était comme si elle se faisait traîner brutalement d'un décor à l'autre sur un plateau de tournage. Strickling était persuadé qu'elle était née d'une mère aristocrate, à minuit, sur les flancs d'un volcan en éruption au Mexique, mais il mélangeait les détails... car le jour de la naissance de Lupe Vélez, le 18 juillet 1908, le petit village de San Luis Potosí fut en fait détruit par un ouragan.

Ils me regardaient tous les deux, tandis que j'escaladais le torse de Johnny à la vitesse de l'amour et des membres brûlés par l'asphalte. J'entourai son cou de mes bras et l'embrassai sur le côté du visage. Il était trempé de larmes.

« Vas-y, toue-moi » dit Lupe. « Yé sais qué t'as envie. »

« Tu es trop tarée pour qu'on te tue. Pourquoi diable t'es-tu mariée avec moi si tu savais que tu allais me rendre fou ? Sans blague, Lupe, pourquoi est-ce que tu n'es pas tout simplement montée dans la voiture ?

« Jé té joure qué j'allais monter dans la voiture. Mais yé vu ton stoupide singe courir après toi et yé pensé, ça c'est dé l'amour, Tcho-nny. Ça c'est dé la vraie dévossione. Elle t'aime pour dé vrai, n'est-ce pas ? »

« Cheets ? Ah, ouais, j'imagine. Mais ce n'est pas une femelle, c'est un mâle. Tu m'aimes, Cheets ? »

Cela se voyait donc tant ? Lupe tendit son bras doré vers moi, je me reculai avant de me dire qu'elle n'allait sûrement rien tenter en présence de Johnny, et elle me gratta sous le menton. Moi : emblème de l'amour et de la vraie dévotion, sauveur des mauvais mariages. Si seulement j'avais gardé ma *stoupide* tête baissée derrière le buisson de sauge quelques minutes de plus, elle serait déjà à mi-chemin de Vegas et nous ne serions plus que tous les deux.

« Ça né séra jamais facile, Tcho-nny. Je continuerai toujours à m'enfuir, tou comprends ? Mais il faut que tou continues à me courir après. »

Elle voulait un homme qui lui coure après. Tout en méprisant les hommes qui lui couraient après. Je sais, je sais... Un sacré numéro, cette Lupe Vélez.

« Je ne suis pas un de tes sales chiens, Lupe. Est-ce que tu te vois *me* courir après ?

— Comme ton singe, Tcho-nny. Mon vilain bandit. Mon desperado. Mon pétit fougitif. »

Elle libéra la bête dressée au garde-à-vous de Johnny, qui fit une grimace d'hésitation dans ma direction et, d'un index réprobateur, me déposa dans la broussaille alors qu'ils s'accouplaient avec une rapidité impressionnante pour des humains. Je n'étais pas jaloux — je voulais son bonheur.

Plus tard, je retournai discrètement m'allonger contre lui, et il changea de position pour que son corps nous fasse de l'ombre à Lupe et moi. Nous restâmes assis un moment, faisant nos toilettes mutuelles, parlant très peu et agitant les bras en direction des rares voitures un peu trop curieuses. Enfin bref, c'était ce à quoi *Photoplay Magazine* faisait allusion lorsqu'ils annonçaient des COUACS DANS LA CABANE CONJUGALE DE TARZAN. « *Pourquoi* » demandaient-ils, racoleurs, « *la salade de Johnny Weissmuller s'est-elle retrouvée ornant la coiffure de Lupe Vélez la semaine dernière à Cocoanut Grove ?* » Pourquoi ? Parce que personne ne peut supporter que les choses se terminent, j'imagine... même quand elles vont mal.

COUACS DANS LA CABANE CONJUGALE DE TARZAN... Après une indigestion de Lupe, c'était un soulagement de retourner au monde réel de la corniche. Gately me conduisait avec parfois un ou deux figurants jusqu'à la forêt de Sherwood ou à Malibu Creek State Park, où fruits et mégots de cigarettes abondaient, où les animaux et les humains se mélangeaient sans gêne sous un ciel sans nuages et où aucun vêtement ne séparait ma peau de celle de

Johnny. Aaah, je me jetais à corps perdu dans « le boulot » !

Un homme du nom de John Farrow, qui n'avait de cesse d'interrompre le rêve à coups de « Ça tourne » et de « C'est dans la boîte », avait remplacé Conway. Maureen écoutait, avec une expression étrange, la poésie qu'il récitait, et qui pour moi n'arrivait même pas à la cheville de Johnny et de son air populaire sur la fille de Des Moines. Je vis alors quelque chose de changé en elle : Maureen avait mûri. Elle retardait volontairement ses réactions, d'une manière quasiment indécelable à l'œil nu, mimant une parodie de vie intérieure. Si quelqu'un appelait « Maureen ! », elle laissait passer une ou deux secondes avant de se retourner. Perdue dans ses pensées, vous comprenez. Elle ambitionnait le statut de femelle dominante. Son corps, pour tourner la tête, faisait une rotation en quatre étapes : hanches — buste — épaules — tête.

Tout cela était une démonstration de force savamment étudiée : un dominé est plus effrayé par les prédateurs, et ralentir consciemment ses réactions naturelles était une manière implicite d'affirmer une position hiérarchique supérieure. Son sourire n'était désormais plus une grimace de peur mais un témoignage ferme et durable de la bonne santé de son organisme — ses dents parfaites, ses gencives rosées. Elle avait de nouveaux cheveux et une robe courte d'une seule pièce à la place de son bikini de la jungle, et n'arrêtait pas de parler d'une autre *Jane* en *Austin* qui savait écrire. La belle affaire. Est-ce qu'elle savait aussi jouer et peindre ? De grand frère taquin, Johnny était passé à petit frère casse-pied. La seule critique qu'auraient désormais pu faire les gens du Code Hays à Maureen, avec sa nouvelle personnalité si peu appétissante, était d'être une publicité vivante pour virer sa cuti.

C'était toujours le problème avec Jane — l'emprise fatale du *temps*. Sa propension à l'ennui la rendait susceptible de replonger dans son ancienne addiction londonienne. Et, bien sûr, ce rêve (qui s'appelait *Tarzan revient*) semblait raconter la même vieille histoire que le précédent. À la place de Holt et Arlington, il y avait le beau capitaine Fry et les cousins de Jane, Rita et Eric, qui arrivaient sur la corniche les bras pleins des plaisirs de l'Angleterre. Jane n'avait-elle donc rien appris de *Tarzan et sa compagne* ? Non, elle était contrainte par son destin, comme nous l'étions tous, et nous jouions à nouveau le cycle des tentations-trahisons-retrouvailles. Mais ce n'était plus aussi facile à présent. Combien de fois pourrions-nous refaire tout cela avant que Jane ne le détruise à nouveau ? On aurait dit qu'elle ne comprenait pas. Par exemple, Jane avait fait construire à Tarzan un nouveau refuge pour remplacer nos vieux nids. Quand je dis « refuge », c'était en fait plutôt une copie du magnifique pavillon d'influence mauresque de Juanita Del Pablo sur Benedict Canyon Drive, mais dans un arbre.

Il fallait le reconnaître — c'était la plus élégante résidence de la corniche. Maintenant, tout ce qui nous manquait, c'était des voisins avec une maison légèrement plus petite.

Pour ne pas avoir à grimper jusqu'à notre nouveau refuge, Jane avait demandé à Tarzan d'installer un ascenseur en bambou contrôlé par des lianes, et Emma l'éléphant fut engagée à la fois comme groom d'ascenseur et concierge. Aussi, au lieu de descendre laborieusement de liane en liane jusqu'à la rivière pour boire, nous utilisions désormais simplement les morceaux de bambou que Jane avait transformés en ascenseur à eau. Nous n'avions qu'à attendre, l'eau montait dans les morceaux de bambou qui trempaient dans le point d'eau en contrebas, elle utilisait la louche pour la transvaser dans une carafe en terre cuite puis, de là, dans une tasse en bambou — adieu nos misérables séances d'abreuvage sans cesse interrompues par les crocodiles ! Certes, nous gagnions du temps, dont j'avais de plus en plus besoin maintenant que je devais faire attention à ne pas laisser de traces de boue sur le nouveau tapis en peau de zèbre. Et Tarzan avait construit tout cela par amour. Parce que, bien que cet homme doux, tendre, éperdu d'amour, ne l'ait pas encore compris, il était engagé dans une guerre impossible contre l'ennui de Jane — comprendre sa maladie temporelle.

Ah, on s'amusait comme des fous à rêver tout ça, bien sûr. C'était un « joyeux plateau ». Malgré les « améliorations » apportées par Jane, c'était toujours notre corniche. Les gens pensent que travailler dans le cinéma n'est que glamour et plaisir et, dans l'ensemble, ils ont parfaitement raison. En tant que spectateur vous verrez, par exemple, Johnny et moi assis sur une branche d'arbre en train d'espionner le campement du capitaine Fry : je glissais un bras autour de ses épaules et lui murmurais quelque chose à l'oreille, il m'ébouriffait l'arrière de la tête, nous nous élancions dans les sous-bois, et ça s'arrêtait là. Mais dans la réalité, nous passions la moitié de l'après-midi à nous pelotonner sur cette branche.

Nous nous amusions comme des fous, voilà. Vingt fois je le poussais du bout du nez, vingt fois nous sautions ensemble dans l'herbe. Pareil quand je lui caressais la tête alors qu'il était allongé sous le baobab, presque inconsolable après une nouvelle trahison de Jane, ou quand j'enroulais mes bras autour de son cou pour un rapide tour en liane. Une fois terminé, le film ne vous disait rien de ces choses pour nous captivantes, presque addictives, ni combien de *temps* nous y passions. Des « prises », on appelait ça. Nous retirions des choses du présent, et je pense que plus nous faisions de prises, plus nous le gravions de manière indélébile dans le rêve.

« C'est dans la boîte ! Bordel de Dieu, on n'oubliera pas ce plan de sitôt » s'exclamait John Farrow, dans une ivresse de satisfaction artistique, après la dernière prise. Incapable de se détacher, il s'éternisait sur mes scènes avec Johnny ou Maureen plus longtemps qu'il ne le faisait jamais avec celles entre humains. « Vingt-huit prises ! Gately, ce singe... c'est comme travailler avec Swanson ! »

Oh, allez, il exagérait. En tant qu'acteur, cela dit, il est vrai que j'aimais bien rajouter un petit quelque chose pour que chaque prise reste unique.

Johnny amenait Otto sur le plateau presque tous les jours, mais ça n'était pas un problème. Il était une cible idéale à bombarder de fruits depuis les branches basses, car il ne comprenait jamais d'où provenaient ces missiles. Et il y avait aussi toutes les réjouissances habituelles. Si au déjeuner Maureen était absorbée dans une conversation à propos de philosophie indienne ou de poésie avec Farrow, c'était d'autant plus simple pour Johnny et moi d'ajouter quelques boulettes de ma bouffe pour singe dans son assiette de légumes. « Oh, pour l'amour de Dieu, grandis, Johnny ! » je me souviens l'avoir entendue dire ce jour-là.

Elle n'arrivait pas à se mettre dans le crâne ce que Johnny et moi avions compris instinctivement : que l'essence même de la corniche résidait dans le fait de *ne pas* grandir. La lutte acharnée de Johnny contre cette idée pernicieuse était plus courageuse que toute autre. « Tu n'es pas un peu vieux pour ça ? » disait-elle, alors que Johnny échappait en suffoquant à l'attaque d'une chauve-souris vampire en plastique ou qu'il recrutait une équipe pour mettre en marche l'ascenseur en bambou et voir ce qui allait se passer si on le lâchait au-dessus d'une pastèque. Elle avait toujours cette obsession du *temps*, alors que nous avions tout le temps du monde. D'ailleurs, *Tarzan revient* fut un tournage tellement joyeux qu'ils décidèrent de le faire durer deux fois la longueur prévue.

Capitaine Fry me rappelait Tony Gentry. Il avait les mêmes cheveux lisses comme un pelage de loutre et la même vocation — il se consacrait au sauvetage et à la rééducation des animaux. Alors que les cousins Rita et Eric s'occupaient de Jane avec leurs routinières affaires d'Angleterre, de Mayfair, de délicieux goûters dans les South Downs, ainsi que d'autres charabias improbables à propos d'héritage, Fry tentait d'accommoder les différentes créatures de la corniche à leurs abris. C'était un simple malentendu bien sûr, car sur la corniche, comme le faisait remarquer Tarzan, les animaux n'avaient aucun besoin de rééducation, et alors les relations entre Tarzan et Fry se refroidirent.

Jane était néanmoins déterminée à recevoir nos visiteurs pour le déjeuner. Après tout, cela faisait deux ans qu'elle attendait l'opportunité d'utiliser son service en céramique. Ce ne fut pas une réussite. Au lieu de m'installer devant un tas de fruits ou de bouffe pour singe, je fus banni de la cuisine pendant que les humains discutaient du plan de table de Jane et admiraient les couverts en bois dur. Stupéfait, je m'exécutai. Elle n'avait que deux amis — Tarzan et moi — et je n'étais pas invité à son déjeuner ? Mais, évidemment, je n'étais pas un ami, j'étais l'air conditionné.

« Cheeta, voudrais-tu mettre ce ventilateur en route un moment, s'il te plaît ? » gazouillait Jane, d'une voix venue d'ailleurs.

Elle avait insisté pour que Tarzan installe le ventilateur lorsque la maison s'était révélée infiniment moins fraîche que nos anciens nids dans la canopée. Comme c'est étrange. C'était une roue faite de feuilles de msuba séchées fonctionnant, là encore, avec une poulie. Je ne me souvenais pas d'avoir vu Jane la manipuler, évidemment, et très peu d'autres créatures étaient dotées de la dextérité nécessaire, donc c'était moi, cette bonne vieille madame Cheeta, qui devais la faire tourner. Ne voulant pas faire de scène, je l'actionnai.

Jane passa la tête par la porte de la kitchenette, agitant le genre d'index qui dut faire compter à Mia Farrow les jours la séparant de son seizième anniversaire. « Tu n'as pas intérêt à laisser brûler ce rôti ! »

Je ne fis aucun commentaire. Elle faisait référence au tournebroche vertical qui pendait devant le four en argile et sur lequel Tarzan avait empalé les morceaux de gnous que nous avions préalablement fait sécher. Jane adorait cette idée d'une petite « rôtisserie », alors un tournebroche fut commandé et un coin fut construit au-dessus de la cheminée pour pouvoir m'y percher quand je faisais tourner la viande. Si le feu n'avait pas été en train de chauffer aussi fort, je n'aurais pas eu à mettre le ventilateur en marche, n'est-ce pas, me disais-je alors que Jane babillait mélodieusement dans la salle à manger à propos des « horribles sauvages » qui habitaient les environs. Ah ça, oui, Maureen, absolument effroyable ! Et avez-vous *vu* leur service de table ? Mais elle paraissait heureuse au moins, et je faisais pour elle tourner le ventilateur et le tournebroche — un bras pour chaque —, tout ça à cause de son angoisse si démonstrative concernant la bonne marche de son déjeuner.

Une fois le rôti servi, je devais entrer avec de l'eau dans une calebasse creusée. Je pris le « Manger maintenant ! » de Tarzan comme mon signal et je m'avançai dans la salle à manger où Jane était encore en train de rouspéter à propos des indigènes. « J'oserais même dire qu'ils seraient certainement très heureux si nous quittions cet endroit en leur laissant ce joyeux terrain de chasse pour eux tout seuls... Oh, merci, Cheeta ! » (Ce « merci » étant au bénéfice des invités.)

Le travail effectué, je me servis une tranche de mangue, puisque je n'avais moi-même pas encore déjeuné.

« Non, non, allez, goinfre ! » dit-elle, me tendant à la place un des plus petits quartiers. « Tiens. Emporte ça dehors. Vas-y ! »

L'emporter *dehors* ? Ah, oui, pour éviter de mettre du jus sur les couvertures en peau de léopard. Non mais vous voyez le genre de bonne femme : la télévision nous en montre tout au long de l'histoire humaine, cooptant des dinosaures ou des robots dans une contre-utopie de béatitude domestique. Dieu merci, la télé n'avait pas encore été inventée à l'époque, ou bien elle nous aurait tous fait courir pendant une heure dans la clairière après le dîner, à rejouer les scènes classiques du National Geographic pour l'aider à se relaxer.

Comment en étions-nous arrivés là ? C'était comme la fois où j'étais allé dîner avec Clicquot, le caniche de Joan Crawford. Nous avions dû manger dans des assiettes en porcelaine anglaise, et si Clicquot renversait une miette, Crawford sortait un mouchoir de la poche en forme de cœur de sa veste monogrammée de velours rouge et la nettoyait. Pas folichon comme soirée. Par amour pour Tarzan, je ne fis aucun commentaire, je pris ma petite tranche de mangue et rebroussai chemin vers la cuisine avec ce qu'il me restait de dignité.

« Ses manières à table ne sont plus ce qu'elles étaient ! » dit-elle, pétillante, à ses cousins et au capitaine Fry.

J'ai bien peur que le petit rire en son de cloche dont elle accompagna sa remarque fût de trop pour votre petit éventailleur. Depuis quand, dans notre idylle de la jungle, faisions-nous attention à nos manières à table, bordel ? Nous n'avions jamais eu de manières à table parce que nous n'avions jamais eu de putain de *table*. Vous vous souviendrez que « la technique de jeu instinctive et sauvage de l'Actors Studio » fut pendant plusieurs années l'étiquette des critiques paresseux pour souligner l'influence de mon travail sur le jeune Marlon Brando. Imaginez Stanley Kowalski face à Blanche Dubois et vous comprendrez ce que je ressentais envers Jane à cet instant. Je ne suis pas fier de moi. J'ai manqué de professionnalisme. Mais l'espace d'un instant, j'ai perdu le contrôle et, balançant la mangue sur le sol en feuilles de sisal immaculé, je dois vous avouer que j'ai essayé de lui arracher sa putain de petite gorge. Au final, je réussis à peine à faire une petite morsure au cuir étonnamment solide de sa robe de vélin avant que Gately, qui rôdait en permanence et en silence en périphérie du rêve, ne surgisse et n'abatte son horrible-gourdin sur mon dos et mes épaules bien plus de fois qu'il ne me semblait nécessaire.

Vous ne verrez pas cette séquence dans *Tarzan s'évade*, comme fut finalement intitulé le film pour sa sortie en 1936. Elle ne rentrait pas dans le rêve. Mais, sans Johnny, les choses auraient pu tourner encore plus mal. « Ça suffit, Gately. Laisse-moi le calmer. Il me fait confiance » dit-il, et en entendant sa voix, je me précipitai en courant, comme je l'avais toujours fait. Je me calmai alors, bercé par ses bras, la colère s'évanouissant à coups de caresses, et il fut plus simple pour tout le monde de nous entendre sur un petit mensonge arrangeant comme quoi j'avais été « effrayé » par quelque chose.

Alors que ma rage s'évaporait, je réalisai que pour la première fois sur la corniche, j'avais *effectivement* peur de quelque chose. Pas de Gately ou des léopards, ni des Gabonis ou de Mary le rhino, mais d'une hypothèse que j'avais réussi à enfouir pendant deux ans au fond de mon cerveau : que si Mayer ou Thalberg n'aimaient pas ce qu'ils voyaient, ou que si les spectateurs cessaient de croire en notre rêve, ou que si Maureen se montait contre moi, ou que si simplement je ne les faisais plus rire comme j'avais pu le faire dans *Tarzan et sa compagne*, alors le centre de recherche serait toujours content de me reprendre, avec toute la clique des rebuts d'Hollywood. « Ah, ouais, j'ai été une star. J'ai été très proche de Johnny Weissmuller. Mais travailler dans la médecine est plus gratifiant. » Ne l'oublie jamais, me disais-je : ce métier c'est ta *vie*. Le temps peut bien passer mais la Mort, elle, ne se désintéressera jamais de toi.

La célébrité était mon refuge, et sans elle, je pouvais facilement me retrouver au pied de la lettre H du signe HOLLYWOODLAND avec l'actrice anglaise Peg Entwistle, ou dans une tombe sans nom avec Florence Lawrence, « la fille des Studios Biograph », qui n'avait pas pu s'empêcher d'avaler un cocktail de sirop pour la toux et de poison pour fourmis après avoir échoué à retrouver un rôle*. Ou je pouvais terminer poussé du pied et secoué par deux enfants explorant l'escalier d'un immeuble déserté de New York comme l'ancien enfant star Bobby Driscoll, ou dans un monticule de la décharge municipale avec Rex le chien. La célébrité vous protégeait de ces dangers, et seuls les sept mâles dominants d'Hollywood pouvaient vous la donner. Pourquoi alors se les mettre à dos ? Vous vous rappelez ce qui est arrivé à Maurice le lion ? Je me suis agité dans les bras de Johnny et il m'a laissé descendre doucement pour que je puisse traverser la salle à manger et aller poser une main conciliante sur la cuisse de Maureen. C'était décidé, à partir de maintenant, je ne toucherais cette petite idiote que quand personne ne serait dans les parages.

Les humains retournèrent à leur déjeuner. Mais l'effervescence de la fête était retombée. Avec une grande hypocrisie, Jane s'opposait désormais à l'idée du capitaine Fry que Tarzan soit lui aussi ramené en Angleterre. Tarzan pourrait faire fortune, il pourrait gagner des montagnes d'argent « en donnant des cours sur la faune et la flore sauvages ». « De l'argent ? » disait Johnny sans comprendre. Lui et moi n'avions jamais eu la moindre idée de ce qu'était l'argent. Ce genre de choses, il en laissait la charge à son ami Bö Ross.

« Non, Tarzan, tu ne comprends pas » le raisonnait cousin Eric.

« Évidemment qu'il ne comprend pas ! » explosait Jane en se levant d'un coup. « Et j'espère qu'il ne comprendra jamais ! » Puis tout sortit d'un coup : elle s'en allait pour l'Angleterre, elle allait quitter Tarzan, mais seulement « le temps que la lune fasse trois safaris » dit-elle. Ouais, ouais, et Garbo retournerait dans les bras de John Gilbert, et Jayne Mansfield dans ceux de Mickey Hargitay. Elle le croyait stupide ou quoi ? Pourquoi Tarzan ne pourrait-il pas venir avec elle ? Parce que, et Jane avait un petit discours tout préparé sur le sujet... Dans le monde civilisé, il allait être un... « une sorte de phénomène de foire. » Il n'arriverait jamais à le supporter, et s'il le supportait, ce serait encore pire !

Dans ce cas, mesdames et messieurs du jury — et sentez-vous libres de m'imaginer ici en Charles Laughton, ou peut-être en Spencer Tracy dans *Procès de singe*, marchant de long en large, un index tournoyant dans les airs... Dans ce cas, mademoiselle, euh, Parker, ou puis-je vous appeler Jane ? dans ce cas, *Jane*, pourquoi êtes-vous en train d'essayer d'apporter la civilisation sur la corniche ? Hypocrite ! Menteuse ! Elle s'était même mise à porter une culotte longue en vélin sous sa robe au nom de la bienséance.

Et le plus terrible était qu'il l'aimait tellement. Le type était complètement dévasté. C'était de nouveau « Lupe », à tout point de vue. Ou comme l'avait dit Bobbe Arnst à *Photoplay* en 1932, rangeant tristement dans son sac à main le chèque de dix mille dollars que lui avait signé Mannix, juste à côté du reçu pour son âme perdue : « Il faut croire que le mariage ne peut pas toujours gagner à Hollywood. » Et le visage de Johnny était un indice de la pureté de son système. Le chagrin y remontait à la surface sous sa forme la plus pure ; sans laisser filtrer de désespoir. Sa douleur était écrite sur son front, et son front était comme un continent que vous espériez ne jamais voir traversé par ces grands bateaux. Ça vous brisait le cœur. Les gens ont oublié, ou ils n'ont pas réussi à le voir à l'époque — et si vous doutez de mon objectivité, eh bien ne doutez plus : le temps de deux ou trois films, Johnny Weissmuller fut un grand, grand acteur de cinéma muet, un transmetteur de joie, un transmetteur de tristesse.

Ce désespoir le mettait à la merci du capitaine Fry qui, je le comprends maintenant, n'était pas un rééducateur d'animaux mais un mufle de premier ordre. Fry avait un refuge en métal dans lequel il réussit à faire entrer le Roi de la Jungle enamouré. C'était une situation créée sur mesure pour nous amener au point culminant naturel de tous les films Weissmuller-Cheeta — le sauvetage risqué de mon partenaire. Je déjouais la vigilance du prédateur léthargique classique, je faisais appel à l'aide d'Emma l'éléphant, le sortais de là, regardais les Gabonis capturer les hommes blancs, les éléphants piétiner le village gaboni *et cætera et cætera* et rien n'était jamais plus tout à fait comme avant. Je pouvais délivrer Tarzan de la cage de Fry, mais qu'en était-il de celle que Jane était en train de construire autour de lui ? Son horrible Casa Felicitas ?

La seule chose à faire était de me sortir tout cela de l'esprit et d'apprécier les joies de la corniche. Quelque part en Amérique, j'en suis sûr, se trouve une boîte de photographies prises par Johnny avec son beau Brownie pendant le tournage de *Tarzan s'évade*. Il était dans cette phase que traversent tous les humains, où il pensait avoir un certain talent de photographe. J'espère que dans cette boîte se trouve une image de nous en train de jouer à Trouver la Dame avec les Gabonis. J'avais mis en place un super système avec Bomba, où il faisait le tour de magie avec les trois cartes, où je pointais la reine du doigt, et où Bomba disait au reste des Gabonis : « Un singe peut jouer à ce jeu, les gars ! Y a pas à avoir peur, les gars ! Approchez et trouvez cette délicieuse, délicieuse petite dame. Elle *veut* que vous la trouviez, les gars ! » Mais ils n'arrivaient jamais à la trouver, ces Gabonis.

Quand je me balance la tête en bas dans mon pneu derrière le Sanctuaire, les traînées blanches des avions segmentant le petit rectangle de ciel bleu visible au-dessus du mur anti-escalade ressemblent au sillage des yachts fonçant à toute allure autour de l'île Santa Catalina ; et les avions, eux, ressemblent à s'y méprendre aux poissons volants qui sautaient à côté de nous. Si Lupe ne venait pas sur la côte pour le week-end, Johnny m'emmenait dans sa nouvelle Continental, ralentissant à chaque feu rouge pour un petit triomphe de poignées de mains et de rapides cris de Tarzan, avec Otto sur ses genoux et moi autour de ses épaules, ma main sur le volant, embobinant les clochards et les pochtrons. « Bonjour, monsieur, je cherche la source du Zambèze mais il me semble avoir tourné au mauvais endroit sur Wilshire Boulevard ! » PNDR, comme le disaient les indications scéniques : Personne Ne Dit Rien. *Umgawa* ! Je l'aimais et il nous aimait, Otto et moi, nous nous aimions tous et j'avais l'impression, dans ces moments-là, d'être presque totalement hors de danger.

Occasionnellement, lors des week-ends avec Lupe, Peter Lorre — un être humain cher à mon cœur et un acteur magnifique, dont les bonnes manières n'étaient que très peu affectées par son addiction à la morphine — venait me chercher et je passais la majeure partie du temps sur la pelouse du Yacht Club en compagnie de lui et de sa femme, pour qui j'avais beaucoup d'affection, à essayer de m'excuser d'avoir perturbé les objets décoratifs noirs et blancs qu'ils arrangeaient pensivement en une sorte de parade nuptiale sur leur table à damiers, et à éviter les imprévisibles geysers qui faisaient gicler des arcs-en-ciel au-dessus de la pelouse. Je m'habituais à mon déclassement, à mes rations de survie d'affection et à mes dix minutes d'audimat au bord de la piscine.

C'est durant l'un de ces week-ends que Flynn fit abattre et couler un bœuf en le lestant de plomb et d'une bouée pour attirer des « putain de poissons » et peut-être « quelques petites pépées de la mer aux dents longues ». Kate Hepburn était restée avec Bogie et Mayo sur le *Santana* et m'avait personnellement amené en barque jusqu'au mouillage de l'*Allure* à côté de celui des Bogart. Et ils étaient là, le Mâle le Plus Parfait du Monde et la Tornade Latine. Lupe portait de travers une casquette d'officier naval britannique, ce qui réussissait à lui donner un air de mépris pour toute chose aquatique. Tarzan et sa compagne.

Otto haletait dans la houle, comme un gros phoque abruti de bonheur, se préparant à s'ébrouer au-dessus de la jolie petite veste à boutons en cuivre de Lupe, Dieu le bénisse. J'avais envie de lui lancer un poisson. Johnny passa l'après-midi sur la poupe de l'*Allure* assis côte à côte avec Flynn et Bogie, cannes déployées, mâles dominants au repos. Une atmosphère lourde de défiance masculine non avouée émanait d'eux, exacerbée par l'approche de la fin de journée et leur incapacité à attraper un seul poisson pour leurs femelles, qui discutaient et buvaient en compagnie d'une poignée de mâles dominés sur les ponts avant des bateaux. Ces êtres humains très spéciaux miroitaient dans l'éclat de l'océan, tout comme ceux, légèrement moins spéciaux, qui leur apportaient leurs boissons.

Plus tard dans la soirée, après qu'Otto fut tiré dans la cale, trempé comme une soupe, et que je fus comiquement installé avec un des cigares cubains de Ward Bond et une margarita, je réalisai à quel point tout semblait lié. Bon d'accord, peut-être que les margaritas commençaient à faire leur effet, et les cocktails au champagne aussi, mais je n'étais pas plus éméché que ça.

Je suis un buveur, je ne m'en suis jamais caché — je l'ai toujours été, et ce jusqu'à ce que j'arrive au Sanctuaire — mais j'ai toujours su quand m'arrêter. Et j'ai toujours défendu l'idée qu'il y avait davantage de dignité à partager quelques cocktails, un peu de caviar et un bon cigare sur un yacht avec Katharine Hepburn et Nunnally Johnson qu'à descendre votre tranche de gâteau sans sucre avec une gorgée de Pepsi Light tiède, un chapeau en carton à l'effigie de Bob l'Éponge posé en biais sur la tête le jour de vos 75 ans. J'avais peut-être un peu abusé mais j'étais loin d'être aussi imbibé que Mayo, Bogart, Lupe ou Ward. Non, c'était cette sensation, cette conviction absolue, que les humains, le bœuf mort immergé dans l'eau, le poisson, Otto et moi, faisions partie d'un tout. Cela peut sembler banal maintenant que j'en parle, ça a l'air ridicule, et je n'oserais jamais présumer avoir quoi que ce soit qui se rapproche d'une intelligence *humaine* (tout ce que j'en sais vient de ce qu'on peut en apprendre en consacrant un quart de sa vie à regarder la télé), mais c'était une sensation qu'on ne vit qu'une ou deux fois, et quand elle arrive vous vous devez d'y croire : comme ce que j'avais ressenti avec la poussière d'étoile de Connie Bennett, en infiniment plus fort, plus palpable.

Dans un esprit de compétition assez prévisible, Kate avait lancé un jeu de mime et, alors que le bœuf mort dansait tristement dans le Pacifique, mes chers amis lauréats d'Oscars devinrent, sans dire un mot, des ivrognes adultères et meurtriers (Bogart : Macbeth), des forêts pétrifiées, des baleines blanches et des nuits d'été (Hepburn), des cerisaies, des filles du docteur

March (Johnny) et la Bible (Lupe). Je remarquai, sans grande surprise, que je trouvais la bonne réponse *à chaque fois*. Je ne les devinais pas, je les *connaissais*.

Mon tour arriva, alors j'écrasai mon cigare dans ma flûte et leur donnai Hamlet. Deuil d'un parent. Dépression. Folie. Suicide. Vengeance. Meurtre. (Aucun animal, me paraît-il important de préciser ici, n'a jamais gagné d'Oscar. Pas un seul. Aucun animal n'a même jamais été *nominé*.) Mais je leur donnai Hamlet. Et Kate trouva la réponse avant même que j'en sois à la moitié de la première scène du fantôme. Mais comment diable aurait-elle pu trouver s'il n'y avait pas cette connexion entre nous ? J'appuyai sa réponse d'un saut périlleux arrière et je poursuivis avec un King Kong qu'elle devina également. Alors je fis un autre saut périlleux arrière. *Tarzan et sa compagne* — elle trouva illico ! Mais pourtant tout cela semblait ne rien représenter pour elle — ce lien ne semblait rien vouloir dire. Elle discutait avec Flynn, Mayo se disputait avec Bogie et la fête commença à dériver et à déménager ses quartiers des ponts avant, comme si elle n'avait pas été le témoin d'une scène quasi inexplicable. Encore imprégné de cette douce sensation, la portant en moi comme un œuf sur une cuillère, je m'avançai vers Johnny, le fis me ramasser et la lui offris pour qu'il comprenne à quel point je l'aimais.

« Cheeta saoul ! » dit Bogie. « Mayo aussi. Après l'amour, cette femme se retrouve à jouer à la belote avec trois autres types. C'est une bonne à rien. À rien. Merde, ma femme est une ivrogne et il n'y a rien que je puisse faire pour l'aider, mon petit Johnny. »

Il était lui-même plutôt éméché — c'était un gros buveur, Bogie, et parfois même un buveur violent et méchant, mais il restait un être humain très spécial et un des hommes les plus honnêtes et doux que j'ai jamais rencontré. J'enroulai mes bras autour des yeux de Johnny et grimpai sur sa tête comme il aimait parfois que je le fasse.

« Avec Lupe, on s'est mariés trop jeunes, ou je sais pas trop » dit Johnny. « Tu sais ce que — Cheeta, *non* — tu sais ce que c'est. Elle vit la nuit, je vis le jour. Elle boit, moi pas. Elle fume, moi pas. Tu te dis, pourquoi se fatiguer ? Mais je pense que là, on est en train de franchir une étape. Cheeta, *non* ! Tu devrais peut-être laisser un peu plus de temps à Mayo. »

Je me déplaçai d'une épaule à l'autre en utilisant l'oreille de Johnny comme prise pour pivoter et asseoir mon menton sur le haut de son front, transmettant mon amour, mon lien avec lui et avec eux, le bœuf, les poissons, Otto, etc. Mon Tarzan. Je venais d'avoir une idée brillante : *Tarzan et Cheeta* ! Il fallait qu'ils nomment le prochain film *Tarzan et Cheeta*. J'étais son frère, son fils, son compagnon de toujours, vous comprenez. J'étais là pour le sauver de la solitude. J'étais là pour empêcher qu'il ne meure d'être si seul. J'étais là pour endiguer la solitude qui émanait de Jane et les engloutissait tous les deux. Puis, j'étais le domestique qui actionnait le ventilateur, faisait tourner la broche pour le rôti et s'occupait de la traite des antilopes. « Merci, Cheeta. Je ne sais pas ce que je ferais sans toi. » Tu mourrais de solitude, ma chère Jane. On te retrouverait morte au milieu de tes bambous dernier cri et de tes ustensiles pratiques en herbes à éléphant, avec la tête enfoncée dans le four à gaz-des-marais. Thalberg et Mayer et même Sol Lesser savaient cela, et c'est pour ça que sur le dernier plan de chaque film Weissmuller-Cheeta, ce n'est pas Tarzan lui-même, ni Jane, ni le Gamin, mais moi. Ils avaient besoin que je sois là à la fin, une fois leurs invités partis. Toujours moi, pour tromper leur solitude à tous les trois. Moi, Cheeta.

« Je lui ai laissé du temps » disait Bogie, « je lui ai laissé sa chance. Je lui ai offert les meilleurs docteurs, les meilleurs traitements. Mais après trois jours dehors, elle se remet à boire. Je pourrais lui laisser mille ans, lui laisser un million d'autres chances, elle ferait la même chose à chaque fois. »

« Si tu mettais un million de singes à travailler sur un million de machines à écrire pendant mille ans » dit Nunnally qui me fit sursauter en l'interrompant, « alors l'un d'eux écrira les œuvres complètes de Shakespeare. »

« Mais c'est ça ! » dit Johnny. « Je me disais, jamais de la vie ! Je me souviens avoir pensé : Merde alors, j'aime *Otto* plus que ma femme ! Allez — fiche le camp, *ouste* Cheeta. Et maintenant je me dis simplement peut-être que ça y est, que ça s'est soudainement... résolu. Nom de *Dieu*, visiblement j'ai mon propre poivrot à gérer. Mais pour l'amour du ciel, *ouste* ! »

Avec réticence, je laissai Johnny décoller chacun de mes membres de son corps. L'amour colle. L'amour *colle*. C'est une force centripète. Il était encore en train de discuter, et Flynn, lui, était en train de hurler depuis le *Sirocco* pour nous proposer un nouveau pari. Quel manque de confiance chez ce putain de mâle dominant et ses paris sportifs. Le grand champion de bras de fer, plongeur de haut vol, meilleur-d'entre-tous, tueur de bœufs (« pour rendre ça plus intéressant »), tueur de poissons, tueur d'oiseaux, tueur de gorilles. Une course retour jusqu'à Newport, quelques cocktails au club nautique, retour sur l'*Allure* à l'aube, et on laisse les filles dormir pendant ce temps-là. Flynn avait un canon installé sur le pont avant du *Sirocco*, à bâbord, avec lequel il avait déjà coulé le skiff de Lionel Barrymore sans que ça pose de problème : Flynn était légèrement plus spécial que Lionel.

Je les laissai à leurs jeux et me hissai à travers une des écoutilles de l'*Allure*. Au moins un million d'humains se sont déjà mis à écrire depuis bien plus de mille ans, et un seul d'entre eux a déjà réussi à produire les œuvres complètes de

Shakespeare. Un seul ! La belle affaire ! Je n'avais pas bien compris si Nunnally proposait *sérieusement* l'idée, comme une sorte d'horrible création artistique en batterie. Vous seriez capables de faire ça. Ceci dit, peut-être bien que ce ne serait pas si terrible — les drogues à base d'adrénaline, l'alimentation en intraveineuse, l'esprit d'équipe, les phrases de motivation sortant des haut-parleurs...

Une houle avait dû se lever car j'avais beaucoup de mal à garder mon équilibre alors que je me dirigeais du panneau de cale vers la cambuse, où j'espérais pouvoir me remplir le ventre avec un peu de caviar. Mayo était allongée tout habillée sur une des couchettes, très frêle et pâle, à plat ventre et recroquevillée comme un embryon dans un œuf d'autruche, respirant rapidement et sans bruit. L'*Allure* bougeait sous la houle, dont le mouvement arrachait des sons au bateau, sons auxquels se mêlaient ceux que j'avais déjà entendus cet après-midi il y a trois ans, derrière la porte de la cuisine de la maison de Rodeo Drive. Comme un vieux domestique de maison, je tendis l'oreille, et ayant ainsi commencé à écouter, j'étais désormais incapable de m'arrêter. Lupe Vélez avait du charme — « *Les femmes le lui envient et les hommes ne savent pas lui résister !* » Elle ronronna et grogna et cria et toussa et chanta et dit, « Gary ! » à la toute fin, avant un vif et court échange de mots puis un silence. J'attendis. J'attendis très longtemps pour un singe, puis je pénétrai dans la cabine.

Ma première pensée fut qu'il y avait eu un meurtre, plusieurs même, ma seconde pensée avait quelque chose à voir avec des poulpes et des ours. Lupe, allongée sur le côté, dos à la porte, était entrelacée dans une autre paire de jambes, qui pour sûr appartenait à Ward Bond, au-dessus desquelles reposait Otto, énorme dans son sommeil de clébard. Je n'accuse pas Otto, que Dieu ait son âme, de quoi que ce soit d'autre que d'avoir eu la conscience périphérique abusée sexuellement. Oh, Lupe, tes offenses sont impardonnables. Si elle avait été sur le dos, je lui aurais arraché la gorge. Ou bien je me fais des illusions ? Je n'aurais pas pu le faire — pas devant un animal, pas devant Otto. À la place de ça, son derrière de toréro se présentait à moi, je le mordis, et elle s'agita, se tortilla, marmonna des fragments de mots et retomba dans son sommeil, où elle venait juste de s'asseoir sur une ortie. Moi, je suis le saint patron anonyme des hématomes mystérieux. Je me sentis très saoul, lourd et écœuré de l'amour humain, comme si le sang de Lupe s'était introduit dans ma bouche pour m'empoisonner. Elle avait un goût assez différent de Maureen.

Je montai l'échelle à grandes enjambées et m'assoupis sur le pont, faisant des bribes de rêves à propos d'une idée de film qui pourrait, je pense, encore marcher, l'histoire d'un singe sur une île, une île inexplorée des mers du Sud ou de l'océan Indien, peu importe, qui s'appellerait *L'Île du Crâne*, pourquoi pas, et où à chaque pleine lune les habitants de l'île organiseraient une cérémonie sacrificielle où un humain serait amené sous le roulement des tambours et à la lumière des torches pour une terrible rencontre avec ce singe. Je vois bien la scène : des cordes retiennent l'animal attaché entre les deux poteaux de l'autel jonché d'os, il hurle, se tordant de terreur, alors que l'humain se dresse au-dessus de lui et referme son poing sur le minuscule corps tremblant du singe. Le coup de théâtre ? Au lieu de tuer le singe, l'humain en *tombe amoureux*.

Quand le *Santana* commença à dériver avant l'aube, je bondis derrière le bastingage de poupe avec une telle expression de détresse que Kate accepta de prendre la chaloupe et de me ramener sur la terre ferme à la rame. Et à sept heures et demie, j'étais installé devant un petit-déjeuner de fruits au Newport

Beach Yacht Club, tandis que Peter et Karen Lorre parcouraient les mots croisés du *Los Angeles Inquirer.*

Parfois, Don et moi rendons visite aux hospices et à l'aile *Buzz l'Éclair* de l'hôpital. Je fais ma tournée des services, l'animal le plus célèbre au monde apportant tout le secours dont il est capable aux patients en phase terminale — Don, lui, commence toujours avec sa blague sur ma statue qui voyagerait plus que moi ces temps-ci, parce que des gamins trouvent sans arrêt de nouveaux moyens de la dévisser de son socle à l'extérieur du Sanctuaire — et je me mets à penser que je suis l'avenir. Pas seulement de mon espèce, non. L'avenir de toutes les espèces. Je peux nous imaginer dans nos hôpitaux, nos volières, nos vivariums, survivants dorlotés patientant devant la télé lors de nos injections journalières, nous les valeureux, devenant célèbres un par un alors que notre nombre diminue, stupéfiant mille fois le monde en explosant les records de longévité les uns après les autres, notre vie sexuelle et nos maladies devenant des augures pour le monde entier.

J'ai sept ans de plus que le plus vieux chimpanzé ayant jamais vécu sur cette terre, et rien ne laisse présager aujourd'hui que je mourrai un jour. Je vis pour *survivre.* Je veux vivre pour toujours. Mais vous, mes très chers humains, ai-je envie de dire, qui faites tout cela pour nous, vous ne gardez rien pour vous ! J'ai parfois cette sensation terrible. J'ai peur qu'au fond de vous-mêmes, survivre vous importe peu... Un très beau poème de M. Edward Robins Richardson, que j'ai vu gravé sur un cadran solaire lors d'une soirée chez les Joe Cotten il y a longtemps, exprime bien mieux ces sentiments :

Abreuvons-nous passionnément de cet alcool qu'est la Vie
Et n'ayons cure si le vin
N'est ni nectar ni divin
Élixir. Car, oui, nous avons aimé, et ri

Entre nos larmes. Et si nous devions tomber
En tentant d'effleurer le grand anneau doré
Ou si, tel un Icare, nous prenons notre envol
Bien trop près du soleil... Soit ! que l'on dégringole !

Au moins aurons-nous pris notre envol ! Par le feu
De périr aurons-nous choisi ! Dernier soupir
De notre jeunesse, retournant à la poussière,
Fous, nous ? Au diable tout cela ! Au diable ceux

Qui n'auront osé se lancer aveuglément,
Ivres de rêves dans la danse ! Clamez ce psaume
Quand nous serons partis à l'assaut du royaume
Insoumis : "Ils vécurent". Soyez durs ou cléments.

Qu'importe, nos coupes sont bues, jusqu'à plus soif.

Tout est dit, je crois. Avec un million d'années et une machine à écrire à disposition, je doute fermement que moi, ou quelque autre singe, puisse être capable de composer quelque chose d'aussi beau, et d'aussi vrai. Je ne trouve rien à y redire. Je... je l'aime, ce poème. Comment êtes-vous devenus si *provocateurs* ?

Je ne revis jamais Otto. Je ne revis Lupe qu'une seule fois, et ce fut aussi la dernière fois que Johnny la vit. Ou, non, attendez, je crois qu'il l'a peut-être recroisée une fois au début des années 1940, alors que son mariage suivant commençait déjà à battre de l'aile, dans le restaurant de Toots Shor à New York. Mais un soir, quelques mois après l'affaire du bateau, je fus le témoin des derniers instants de leur mariage alors que j'étais de passage à la Casa Felicitas pour une petite bagarre sur la pelouse durant la phase préparatoire du tournage de *Tarzan trouve un fils*. Ce pauvre, stupide Otto avait disparu. Un inconnu était entré dans la maison pendant la nuit et l'avait enlevé ! Il n'y avait aucune piste, aucun indice ! Désiré et Landru attaquaient les chevilles de Johnny comme des scies circulaires, le perroquet hurlait : « *Hola* Gary ! *Hola* Gary ! » en boucle, et Lupe était une *duenna*, une *bruja*, une *djinn* en pleine expansion, remplissant jusqu'au plafond la pièce, puis la maison, d'une fumée noire — elle aurait pu remplir le Radio City Music Hall.

« Cé un chien éstoupido ! Cé mieux qu'il est mort ! Cé bien qué lé chien est mort ! Il avait essayé dé mé touer quand yé baisais un autre homme ! Sour ton foutou bateau, Tcho-nny ! Alors yé lé envoyé au diable ! »

Je poussais sans doute alors moi-même une flopée de cris, je dois l'admettre. Johnny s'avança vers le perroquet sur son perchoir et, avec ce qui me parut être un don naturel pour la technique requise, il lui tordit le cou. « Adieu Gary » dit-il, ce qui voulait dire qu'il avait déjà dû jouer la scène dans sa tête.

Donc, c'est moi qui ai eu leur peau à tous les deux, Otto et Gary. Je leur ai envoyé la Grande Faucheuse. J'ai mis leur sang sur les mains de Johnny.

Lupe s'éleva vers le royaume insoumis six ans plus tard, en décembre 1944, en se noyant dans une cuvette de toilettes. Au moment où j'écris ceci, elle aurait eu 100 ans, à une semaine près. Elle avait fait des séries B à la RKO, qui elle aussi commençait à décliner. Sa cote de popularité fondait et elle le savait. Mannix n'eut même pas besoin de dissimuler sa mort.

11. Un sacré comique !

Peut-être l'heure est-elle à quelques souvenirs plus joyeux. 1938 : découverte des relations sexuelles. Entre *Vacances* avec Cary Grant et l'adaptation radiophonique de la *Guerre des mondes* de Welles, j'offris ma virginité à des femelles avides, d'une autre espèce que la mienne, tout en divertissant la *crème d'Hollywood* avec une critique espiègle et bien sentie de Charlie Chaplin.

Chaplin, un être humain extraordinairement spécial, qui réunit une folle multitude de talents et de vertus. Mais, comme le dit l'adage, être humain c'est être faillible (quelle espèce *modeste* vous faites !) et même les défenseurs les plus fervents de Charlie ne pouvaient affirmer qu'il était parfait, ni même sympathique, ni d'ailleurs défendable à quelque niveau que ce soit.

Charles Chaplin, comme cet insipide charlatan de renommée mondiale préférait se faire appeler, n'aimait rien tant qu'être entouré de sa cour dans sa demeure des hauteurs de Summit Drive. Sa compagnie favorite mêlait personnalités extérieures à Hollywood, intellectuels dont la conversation le dépassait désespérément («Mais tout de même, M. Gandhi... ») et un assortiment de femelles, starlettes et mondaines avec qui Paulette Goddard, qui habitait là par intermittence, était heureuse de... Enfin, heureuse ou pas, elle les tolérait.

En général, vous trouviez là la liste entière des treize WAMPAS Baby Stars, les meilleurs jeunes espoirs féminins de l'année, assises en demi-cercle autour d'Aldous Huxley ou d'Albert Einstein, et Charles disant quelque chose : « L'âme du Collectif ne peut s'élever si le ventre de l'Individu est vide... » tout en faisant furtivement frétiller ses sourcils grisonnants en direction d'une fille. « Ainsi parlait Plutarque, dont la proximité intellectuelle, aurait-il précisé, ne peut que me toucher au cœur. » Quel privilège immense de faire partie de ces rassemblements exaltés ! Retirez Charlie du tableau et on atteignait la perfection.

Bref, Johnny et moi nous y rendîmes au volant de la Continental au début de l'automne 1938. J'étais absolument enchanté de revoir Johnny, bien sûr — la Metro l'avait prêté temporairement à l'Aquacade de Billy Rose à New York, et bien qu'un flot régulier de confrères stars fût prêt à m'emmener casser la croûte à la cantine, ou encore chez Lionel Atwill pour ajouter une touche de décadence à une orgie, les jours semblaient longs sans Johnny à mes côtés.

Il paraissait heureux : sorti des griffes de Lupe, encore invaincu par Jane. Il était toujours euphorique après s'être baigné, et le mouvement de la Continental faisait perler de petites gouttes d'eau de la lourde masse de cheveux à l'arrière de sa tête, imbibant le revers de son costume. Je m'assis sur ses genoux, fis claironner le klaxon, et nous rejouâmes une ou deux fois la vieille blague du feu rouge sur le chemin de Beverly Hills. Par la fenêtre ouverte on sentait le mimosa, le jacaranda, la sauge sauvage l'eucalyptus, et l'océan si pâle qu'il se fondait en un brouillard avec le ciel. Dans leurs superbes jardins, on entendait les indigènes sur leurs machines, comme des oiseaux sur un rhinocéros, nettoyant les miettes du dos de cette énorme bête insouciante, dont nous sentions se dresser les oreilles aquatiques à la vue des êtres humains très spéciaux qui barbotaient dans leurs piscines. La Corniche Enchantée !

Chaplin, m'expliqua Johnny, avait expressément demandé à ce qu'on m'amène. Il aimait les animaux et avait une ménagerie dans son domaine. Enfin, c'était peut-être la raison, mais quel être humain n'aime pas les animaux ? Chaplin avait, plus probablement, pris conscience des acclamations qu'avait suscitées *Tarzan s'échappe*. Je n'ai jamais vraiment fait attention à la critique, mais si ma mémoire est bonne, *Variety* avait écrit quelque chose comme : « *La réalisation est de bonne facture et le film tire parti des adorables bêtises du singe Cheta* [sic à nouveau]. » Le *Hollywood Reporter* expliquait quant à lui que : « *Une femelle singe nommée Cheta* [pfff, pourquoi s'acharner ?] *joue l'animal de compagnie et l'employée de maison du Tarzan. Le dressage expert du singe fournit au film quelques-uns de ses moments comiques les plus légitimes.* » J'étais conscient d'un bruissant murmure d'acclamations envers mon « travail », mais pour être tout à fait honnête, les éloges de la critique n'ont jamais compté pour moi — au contraire de Charlie, pour qui c'était aussi important que la morphine dans la vie de Bela Lugosi, ou le phallus dans la vie de la chère et douce Mary Astor : une irrémédiable dépendance.

Un des majordomes de Chaplin nous fit entrer dans le jardin, où le grand homme assis sur une chaise en rotin regardait pensivement dans les branches du prunier au dessus de lui. Éparpillées à ses pieds, une demi-douzaine de femelles post-adolescentes ou pré-adultes en tenue de tennis, figées dans un ravissement fasciné. Assis sur une balancelle en osier, un vieux couple (lui avait grand besoin d'une coupe de cheveux) derrière lequel j'apercevais, dans la ménagerie, des oiseaux et d'appétissantes singes femelles. Un refuge séparé contenant une demi-douzaine de singes expliquait assez clairement la raison de ma présence. Les pauvres gogos, enfermés à l'intérieur par une si belle journée !

« Tarzan amener Cheeta ! » lança Johnny en traversant la pelouse. Chaplin le salua de loin puis continua son examen de l'arbre fruitier.

« Une hypothèse se présente » commença-t-il alors que nous prenions place sur l'herbe. « Si une prune tombant d'un arbre sur la tête d'un homme est comique, la chute d'un fruit plus lourd devrait être d'autant plus comique. Par exemple, *hum*, la chute d'une noix de coco. Pourtant une noix de coco peut provoquer de sérieuses blessures. Quel est alors le poids optimal d'un fruit tombant dans un but comique ? Une pomme, peut-être, Professeur ? Le même fruit qui, assisté de la force de la gravité, entra en contact avec le cervelet de l'incomparable Sir Isaac Newton ? Ni une prune ni une noix de coco n'auraient été tout à fait adéquates pour éveiller ce Chevalier du Royaume aux lois gravitationnelles. La pomme est parfaite. C'est un instant de parfaite comédie, déclenchant une inspiration intellectuelle parfaite. N'y a-t-il pas quelque chose... *mmmh* ? »

Le visage de Johnny avait la même expression que s'il avait sauté sur un léopard et réalisé, en essayant d'attraper son couteau, qu'il l'avait oublié en sortant ce matin-là.

Le vieux monsieur sur la balancelle combla le silence. « Il me semble, Charles, que la pomme n'est pas tombée *sur* la tête de Newton. Mais vous dressez assurément un amusant tableau. »

« Sur sa tête, près de sa tête, je pense que le principe reste le même, Professeur. »

Chaplin continua à discuter ainsi un long moment alors que je me lançais en quête d'un verre. J'avais été très sage durant les deux derniers mois mais j'aurais pu tuer pour le Banana Flip que le troupeau de filles s'empressa de me donner, avec une cigarette pour l'aider à descendre. À l'époque, comme je vous l'ai confié, en allumer une était la garantie de grands éclats de rire, pas celle d'un remontage de bretelles, et les filles tintaient à présent comme des glaçons face à mes exhalations insouciantes. Je gambadais sur la pelouse, tout à mon grand classique populaire — proposer ma cigarette à la ronde comme si je voulais la partager avant de la retirer d'un coup sec — quand Chaplin posa son regard sur moi.

« Mesdemoiselles ! N'est-il pas abominable d'infliger les vices de l'Humanité à un animal ? Regardez cette pauvre créature ! Et certains s'amusent de voir des animaux imiter les actions de leurs cousins humains. Comment trouver ça drôle si l'animal n'a aucune conscience de ce qu'est l'humour ? Le comique n'est pas intrinsèque à la créature, ni n'est créé par elle, c'est bien quelque chose que nous lui *apportons*. »

Je pris une longue bouffée et lui adressai une salve d'applaudissements ironique. Chaplin eut un petit rire. « Cheeta elle-même est d'accord avec moi ! Qu'en penses-tu, Johnny ? »

« Faut croire que Cheeta est plutôt marrant, enfin j'imagine » dit Johnny, m'offrant spontanément un des douze plus beaux souvenirs de ma vie. « Les gosses adorent vraiment Cheeta. Fais les lèvres, Cheets. »

Il fit l'article et moi, mon double retroussé de lèvres, avant de goûter le mint julep d'une des filles, car j'avais envie d'une autre salve d'applaudissements. Mais les filles restèrent silencieuses. : il avait séché mon public tout net.

« Simple imitation » dit Chaplin. « Tout ce que je fais, mon singe le refait, comme dit l'adage. Alors que si *je* prends, pardon Helen... »

« Non, Marian. »

« Excuse-moi, Marian... si je prends ton mint julep, je peux par la simple force de mon *imagination* devenir une vieille fille abstinente qui boit sa première gorgée d'alcool... et découvrir que j'aime ça ! Je peux être un ivrogne réticent, essayant de résister à la tentation... et échouer ! » Paroles accueillies par d'insupportables petits mimes et par des éclats de rire des filles et du professeur. Par ceux de Johnny aussi, avec son infaillible politesse.

« Je peux même être un chimpanzé accro à la boisson qui dérobe une malicieuse gorgée et se rend compte que... ça ne lui réussit pas ! » Il ponctua cela de quelques tours précipités, comme si le « chimpanzé » était soudainement devenu très saoul, et s'effondra les jambes en l'air. Cela entraîna une salve d'applaudissements et de rappels de la foule : notre hôte ne capitula qu'après un délai de politesse, avant d'envoyer un être humain moins spécial à la recherche de sa canne et de son chapeau.

La plupart d'entre vous, j'en ai bien conscience, n'ont aucune idée de qui est ce « Chaplin » et de ce que sa « canne et son chapeau » signifient : le temps fut si cruel avec son travail (mais essayez de chercher sur le net !) Je me contenterais de dire que « le chapeau et la canne » signifiait avoir le privilège de passer une après-midi entière à regarder Chaplin (dont le premier mariage aurait inspiré le film de Kubrick, *Lolita* — tiens, au moins *quelque chose* de lui qui survivra !) répéter une longue série de ce que le premier venu diagnostiquera comme des parades nuptiales tout à fait transparentes. De la comédie, ça ? Impossible. Il était comme la saloperie de baleine de Don — un emmerdeur monomaniaque que nul ne pouvait arrêter, hurlant au monde sa propre disponibilité sexuelle — et, à mon grand dam, les réactions de la part des filles semblaient sensiblement augmenter.

Arrivant à la fin d'un mime dans lequel il jouait à la fois le galopin affamé courant après un billet de dix dollars et le policier au pied négligemment posé dessus, le vieux satyre transpirant lança sous les applaudissements cette idée : « Ce qui différencie l'Homme de la bête est non sa capacité à raisonner, ni le fait qu'il puisse fabriquer des outils, ou utiliser le langage, car il est vrai que de nombreuses espèces utilisent des formes de communication sophistiquées, mais bien son sens de l'humour. Nous sommes la seule espèce à rire. L'homme : l'animal qui rit. Pfiou ! Je crois qu'il faut que je change de chemise ! »

Il eut droit, pour cela, à un éclat de rire général, sauf de moi, mais voilà, moi je n'étais pas doté du sens de l'humour.

« Oh, mais avant que j'oublie : Anita. Et, euh, Joan. J'avais promis de vous montrer les Brancusi, n'est-ce pas ? Nous ferions aussi bien d'aller y jeter un œil maintenant, avant que nos autres invités n'arrivent, ne pensez-vous pas ? Johnny, tu ne t'intéresserais pas aux Beaux-Arts par hasard ? Il faut vraiment que tu viennes voir ces œuvres, tu sais. »

Johnny hésita pendant une seconde. Sa tête se releva tout à coup pour croiser le regard de Chaplin.

« Hum... je ne pense pas, Charlie, merci quand même. Je ne connais pas grand-chose à l'art, en fait. Je vais rester ici avec Cheeta et le prof. » Et Chaplin et les deux filles s'éloignèrent pour aller examiner les sculptures.

« Vous savez, j'aurais bien aimé aller aussi jeter un œil à ces Brancusi » remarqua le professeur, ce qui, pour quelqu'un que j'entendis par la suite qualifié « d'homme le plus intelligent du monde », n'était pas particulièrement fin.

Nous restâmes sous le prunier près d'une heure, abandonnés par notre hôte, notre groupe s'élargissant régulièrement du goutte à goutte d'invités arrivant pour l'apéritif. Des domestiques allumèrent des lanternes de papier qui pendaient comme des fruits aux arbres du jardin. Le prof faisait de son mieux pour divertir le groupe avec ses théories, mais il ne suscitait pas vraiment d'intérêt. Johnny avait retrouvé quelques-uns de ses copains, Fredric March et Fernando Lamas, et j'avais remarqué que j'intéressais sensiblement moins les filles qu'avant le petit numéro de Chaplin un peu plus tôt dans l'après-midi. Alors, me débrouillant tout seul, je ramassai le chapeau de Chaplin (un geste absolument instinctif à ce moment-là de ma vie — même les cigarettes ne garantissaient autant de rires qu'un chapeau) et m'éloignai du tintement des verres et des rafales de rire grandissantes en direction de la ménagerie.

Est-ce que Chaplin avait raison ? Je rêvassais, plongé dans cette brume mélancolique que provoque toujours le gin chez moi. Peut-être n'étais-je pas aussi drôle que je le pensais, malgré la foi que Johnny avait en moi. Sur la corniche, j'avais le droit à un rire de Tarzan et de Jane à chaque fois que j'enfilais le chapeau d'un visiteur ou que je bombardais de fruits un éléphant, mais où était la concurrence ? J'étais l'animal le plus drôle du monde — regardez mes critiques — mais étais-je vraiment drôle ? Plein de tristesse et de gin, je commençai à me masturber, avec la désinvolture propre à notre espèce.

Avec un déclic suivi d'un bourdonnement, les lumières électriques du refuge s'allumèrent — l'effet du crépuscule, supposai-je, non d'un majordome — et de l'autre côté des mailles du grillage, on vit — coucou vous ! — une demi-douzaine de chimpanzés. Toutes, je le sentis plus que je ne le vis, des femelles.

Je les ai regardées, j'ai baissé les yeux sur le pénis en érection posé dans ma main, et j'ai fait un début de rapprochement. Elles m'ont regardé, ont vu le pénis en érection posé dans ma main, et ont fait un rapprochement sans doute plus poussé. Pour être tout à fait honnête, et sans vouloir chercher à me vanter, je dus leur paraître follement irrésistible à frayer avec les humains de l'autre côté du grillage (un animal d'un certain renom), une cigarette dans une main et un pénis en érection dans l'autre, un chapeau melon enfoncé de travers sur la tête avec la désinvolture d'un *boulevardier*. Ah, *comme j'étais charmant en ma jeunesse !* Bref, des cris sonores s'élevèrent de la cage, noyant presque les applaudissements qui retentissaient derrière moi alors que Chaplin et ses deux amies férues d'art rejoignaient la fête.

Je ne réfléchis pas. Je vis deux vagins engorgés, deux phares roses danser comme des petits points devant mes yeux et rien d'autre. Je soulevai le loquet de la porte du refuge et pénétrai à l'intérieur. Je ne me fiais plus qu'à mon nez désormais. Toutes ces années de masturbation juvénile sans idée claire sur le pourquoi de la chose. Enfin je comprenais — *le pourquoi de la chose*, c'était ça.

Une femelle était accroupie devant moi... les effluves merveilleusement indescriptibles de son musc... et je réalisai alors que je n'avais absolument aucune idée de ce que j'étais censé faire. Une conclusion parfaite pour une soirée parfaite, me disje, humiliation sexuelle rituelle devant une demi-douzaine de femelles. Étais-je censé utiliser ma main ? Ou bien quoi... c'était une sorte d'accolade, c'est ça ? Ça faisait bien longtemps que je n'avais plus observé ma mère dans la forêt. Bien longtemps que je n'avais plus *vu* de femelles. Elles semblaient si petites, leur odeur si étrange. Il fallait plier les genoux ou, non... s'appuyer sur ses poings. Je n'en avais aucune idée... et alors, ma conscience embrouillée par le sexe et le gin capta quelque chose d'autre. Le bruit de la fête s'était unifié en un rythme scandé accompagné de claquements de mains, et je jetai un coup d'œil par-dessus mon épaule pour voir une bonne douzaine d'humains qui observaient et applaudissaient.

« Hé, Charlie ! Regarde, Charlie, c'est toi ! » criait la foule. Le chant trouva son rythme. « Char-lie ! Char-lie ! Char-lie ! »

Chaplin arriva en courant vers la cage, n'appréciant pas particulièrement l'appropriation de son chapeau. Si j'avais été Niv, j'aurais raconté les choses ainsi : « J'ai soulevé mon chapeau melon pour saluer le Lothaire* empourpré et vieillissant, je lui ai lancé un clin d'œil et j'ai commencé à tracer mon chemin à travers les femelles. » Mais je ne fis rien de tout ça, sinon tracer mon chemin. Chaplin commença à protester, mais comme l'avertirent très justement ses invités : « C'est peut-être dangereux d'essayer de séparer les animaux pendant qu'ils s'accouplent. » Et quel bonheur, oh oui, de passer d'une partenaire tremblante à l'autre, éjaculant quasi instantanément comme un vieux de la vieille, soutenu par les rires joyeux de mes contemporains. Pas *drôle*, Charlie ? Tu es sûr ?

Vous savez, on dit que la première fois est spéciale. Deux choses seulement m'ont gâché ce moment. Ma découverte démoralisante, d'aucuns diraient accablante, que les petites singes n'étaient en réalité pas du tout des chimpanzés mais des bonobos (oui, oui, très *drôle*). Et le titre de mauvais augure de notre nouveau rêve, que j'entendis alors qu'on me baladait post-coïtalement dans le jardin. Il allait s'appeler *Tarzan trouve un fils*.

Qu'est-ce qu'il allait bien pouvoir *en faire* ?

12. L'enfant roi !

Thalberg était mort — la semaine de la sortie de *Tarzan s'évade*. « Ça nous pend tous au nez » entend-on souvent les humains dire, sur un ton un peu mélodramatique. Mais pour Thalberg, comme pour Lupe, la Mort faisait *inévitablement* partie du scénario. Le Prince d'Hollywood était allongé dans son cercueil au temple de B'nai B'rith sur Wilshire Boulevard, où toutes les grandes stars d'Hollywood sauf moi étaient entassées, réfutant cette maxime humaine follement optimiste : « Le dur labeur n'a jamais tué personne. » Il ne servait à rien de faire l'autruche... Le dur labeur avait tué l'Enfant Prodige.

Je suis certain que beaucoup des rêveurs présents à la synagogue ce jour-là firent en silence le vœu de ne jamais répéter l'erreur de ce grand homme, et Hollywood connut une légère quoique sensible baisse d'intensité après son départ. En bon mâle dominant, ce vieux L.B. a bien résumé l'affaire. « Ah ça, Dieu m'a à la bonne » l'entendit-on murmurer au-dessus du corps de son rival. Une petite prière pour célébrer le bonheur simple d'être en vie.

Malgré toutes leurs belles paroles, ne jamais sous-estimer la condescendance des vivants pour les morts.

Thalberg m'avait sauvé la vie. Il s'était battu plus que quiconque pour que la corniche ne soit pas polluée par les mots. MOINS DE DIALOGUES, PLUS D'ACTION, avait-il écrit. Maintenant qu'il était parti, plus personne n'était là pour empêcher que les premiers baragouinages « civilisés » ne polluent l'endroit. PLUS DE DIALOGUES arrivait. Nous étions encore là, moi et les autres chimpanzés, Mary, Emma et les pachydermes, les phacochères du zoo de Luna Park, les autruches du ranch de Mission Drive et les crocodiles de la ferme à alligators de Lincoln Heights : nous fourmillions toujours au paradis, miraculeusement si variés, si beaux. Mais dès les premiers instants de ce rêve, la sensation de n'être plus tout à fait au centre des choses s'imposa à nous. Surtout à moi, vu que j'avais le premier rôle. Mais naturellement j'étais aussi inquiet pour mes chers collègues.

Ils étaient tous absolument merveilleux, bien sûr, mais les animaux employés comme figurants n'avaient aucune garantie. Parmi les centaines de chevaux qui travaillèrent pour Niv et Flynn sur le film de la Warner *La Charge de la brigade légère*, on ne trouvait aucun « grand nom ». Quand on annonça que presque deux cents d'entre eux n'avaient pas survécu au rêve (les mordus d'histoire apprendront avec intérêt que plus de chevaux y moururent que lors de la charge originale), cela ne surprit personne. C'était un accident à prévoir.

Enfin bref, tout commença avec un... avec une... je ne sais pas trop, une sorte d'*oiseau de fer* qui tomba des cieux. Je rigole, c'était un Bellanca Aircruiser P-200 Deluxe, le modèle à neuf places dont la production fut stoppée en 1942. Dans son épave se trouvait un bébé humain que nous autres chimpanzés avons extrait, permettant ainsi bêtement aux Gabonis de récupérer les corps de ses parents avant que nous puissions nous-mêmes nous goinfrer. Mais la vie n'est pas parfaite, comme l'aurait dit le seul, l'unique Wallace Beery à Gloria Swanson après l'avoir violée pendant leur nuit de noces. Nous faisons tous des erreurs, comme l'a dit Mannix à l'incorrigible Beery — hé, drôle de coïncidence ! — quand ce dernier lui passa un coup de fil après que Ted Healy, le créateur des Trois Stooges, eut été battu à mort par « des étudiants » à la sortie du Trocadero Restaurant en décembre 1937.

J'étais sur le point de faire une erreur irréparable. Un fragment de souvenir étrangement similaire attendait dans un recoin perdu de mon esprit — un nourrisson arraché à la carlingue d'un avion écrasé, nous en train de l'observer confusément, son sourire naïf et ses yeux simiesques. Tout cela me fit penser à mon cher et sage Tarzan. Je voulais qu'il se souvienne d'où il venait. C'était compulsif. Je ne pouvais pas m'arrêter. D'une main légère, je transportai le paquet à travers la canopée vers la zone sans arbres autour de la Casa Felicitas. À ce moment-là, tout était encore possible — Tarzan était complètement déconcerté par le bébé, qui asseyait déjà sa place dans la hiérarchie par un marathon de cris d'intimidation. Je me dis : très bien, distraction intéressante, l'anecdote est amusante, maintenant balançons-le ou mettons-le sur le tournebroche. Puis Jane arriva avec une brassée de fleurs fraîchement coupées.

Pourquoi avions-nous besoin de fleurs alors que nous vivions dans la forêt ? Ça, j'aurais bien du mal à vous le dire. Désormais il n'y en aurait plus là où elle les avait cueillies. Peut-être, la prochaine fois que nous y retournerions, pourrais-je rapporter *celles-ci* pour égayer un peu l'endroit... *Grosse demeurée !* Son mariage avec Farrow avait étouffé sa dernière étincelle de gaieté

— Jane était désormais à peu près aussi pétillante qu'un gin tonic laissé tout l'hiver derrière les volets fermés d'une maison de vacances. Ses ourlets étaient descendus de quinze centimètres. Ses yeux, comme des tunnels, ne voyaient rien en dehors du bébé. Elle devint rouge de triomphe. Voyez-vous — je ne sais pas comment je pourrais éviter le sujet — Tarzan n'arrivait pas à lui donner d'enfants. Et malgré le fait qu'elle eût conçu et installé des lits jumeaux peu engageants dans leur chambre de maître tapissée de peaux de zèbre et de léopard, c'était un enfant qu'elle désirait plus que tout.

À compter de cet instant, la vie sur la corniche pouvait prendre deux directions. Soit nous ne grandissions jamais, comme Fred et Ginger ou Stan et Oliver, comme les Marx Brothers, Flash Gordon ou Sam Spade, comme Roy Rogers et Trigger, comme Cary et Kate — nous aurions pu vivre ainsi éternellement —, soit nous cédions à la maladie temporelle de Jane et nous balancions tout par la fenêtre. Et le Roi de la Jungle était faible car, orphelin, il n'avait jamais eu de père à surpasser. Il n'y avait pas eu de père à tuer et son statut de mâle dominant lui était venu trop facilement, comme un cadeau de son corps. Il était complètement démuni face aux femmes fortes comme Jane, qui l'attaquaient telle une horde d'éléphants sur une hutte de Gabonis. Évidemment qu'il aimait les enfants. Ils avaient tous envie de l'avoir pour père. Il a passé toute sa vie entouré d'enfants qui se prenaient pour ses fils (j'étais l'un d'eux). Mais je doute qu'il ait jamais vraiment eu envie d'être père.

Jane le frôla en se dirigeant droit vers le nourrisson qui criait. « Tarzan ! Mais que fais-tu, au nom du ciel ! » dit-elle, oubliant complètement ses fleurs. « Allez, allez, calme-toi, Jane va s'occuper de toi ! Où allons-nous lui trouver du lait ? Je suppose que des noix de coco feront l'affaire. Dépêche-toi, Tarzan, la

pauvre petite chose a faim !
« Tarzan manger maintenant ! » commenta Tarzan.
« Tarzan. Va chercher ces noix de coco tout de suite ! »
Je commençais à comprendre l'étendue de ce que j'avais fait. La terrible erreur que j'avais commise. J'entendis Otto lancer un triste aboiement étouffé depuis quelque pelouse fantomatique.

Nous nous assurâmes que les parents de l'enfant étaient bien morts, et à peine une heure plus tard on m'avait déjà sèchement ordonné d'aller traire Gladys l'antilope. « Fais attention ! » beugla Jane, alors que j'enclenchais l'ascenseur, le lait giclant de la noix de coco évidée tandis qu'Emma actionnait avec lassitude la liane « 1er étage ». Je vis Tarzan en plein travail, construisant un berceau en plumes d'autruche. Auparavant, j'étais son meilleur ami, son compagnon de chaque instant, son frère. J'étais son oncle, son épaule sur laquelle pleurer, son complice, son homme à tout faire. J'étais son professeur, son aide, son partenaire, son sauveur. J'étais tout cela sous la forme d'une femelle. Avant que Jane ne se pointe, j'étais son *tout*. J'étais son *fils*.

Désormais j'étais l'humble nègre de service, sans la moindre expression sur le visage, tendant mollement la noix de coco à Jane en attendant ses instructions. Cette expression, cet air de disponibilité bienveillante ? Ça, c'est du jeu. À l'intérieur, je me disais, qu'est-ce que j'ai fait ? Venez nous voir une fois, Don et moi, on vous passera le DVD. Je ferai les cent pas devant l'écran, incapable de regarder, incapable de m'en arracher. Mais s'il y a des historiens du cinéma parmi vous, vous noterez que quelques mois après la sortie de *Tarzan trouve un fils*, Hattie McDaniel reçut son Oscar du Meilleur Second Rôle pour son rôle de Mammy dans *Autant en emporte le vent*.

Je ne sais pas pourquoi j'ai dit que les Oscars d'honneur de Chaplin ne « comptaient pas ». Au contraire, une telle récompense vaut plus qu'un Oscar normal. C'est excessivement généreux de la part de l'Académie des Oscars, qui reconnaît ses erreurs passées, comme pour s'excuser de vous avoir ignoré à l'époque. Décerner un Oscar d'honneur, c'est dire : Nous ne vous avions pas apprécié à votre juste valeur. Vous aviez raison. Recevez ceci avec nos plus humbles excuses, Kirk (ou Sophia, ou Groucho, ou Edward G., ou Michelangelo, ou Cary). Vous seriez surpris d'apprendre qui on a oublié. C'est aussi une manière claire de dire : Merci, et refermez bien la porte en sortant. Une sorte de pension de retraite, comme le prix de Mickey R. en 1983... Je pense honnêtement que Mickey n'aurait rien à redire à cette théorie.

En parlant de Mickey, Don m'avait installé devant les *500 Meilleurs Moments de l'Histoire des Oscars* l'autre soir et j'ai réalisé que Mickey en avait déjà gagné un, d'Oscar — un Oscar de la jeunesse. Ils ont arrêté de les décerner au début des années 1960. Une catégorie distincte des adultes me semblait plutôt une bonne idée, pas vous ? Mais l'Académie des Oscars est une institution si prestigieuse et si bien gérée que je suis certain qu'ils savent ce qu'ils font.

Bref, ils grandissent vite, hein ? Le temps de cligner des yeux et le bébé est devenu un enfant de 6 ans, « Gamin », légèrement ventru et les cheveux en bataille. Six années de « Pas à l'intérieur ! », de « Sois un amour et va chercher le lait, veux-tu ? », de « Cheeta, ouste ! », six années de servitude s'abattant sur moi comme une couche de poussière, six années de marginalisation insidieuse coupées au montage, offrant un fondu enchaîné apaisant entre un alien chauve et gazouillant et un garçon potelé sur une liane. Les joies du montage.

Le gosse lui-même était sympa. Il ne comptait pas concourir pour l'Oscar de la jeunesse dans les années à venir, mais je commençais à m'attacher à lui, à devenir protecteur même. Son deuxième prénom, évidemment, était Johnny — « Little John » pour le différencier du grand — et c'était un vrai dur, je ne peux pas le nier, il ne pleurait presque pas quand je testais une petite morsure de temps en temps. Mais il ne ressemblait en rien à Tarzan. Il n'était qu'un enfant ordinaire abandonné, un petit-homme 100 % américain avec un rire qui sonnait comme une gifle. Il s'en prenait aux animaux de sa taille et se moquait des autres à distance. Je ne me faisais pas d'illusions : dans quelques années je ne serais plus pour lui qu'un animal de compagnie.

Il va sans dire qu'il aimait Johnny. Nous avions inventé le Hollywood Frisbee, nous jouions ensemble, comme une vraie famille, faisant filer dans les airs le couvercle d'un boîtier de pellicule de 35 mm, avec moi au milieu dans le rôle du pigeon refermant ses mains sur le vide. Ou au rami, encore un jeu que je n'ai jamais réussi à maîtriser tant les cartes étaient agréables à grignoter. Sa phrase d'accroche était un « *Ha ha ha !* », crié plus que ri. « Ha ha *ha*, regardez Cheeta ! » Regardez Cheeta, le domestique familial qui endure assis en silence, son rôle de faiseur de bêtises usurpé, en train de suçoter une Chesterfield et de se tordre les mains de frustration pendant que Johnny apprend au Gamin à nager dans le lac Sherwood, l'arrosant une fois, deux fois, et s'arrosant lui-même la troisième fois. « Ha ha *ha*, encore ! » Non, arrête, tentais-je de signifier avec mes sauts et mes cris en secouant les mains. Sors de l'eau et viens prendre un verre avec moi. Monte dans la Lincoln et descendons jusqu'au Lakeside pour un dix-huit trous, ou arrêtons-nous chez Chasen prendre un remontant avant de faire tourner des têtes au Cocoanut Grove (avec ses palmiers en plâtre d'où l'on pouvait lancer des petits pains, perchés sur les feuilles en fil de fer qui surplombaient les convives). Au lieu de ça, il alla à Silver Spring en Floride avec le Gamin, pour tourner des scènes aquatiques qui seraient ensuite intercalées avec des plans de votre serviteur en train de me faire du mauvais sang sur la rive. Il est évident quand on regarde le rêve qu'il s'agit d'un rêve de séparation. Bien que le singe et les deux humains paraissent si proches, on devine qu'en fait cinq mille kilomètres les séparent.

Et voilà maintenant nos visiteurs gravissant la corniche avec peine, poursuivis comme d'habitude par les Gabonis. Cette fois ce sont les parents éloignés du Gamin — Austin et Mme Lancing, le sage Sir Thomas et Sandy le chasseur sans scrupules. Il y eut l'habituelle dispute à propos de l'héritage et tout le toutim, une reprise de notre insoutenable déjeuner avec capitaine Fry (« Vous arrivez à l'improviste, je n'ai pas grand-chose à vous proposer ! » gazouilla Jane) puis Jane lâcha enfin le morceau. Les Lancing avaient raison, le Gamin *devait* retourner à la civilisation. « Je sais comment c'est là-bas » dit-elle, de sa voix « pressante », la tête penchée sur le côté comme souvent ces derniers temps. « Tu ne peux pas imaginer ce que la civilisation peut lui offrir ! Tout ce que nous ne pourrons jamais lui donner ici ! »

C'était ça la « civilisation », rappelez-vous : un endroit qu'aucun humain ne m'avait jamais décrit autrement qu'avec le plus profond mépris. Vous n'utilisiez jamais ce terme sans l'aide d'une paire de guillemets en guise de pinces pour que vos doigts n'aient pas à le toucher. Un concept difficile à définir précisément, comme chacun sait. Quelque chose comme le sombre revers de la société humaine, son négatif. J'ai entendu des gens ramener à la « civilisation » des choses comme la bombe atomique, ou une poubelle dans un parc national, avec toujours ces petits guillemets dédaigneux. Peu importe ce que c'était, nous avions de la chance à Hollywood car nous étions dans un paradis exempt de toute « civilisation ». Et, touchons du bois, nous n'en avons pas non plus à Palm Springs. (La haine de Don envers la « civilisation » est une flamme incandescente et éternelle : il la hait avec passion.) C'était évidemment le mot le plus sale que nous pouvions prononcer sur la corniche après « fusils ». Mais maintenant la bobonne de la Jungle trouvait qu'elle avait dissimulé sa nostalgie assez longtemps et en parlait ouvertement !

« Gamin rester ! » objecta Tarzan.

C'était un vrai dilemme pour moi. Une douzaine d'années dans une prestigieuse Public School d'Angleterre ne pourrait que faire du bien au Gamin, il irait ensuite à Christchurch et, avec un peu de chance, la prochaine fois que nous le reverrions sur la corniche, ce serait pour financer un coup d'État soutenu par des rebelles maoïstes gabonis. Mais ce rêve était pour moi aussi ridicule que pour Cheryl, la fille de Lana Turner, d'espérer que son beau-père Lex Barker cesse de la violer. Si le Gamin allait en Angleterre, Jane n'allait pas attendre sur la corniche sa visite tous les six mois. Elle partirait, et elle prendrait Tarzan avec elle.

Donc je ne voulais pas que le Gamin parte. Et lui non plus, bien sûr. « Gamin rester ! » Nous étions dans une impasse. Alors, les yeux remplis de larmes de crocodile et la tête presque à la diagonale sous le poids de ses arguments fantasmatiques, Jane laissa enfin son opposition larvée se muer en une trahison éclatante.

Elle n'avait pas le choix — elle n'acceptait tout simplement pas qu'on passe outre sa volonté. Elle ne pouvait pas s'arrêter. Elle scia une liane et enferma Tarzan au fond de la grotte Koruva, un profond bassin de granit usé par une cascade de l'autre côté de la corniche, laissant les Lancing emporter avec eux le Gamin complètement paumé.

Baragouinant de joie, me frottant presque les mains de contentement, je profitai de son erreur et m'élançai vers la grotte de l'autre côté de la corniche pour y accomplir ma destinée : Rédempteur de Tarzan et Déjoueur de la Grande Traîtresse Jane. Une fois arrivé au bord de la gorge, en quête d'une liane, je fus contrarié par le Gamin qui interrompit mon travail. Bordel, il avait réussi à s'échapper ! Pendant qu'il expliquait à un groupe d'éléphants comment transformer en échelle un vieil arbre touché par la foudre, je contribuai en virevoltant, impuissant, autour de la gorge. C'était un travail d'équipe.

Il s'avéra que les Gabonis, Dieu les bénisse, avaient comme à leur habitude capturé les hommes blancs. Ce qui voulait dire que, comme d'habitude, ils étaient sur le point de voir leur village piétiné par un troupeau d'éléphants. Ce dont ils avaient besoin, c'était de bonnes douves ou de quelque chose comme ça. Combien de fois pouvaient-ils reconstruire leur village sans comprendre que ce n'était pas une bonne idée de faire des économies sur les protections anti-éléphants ? Ça valait le coup d'en discuter... Le truc gros comme une maison que les Gabonis ne semblaient pas voir, c'est qu'en général il y avait un éléphant sur la leur. J'enfourchai Emma et suivis l'héroïque petit fouineur (qu'on avait lui-même installé sur un joli petit éléphanteau à sa taille) par-dessus la palissade aplatie des Gabonis, puis à l'intérieur de leur village, avec un léger sentiment de détachement face à ce spectacle chaotique. En réalité rien ne comptait plus à présent, au milieu de la poussière, des huttes éclatées et des Gabonis blessés, que cette seule question cruciale : Tarzan réussira-t-il à ne pas lui pardonner ?

« Tarzan, *Mawani* » (sûrement un petit nom) murmura Jane. « Avant que je ne parte... » (bon début) « ... s'il te plaît, écoute-moi. Je sais désormais combien tu avais raison. S'il te plaît, essaye de me pardonner. S'il te plaît... » Et elle trembla, voyant ce qu'elle avait fait à son visage, comme la méfiance avait fait plisser son front.

Pendant une seconde, mon cœur s'arrêta, et je sautai à pieds joints sur le dos d'Emma. Tarzan était peut-être trop bon pour ce monde, mais l'adage de la jungle lui dirait qu'un léopard ne peut changer ses taches. Coincée, désespérée et malhonnête au possible, Jane joua la plus vieille carte au monde... elle s'évanouit. L'énorme cœur hébété de l'un vacilla face à la faiblesse passagère de l'autre. Il s'avança vers elle, la prit dans ses bras, et la victoire fut complète.

Ainsi le rêve se termina, tout fut pardonné et tous furent réunis dans les soupirs et les éclats de rire : une vraie putain de tragédie. Dans quelques heures je serais de nouveau en train de faire la vaisselle à la Casa Felicitas, le Gamin dans ses devoirs et le Papa de la Jungle s'attaquant à la pelouse.

13. L'enfer domestique

Une fois, je ne sais pas pourquoi (nous étions tous un peu pompettes), Lupe, Tarzan et moi nous sommes retrouvés à quatre heures du matin marchant le long d'une rue derrière Sunset Plaza Drive à la recherche de la Continental. Devant le portail de chacune de ces maisons de sous-mâles dominants, il y avait une bouteille de lait, symbole d'une journée encore intacte. La journée de Lupe avait commencé quarante-huit heures plus tôt, et elle s'était mis en tête que le lait devait être livré sur les perrons — « Pourquoi lé laitier est si fainéant ? Il dévrait jéter lé lait sour les marches dé perssonnes, comme lé pétit vendeur dé journaux ! » Alors elle commença à livrer le lait elle-même, envoyant les bouteilles s'éclater contre les portes aux premières lueurs de l'aube, et Johnny était trop ivre d'amour et de rire pour l'en empêcher. Ils commencèrent à lancer les bouteilles à tour de rôle, puis ils suivirent chacun un côté de la rue, Lupe les impairs et Johnny les pairs, jusqu'à ce qu'il prenne Lupe dans ses bras et qu'il la porte à la Continental, moins pour la calmer que pour la faire parader.

Nous l'avons mise au lit, collé un seau et une serpillière dans le coffre, acheté une caisse de lait et nous sommes retournés sur Sunset Plaza Drive, où Tarzan et Cheeta ont passé la matinée à nettoyer deux bonnes douzaines de perrons, s'excusant et signant des autographes. Je ne suis pas sûr que cette histoire ait vraiment une morale, sauf peut-être de montrer qu'il était à la fois un mauvais *et* un gentil garçon, et qu'elle n'était qu'une mauvaise fille. Vous auriez sûrement préféré qu'il n'ait pas lancé les bouteilles du tout ? Mais moi je reste persuadé que deux choses valent mieux qu'aucune. C'est ça, *la vie*, vous comprenez ? La vie lui collait au corps. L'autre morale de cette histoire est qu'il aimait Lupe Vélez.

Tarzan trouve un fils sortit en juin 1939, et une quinzaine de jours plus tard, son divorce compliqué d'avec Lupe était prononcé. Jane avait peut-être annexé la corniche, mais à Hollywood il était dorénavant aussi libre que... aussi libre qu'un être humain. Pour la première fois, il n'y avait personne pour occuper son temps ni détourner son attention de moi. Ce dont j'ai profité durant les dix minutes qui s'écoulèrent entre le moment où il me dit : « Hé, petit, devine quoi ? J'ai divorcé depuis la dernière fois que je t'ai vu ! » et celui où une vague jeune femme debout sur le perron d'une maison en construction à Brentwood, juste à côté de celle de Joan Crawford, me fut présentée comme « ma sublime épouse » !

Oui, je chérirai à jamais ces minutes en or. Il avait rencontré Beryl Scott, la quatrième femelle de sa vie, sur le terrain de golf de Pebble Beach. Red Skelton déclencha de nombreux éclats de rire à leur réception de mariage en la présentant comme le seul « birdie » que Johnny ait réussi ce jour-là ! Avec un tel nom, on pouvait s'attendre à rencontrer une star de cinéma, mais c'était la fille d'un riche marchand de tapis de San Francisco.

Elle avait déjà une carrière mondaine, qu'elle disait être prête à sacrifier au nom de la famille que Johnny voulait bâtir avec elle. J'appris tout cela l'après-midi même, alors qu'elle se confiait à *la* Crawford autour de quelques verres bien tassés dans l'« espace détente » de la piscine. Johnny faisait des longueurs de brasse, la tête bien droite hors de l'eau, usant de ce fameux style qu'il avait développé, enfant, en évitant les excréments flottant à la surface de la rivière Chicago.

« Mmmh, le summum de la civilisation, n'est-ce pas ? » n'arrêtait pas de dire Beryl. « Ces moucherons ont vraiment l'air de m'adorer » ajouta-t-elle, en tuant un sans même songer à l'avaler. « Ils n'aiment pas du tout Johnny, mais moi ils m'adorent. » C'était tout le contraire, me semblait-il.

« C'est Max Factor, ça, n'est-ce pas ma chère ? Ça a bien marché entre vous, on dirait ? Beaucoup de filles n'arrivent pas à se faire des lèvres comme les miennes, car elles n'ont pas Max à portée de main. »

« Max n'a pas, euh, je veux dire, en fait je n'ai jamais réellement rencontré Max. »

« Tu peux y passer cet après-midi, si tu veux, entre quatre heures moins le quart et quatre heures dix si ça te convient. » Joan baissa un regard acéré sur Johnny, qui nageait joyeusement comme un saumon dans sa nouvelle piscine. Le visage de Beryl était déconcertant de banalité : la seule chose qui arrivait vraiment à capter mon attention était la courbe crawfordesque de ses lèvres. « Je ne te laisserai jamais commencer à fonder une famille avant. Est-ce que c'est ton premier ? Coup, je veux dire, pas mari. »

« Hum, nooon, bien sûr que non » dit Beryl. « Pour quel genre de fille me prends-tu ? »

« En tout cas, t'as déjà fait le plus facile. Mais cette ville est dure avec les mariages. Si tu mets une famille en route, tu auras toujours quelque chose de côté au cas où le temps tourne à l'orage, Dieu t'en préserve ! Mets quelque chose en banque. »

Une année plus tard, trois mois après ce qu'avait planifié Joan (et Joan était une maniaque des plannings, se réservant tous les après-midis quarante-cinq minutes de rapports sexuels), Tarzan trouva un autre fils. Johnny, il s'appelait. À cette époque, il travaillait avec Esther Williams à l'Aquacade de l'Exposition Internationale dans la Baie de San Francisco, et Beryl y déménagea pour accoucher.

Je ne le vis pas de l'année, mais de toute façon, entre tous les réveils, repas, défécations et occasionnelles traversées de ma cage à la MGM, j'étais débordé. J'ai suivi le mouvement et arrêté de fumer, ne m'autorisant d'écarts que hors de ma cage. J'ai diminué ma consommation de nourriture américaine et essayé de manger un peu plus sainement. Je suis allé déjeuner chez Niv, et j'ai assisté à quelques orgies chez Lionel Atwill. J'ai même surveillé une bonne douzaine d'enfants lors d'un sympathique voyage à Luna Park avec l'immuable Gately (qui pas une seule fois n'a esquissé ne serait-ce qu'un sourire). Et dès que je voyais L. B. slalomer entre les confédérés, les cosaques et les pirates dans la coursive devant notre cage, j'essayais de lui faire comprendre mon souhait d'être loué à un autre studio si aucun tournage de Tarzan ne s'annonçait. Je voulais « travailler », mais les grands dominants n'avaient que peu d'intérêt pour les désirs de leurs stars. L. B. était sourd à mes hurlements, ne donnant pas le moindre signe qu'il m'entendait, et je recommençai à m'énerver contre le fonctionnement de cette Usine à Rêves.

« C'est une cage dorée » nous avait dit une fois John Huston, cet amoureux *par excellence* des animaux, à Evelyn Keyes et moi. « Glamour, glamour, glamour. Mais sous la façade : contrôle,

contrôle, contrôle. » Il n'avait pas tort ; pendant cette période de repos j'ai commencé à me rappeler combien de fois j'avais entendu des collègues rêveurs parler de « s'enfuir » d'Hollywood. Je crois qu'avec Johnny absent et tous les changements sur la corniche, j'étais devenu un peu fou.

C'est dans cet état d'esprit mutin que j'accompagnai Errol Flynn et John Barrymore à leur maison de Mulholland Drive, au printemps 1940. Flynn voulait que je lui rende un service en l'aidant à faire une blague à la jeune WAMPAS qu'il avait laissée endormie sous le miroir accroché au plafond de sa chambre. Je devais prendre sa place, pour que la starlette me trouve au réveil en train de ronfler à côté d'elle, etc., etc. Pour m'aider à m'imprégner de mon personnage et pour atténuer le trac, Errol et John n'avaient de cesse de m'inciter à boire une autre gorgée de Canadian Club — ils me le versaient quasiment dans la gorge — de sorte que j'ai bien peur de ne pas me souvenir comment tournèrent la soirée ni la blague.

D'ailleurs, c'est tard le lendemain que je fus réveillé par Errol, ignorant mes tentatives d'excuses embarrassées pour le vomi et les excréments que j'avais laissés sur ses draps — bien trop gentleman pour y faire allusion — et me portant derrière la maison, vers des bâtiments où attendait une poignée d'humains. Des étables et des garages, me rendis-je compte alors que nous nous approchions.

« Chris ! » cria Errol. « Chris ! » Un jeune homme se détacha de la foule qui se pressait sous le toit de l'étable. « Retourne cette chose à la Metro, d'ac ? Ils m'ont harcelé toute la journée pour l'avoir. » C'était comme d'habitude très généreux de la part d'Errol de vouloir me trouver un transport, mais en même temps je me souviens du profond désarroi que je ressentis à l'idée de regagner ma « cage dorée ».

« Juste dix minutes, M. Flynn ? Ils sont en train de commencer, là. »
« Quoi, déjà ? Merde, quelle heure il est ? » dit Flynn. « Oh, bordel de *Dieu*, faites que je n'arrive pas trop tard... »

Nous nous enfonçâmes dans la foule, jusque dans les profondeurs de l'étable où, dans un creux du sol, un énorme chien se roulait dans tous les sens ; non, c'était deux chiens qui cabriolaient en un méli-mélo ensanglanté. Pauvre Errol, tout le monde savait combien la mort des deux cents chevaux pendant la charge de la Warner l'avait bouleversé : il ne s'était jamais pardonné de ne pas être arrivé à temps. Vous vous demandez : pourquoi personne n'est intervenu ? Par exemple cette fine lame de Flynn... ? Ou Barrymore, au premier rang de la foule ? Ou Frank Borzage ? Mais là, ce n'était pas un film. Il n'y avait plus personne. Aucun de ces humains ne pouvait faire quoi que ce soit pour sauver ces chiens d'eux-mêmes. Ils s'approchèrent aussi près que possible, mais les chiens traînaient entrailles et veines dans une frénésie macabre, intouchables, fous furieux, et les humains ne pouvaient que rester là, debout, hurlant d'impuissance, laissant la nature faire son horrible travail. Tout cela dura un long moment. Aucun des deux chiens ne put être sauvé.

J'en ressortis franchement secoué. Combien de fois l'Histoire devait-elle s'ingénier à me rappeler que je faisais partie de la poignée de gros veinards sauvés par le Projet ? Avec votre rêve de préserver tous les animaux de la destruction mutuelle, oublier le monde réel, là dehors, était trop facile pour la star nombriliste et bichonnée que j'étais, bien au chaud dans sa bulle hollywoodienne. Question : aviez-vous quelque chose à y gagner ? Ou était-ce simplement cela, être humain : nous protéger et nous servir ? Enfin bon, gardons cette image d'Errol Flynn, débonnaire, avant que la boisson, les drogues et une addiction sexuelle pathologique fondée sur la misogynie ne le transforment en une pauvre épave, trop tremblant pour arriver même à tenir les boissons qui le tuaient.

Plus jamais je ne me plaignis de mon contrat avec la Metro. L.B. essayait sans désemparer d'expliquer ça aux stars traversées par les mêmes doutes (nous avons tous connu cela un moment ou l'autre : ah, les acteurs !) Il avait presque en permanence le bras autour des épaules d'un rêveur, lui expliquant à quel point il ne serait rien sans lui, que s'il n'était pas capable de jouer selon ses règles il ne serait peut-être plus capable de jouer du tout, ou encore à quel point ce nouveau film était important pour lui avec un divorce aussi coûteux à l'horizon. Même Johnny avait besoin de quelques conseils, et on l'entendait souvent répéter certains de ceux que lui avait donnés L.B. : « Mais pour qui tu te prends, tocard ? Pour Lillian Gish ? Mets-toi ça dans le crâne : t'es Tarzan ! Tu ne seras jamais personne d'autre que Tarzan ! Je ne te foutrai jamais dans un autre film, jamais, tu comprends ? Alors je veux plus entendre parler de ces conneries de « cours de comédie » ! Tarzan *pas jouer* ! Ou bien je prends Buster Crabbe pour deux fois moins cher : personne ne verra la différence, et tu pourras retourner vendre des maillots de bain. »

Il payait Johnny 2 500 $ par semaine, et lorsqu'il ne travaillait pas — entre deux films de Tarzan-Cheeta —, il était assez logique que la MGM le prête (pour 5 000 $ la semaine) à l'Aquacade de Billy Rose. Alors, deux fois par jour, sept jours par semaine, à six cents kilomètres d'ici, au milieu des fontaines de douze mètres et des rideaux d'eau tombant en cascade, il était entouré de soixante-douze Aquabelles, des cinquante membres de la chorale de Fred Waring, de plusieurs olympiens, de plongeurs comiques, de nageurs sous la Manche, de reteneurs de respiration et de l'inexcusable et ingrate calomnieuse Esther Williams, la « Sirène

à Un Million de Dollars » (ou le « Lamantin à Deux Balles »,
comme je l'appelais), qui se dévouaient tous à la glorification de
l'eau, cet élément qui me haïssait, qui me repoussait.

 J'entendais des bribes d'informations à la cafétéria. Trois
mois après la naissance du petit Johnny, Beryl demanda le divorce. Elle disait ne jamais voir son mari, ce qui me semblait un
peu fort de café étant donné qu'elle le voyait plusieurs fois par
mois. Mais j'avais appris de Lupe qu'une accusation par an pour
« excès et sévices » faisait partie des aléas de tout mariage qui se
respecte. Beryl n'était pas encore partie.

 À l'été 1941, nous nous sommes retrouvés pour *Le Trésor de
Tarzan*, qui n'était d'ailleurs pas, comme je l'avais initialement
espéré, une jeune Gabonie avec laquelle Tarzan se serait acoquiné durant ses séjours hors de la Maison du Bonheur, mais
un filon d'or découvert par le Gamin sur la corniche. En bon
portrait craché de sa mère, le Gamin était intrigué par la
« civilin... civinil... » (oooh, c'est-y pas mignon ?)

 « Civilisation, mon chéri. »

 « Raconte-moi encore la civilisation, Maman ! »

 « Eh bien, ils ont des aéroplanes — des maisons avec des
ailes qui volent et qui emportent des gens à travers le ciel. Ils
sont plus rapides que tout ce que tu peux imaginer. »

 « Plus rapides que Tarzan ? »

 « Mmmh... plus rapides que Tarzan, plus rapides que le
vent. Mais arrête un peu de penser à la civilisation, mon chéri. »
Tarzan était arrivé et il lui fallait abréger. « Notre monde ici est
bien plus charmant et excitant que le monde extérieur, je te le
promets. » C'est aussi comme ça que Marc-Antoine l'Orateur
avait manipulé les foules sur les marches du Capitole.

 Naturellement le Gamin se mit très vite en tête d'aller
s'acheter un avion, une ou deux pépites d'or en poche, et de

provoquer la fin de notre monde sous la forme d'une nouvelle invasion d'hommes blancs. Oh oh. C'est quoi ce bazar ? Mais bon, nous avions besoin d'être secoués de toute façon — la nouvelle salle à manger en plein air était comme le stand de poulet frit des 50 ans de L.B. (aussi rempli que le barbecue de la fête nationale) : elle débordait tellement d'œufs d'autruche, de jambon fumé de gnou, de caviar de poisson-chat et de fruits des bois qu'elle en devenait impraticable. Nous avions installé un réfrigérateur de la taille d'une hutte gabonie sous la source d'eau froide et un nouveau système de bain-marie dans la source d'eau chaude. C'est ce qui arrive quand les sentiments disparaissent, quand on se retrouve avec moins d'amour que de temps à tuer : la consécration du *déjeuner*.

Mmmmh, c'est divin... comment était le vôtre ?

Je déduisais, aux voitures de Johnny, que quelque chose n'allait pas. La vieille et loyale Continental avait disparu, remplacée par trois voitures différentes entre lesquelles Johnny alternait, comme s'il n'était vraiment à l'aise dans aucune d'elles. Je ne l'avais jamais entendu vénérer une automobile — il ne comprenait pas vraiment, ni n'aimait tout ce qui n'était pas vivant — mais pour moi ces voitures représentaient une tentative balbutiante d'exprimer quelque chose (du bonheur, peut-être) qu'il n'avait jamais eu besoin de formuler jusque-là. (Ou bien de la tristesse ?) Comment comprendre ce que cela voulait dire ? À part que si vous vous mettiez à parler de *voiture*, c'est que quelque chose n'allait déjà pas ? Deux semaines après avoir commencé à rêver *Le Trésor*, alors que nous nous garions devant une maison faisant quatre fois la taille de celle de Brentwood, j'en découvris deux nouvelles dans son garage.

C'était en haut de Rockingham Avenue, du côté de Mandeville Canyon — bonne adresse. Depuis la terrasse de la demeure, on admirait le domaine de Johnny à perte de vue. La pelouse qui se déroulait jusqu'à l'inévitable rectangle turquoise était aussi irisée que la poitrine d'un colibri. En la regardant attentivement, vous voyiez lentement son éclat absorber les trous laissés par les empreintes des jardiniers comme des traces de doigts sur un bras humain. L'abri de la piscine et ses chaises longues, les terrains de tennis et de badminton, le récent labyrinthe et le belvédère attendaient tous au bout de la pelouse, avec une impatience et une servilité canines, d'être remplis de souvenirs. En tournant la tête, on voyait, traçant tout droit un chemin vers le pavillon d'été, une avenue d'érables doublée de douze hêtres cuivrés que Charles Twelvetrees avait fait transplanter là en cadeau à sa femme Helen avant de se noyer dans l'alcool et l'amertume après son succès.

Helen Twelvetrees... non ? Ça ne vous dit rien ? Je me souviens pourtant m'être dit que ce nom, personne ne l'oublierait jamais. Tout au long des années 1930, le statut d'Helen déclina de façon significative (mais il fallut encore un peu de temps avant qu'une poignée de somnifères ne la tue) et elle dut vendre la maison — à Charles Laughton et à sa femme Elsa Lanchester (*La Fiancée de Frankenstein*). Mais Elsa refusant de porter l'enfant d'un homosexuel (Maureen O'Hara a toujours soutenu que l'incessante litanie d'avortements d'Elsa en était la seule cause), Charlie fut pris de désespoir et les Laughton déménagèrent, laissant les Weissmuller hériter de ce petit morceau de paradis, si richement imprégné de souvenirs hollywoodiens.

« Tarzan, amener Cheeta ! Rencontrer vraie Jane ! » cria Johnny à travers la terrasse où Beryl était assise en train de jouer au bridge (une sorte de variante pour femelles du bluff ou flush) avec d'autres jeunes femelles sous un parasol à franges. Je ponctuai d'un bref hurlement. Beryl nous fit un geste de reconnaissance de la main. « Va te préparer un Stinger*, chéri » dit-elle, bien que je fusse déjà debout sur la table à cocktails nappée de lin, essayant plus ou moins de lui transmettre le même message. « J'ai déjà rencontré Cheeta, tu te souviens ? Le jour où il a attaqué Joan ? » Ouais, c'était rien du tout, pensai-je.

« Ouais, c'était rien du tout » dit Johnny. « Elle avait eu peur de Joan, c'est tout. Il avait eu peur, je veux dire. Hé — tu connais la définition d'une scène d'amour pour ce fou furieux de Jimmy Cagney ? »

« Non, dis-moi ? »

« C'est quand il laisse l'autre en vie ! » Johnny tituba en se tenant le ventre à travers la terrasse, en direction des sourires crispés des joueuses de bridge. *Moi*, ça me parut drôle. « Ma merveilleuse épouse » dit-il, en embrassant ses cheveux marronnasses et drus comme du poil de macaque.

« Mon merveilleux mari » dit-elle.

Après un moment il dit, « Je me disais que j'irais bien taper quelques balles. »

« Eh bien on va te regarder faire. Mais garde un œil sur ce bras gauche ! »

« Bras gauche bien tendu. Épaules relâchées en balancier. *Mmmmh*, ces Stinger sont excellents ! »

« Oui, ne sont-ils pas exquis ? C'est la spécialité de Rita. Garde ta poitrine en avant. Les mains lâches, les poignets contractés... Mmmh, trois de cœur. »

« D'accord, coach. » Johnny fit un swing de démonstration et maintint son geste. « *Aaaahhheeeeyyeeeyyeeeyyaaaahhhheeyyeee-yyeeeaaaaaah* » ajouta-t-il pour s'excuser — envers moi je pense.

Peu importe, j'approchai en courant. Non parce que je mourais particulièrement d'envie de m'entraîner au fer court avec lui, mais parce qu'à ce moment-là, pour la première fois — et malheureusement pas la dernière —, je sentis qu'il avait besoin de moi.

Est-ce que je vous ai déjà dit qu'il aimait Lupe Vélez ? Peu importe ce que j'ai pu penser de cette connasse adultère et canicide, je n'ai jamais douté qu'elle l'aimait. Je n'ai jamais été jaloux d'elle ni même voulu qu'elle s'en aille, parce qu'elle était capable de le rendre heureux. Mais là, avec Beryl, il n'y avait rien... que le néant. Je l'ai su au bout de deux minutes sur la terrasse, parce que je suis un chimpanzé, doué d'une certaine sensibilité... et que je peux lire le langage corporel des humains. À l'époque où les humains que je rencontrais étaient debout et non allongés dans des lits d'hôpitaux, je pouvais lire dans ce bras gauche plié, ces épaules contractées, ces poitrines renfermées. Je pouvais lire dans les poignets vifs et tendus de Barbara Stanwyck qu'elle ne s'envoyait plus en l'air avec son mari Robert Taylor ; dans le rire d'Esther Williams, sa duplicité pathologique ; dans le visage de Kate Hepburn, le profond sentiment d'infériorité intellectuelle qu'elle essayait, héroïquement, de dissimuler. Mais enfin, qu'est-ce que je raconte ? Tout le monde était capable d'interpréter ces signes ! Mais quelque chose d'impossible dans les mouvements de Beryl faisait comprendre à un œil observateur à quel point son propre corps lui semblait insipide. Comme une vieille qui se ménage. Il avait épousé quelqu'un avec qui il ne pouvait pas jouer. Or il ne cherchait que ça : quelqu'un avec qui jouer. Je savais combien ses mains le démangeaient d'attraper des chevilles et de se lancer dans une course de brouettes avec des femmes, des garçons et même d'autres mâles sur le green du dix-septième trou. Je savais combien ses pieds le démangeaient de s'approcher silencieusement dans le dos d'humains ignorant sa présence et de les soulever du sol dans une chaleureuse étreinte.

Les rapports sexuels lui permettaient de sublimer cela, mais au fond, il ne voulait que jouer.

Beryl aimait le bridge. Ses autres sports, appris-je plus tard, étaient la canasta et la belote. Le point culminant de leur relation non-sexuelle dut avoir lieu sur un fairway de Pebble Beach dix minutes après leur rencontre, et se résumer à Johnny l'enveloppant par-derrière, rassurant et chaleureux, expliquant de ses larges mains posées sur les siennes ce qu'était un bon swing. En regardant Beryl, vous penserez qu'il s'agissait aussi du point culminant de leur relation non-non-sexuelle. Elle gloussa certainement beaucoup pendant ses travaux pratiques et Johnny dut prendre sa nervosité pour de l'humour, en tout cas cela suffit pour dissimuler qu'elle avait encore moins d'humour que Chaplin ou Red Skelton — le degré zéro de l'humour.

Je ne lui avais encore jamais vu l'air si seul. Je m'éjectai de la table à cocktails à toute vitesse et traversai la terrasse à quatre pattes, je lui sautai à la taille et remontai en gigotant jusqu'au creux à violon sous son menton. Il leva son Stinger au-dessus de sa tête pour me taquiner, là où je ne pouvais pas tout à fait l'attraper, et de sa main gauche il caressa ma fourrure. « Ah, Cheets, Cheets » dit-il, faisant passer son verre de sa main droite à sa main gauche alors que je commençais à m'en approcher. « Ne suis-je pas le type le plus chanceux du monde ? »

Au-dessus du mur, comme pour confirmer son propos, s'éleva la voix du guide touristique, nous enveloppant en douceur comme la bruine d'un avion d'épandage. « Quatre heures passées de douze minutes ! Pile à l'heure ! » dit Beryl.

« ... Le Bossu de Notre-Dame lui-même et la Fiancée de Frankenstein : Charles Laughton et Elsa Lanchester. Aujourd'hui, c'est la cabane sacrément luxueuse de Tarzan, le champion de natation et médaillé d'or olympique Johnny Weissmuller, et de sa très chère et véritable Jane. »

Nous écoutions sans bouger, tous ensemble sur la terrasse, ce tableau idyllique.

« Johnny et sa séduisante femme Beryl ont eu le bonheur d'accueillir leur propre petit Gamin l'été dernier, et ont décidé qu'il leur fallait une hutte de la jungle assez grande pour... »

Ouais, c'était à peu près ça, pensai-je, alors que Johnny me mitraillait d'un seau de balles Topflites depuis l'autre côté de la pelouse verdoyante, sur laquelle Beryl lui avait déjà demandé de ne pas me laisser déféquer. « Sa très chère et véritable Jane », ça lui allait plutôt bien. À Rockingham Avenue, on aurait aussi bien pu être de nouveau sur la corniche, pliant sous le joug de Jane, où tout était simplement merveilleux, crispé et parfait, à sa place, et où les deux adultes aux yeux vides essayaient désespérément de se persuader l'un l'autre qu'ils vivaient au paradis.

De retour sur la vraie corniche — nous aurions tout aussi bien pu être à Rockingham Avenue — je commençais sérieusement à me demander si Jane ne nous couvait pas une dépression nerveuse.

« Jane aimer Tarzan ? » lui demanda-t-il un après-midi, en lui tendant une orchidée bien sentie après un énième déjeuner marathon.

Elle éluda intelligemment la réponse franche qu'il attendait : « Quelle femme n'aimerait pas un mari qui lui apporte des orchidées ? »

« Il y a une vallée entière d'orchidées juste de l'autre côté de la rivière » observa le Gamin d'un ton moqueur.

« Je le sais, mon chéri, mais là-bas dans la civilisation elles ne poussent pas comme ça » carillonna-t-elle. « Il faut être très riche pour en avoir. Tu ne te rends pas compte comme ton père est un homme riche. »

« Qui... Tarzan ? »

« Oui. Il a tout ce qu'un homme pourrait désirer. *Tout*. »

Elle n'arrêtait jamais avec sa propagande — plic, ploc, elle la diffusait au goutte à goutte, comme si elle cherchait à hypnotiser quelqu'un. Et moi, gros bêta, qui me disais que Miriam Hopkins avait eu raison chez Atwill en guidant l'organe de Fernando Lama dans son canal anal avec un soupir : « C'est ça que vous voulez, vous les hommes, hein ? » À vrai dire, je me souviens très bien de la liste des choses que Fernando affirma vouloir, insistant avec persuasion sur le fait qu'elles étaient toutes *normales* (« C'est ce que tous les hommes veulent. ») Je suis prêt à parier ma réserve entière de cigarettes que Jane ne subvenait à aucun de ces besoins, là-haut dans la cabane aseptisée. Consciencieusement, avec un léger temps de retard, Johnny la souleva et la fit tourner en l'air.

« Tarzan avoir Jane. »

« Ooooh ! Akhahahkhahka ! » dit-elle. Retranscrire le rire de Jane n'est pas facile... il résonne comme du mauvais métal. « Ooooh ! Ah ça, tu l'as, Jane, et tu vas bientôt l'avoir en mille morceaux si tu ne fais pas attention ! »

« !? » ai-je pensé. (Genre : « *!?* ») La corniche avait cessé d'être un rêve il y a longtemps ; depuis *Le Trésor*, elle était devenue un vrai cauchemar. J'essayais de garder la tête basse et de faire preuve d'un peu de loyauté, mais l'hostilité toujours vive de Jane envers moi avait maintenant engendré une nouvelle stratégie — peu importaient ma loyauté et mon stoïcisme, je n'étais pour elle qu'un « vilain » singe, un faiseur de bêtises.

Par exemple : je m'avance vers la salle à manger en luttant avec deux œufs durs d'autruche encore fumants tout juste sortis de la source chaude. N'arrivant pas à porter les deux d'un coup, j'en mets un sur ma tête et je pousse l'autre avec les pieds sur la pelouse. « Allez, Cheeta » m'indique-t-elle avec un couteau, « apporte ces œufs par ici et pas de singeries ! Pas de singeries, Cheeta ! Allez, viens, tu entends ? Dépêche-toi ! » Mais bordel qu'est-ce qu'elle... quelles « *singeries* » ? Il faut l'entendre pour le croire ! Ou : Je suis en train d'apprécier un grain de raisin pendant une petite pause entre deux tâches ménagères. « Cheeta ! Tu as mangé assez de raisin ! Viens, aide-moi avec la vaisselle ! » L'*injustice*, l'absence de logique, plic, ploc, la goutte qui fait déborder le vase... « Apporte la vaisselle à la rivière et nettoie-la. Et ne casse rien ! »

Le Gamin le remarqua aussi. Dans l'année et demie qui suivit *Tarzan trouve un fils*, il s'était transformé en une petite frappe, flâneur et fanfaron, caquetant de rire en blessant de temps en temps au lance-pierre une hyène curieuse ou un léopard démoralisé. Ce n'était même pas *réaliste*. Qui au monde pouvait être délibérément cruel envers d'innocents animaux ? Ce n'est pas humain... « Je l'ai eu, en plein sur le nez ! » croassait-il en faisant fi de mes protestations. « Ooh, t'inquiète, Cheeta, c'est bien fait pour lui. Y nous fait toujours des misères ! » Il avait carrément osé baptiser *Tyran* l'éléphanteau qu'il avait pris en captivité.

Une inquiétude encore plus grande s'ajoutait, bien qu'aucun des autres membres zombifiés de la famille de la jungle n'ait semblé l'avoir remarqué : Emma avait disparu. Éreintée, peut-être, après avoir mécaniquement actionné de haut en bas l'ascenseur de Jane pendant des années. Ou bien est-ce que la Metro avait attendu le moment opportun pour résilier son contrat suite à l'altercation avec son dresseur ? Les mâles dominants n'oublient jamais. Peu importe ce qui avait pu se passer, personne (*sauf* Johnny, que j'entendis s'interroger) ne mentionna son absence, parce que personne n'aimait invoquer le spectre de l'échec à Hollywood.

Lorsque vous étiez fini, vous étiez, à tous égards, mort : un autre tas de défenses et de côtes blanchies au cimetière.

Tout cela me rendait extrêmement nerveux. Ni joie, ni amour ; les animaux tyrannisés par un sale gosse ; des bobines de pellicules entières consacrées à l'heure du déjeuner ; des séquences de vaisselle bravaches ; un singe servile et troublé souffrant d'incessants abus. Un rêveur comme moi comprend d'instinct ce que veut son public, et je n'arrivais pas à croire que c'était cela que le public américain attendait. Mais enfin, qui aurait envie de voir un noble humain, l'image même d'un Dieu, après des années en paix parmi les bêtes de la forêt, chassé du paradis par l'incapacité de sa femme à résister à l'attrait du Progrès ? Une histoire aussi plombante — ce n'est pas ça que les gens veulent entendre. Depuis le début des années 1930, le courrier des fans de Johnny et Maureen avait décliné, je le savais. Je suppose que le mien était resté à un niveau constant, ou du moins qu'il restait plus élevé que celui de Rex le chien lorsqu'il s'était fait virer. Mais c'était une situation critique : *Tarzan trouve un fils*, avec sa fin tragique, était sorti dans certains palais à rêves en *deuxième séance*.

Je fais parfois ce rêve stimulant qui revient frapper aux portes de ma conscience une ou deux fois par an, un peu plus fréquemment ces derniers temps d'ailleurs. Je suis en train de travailler au centre de recherche médicale, mes confrères internes assis en face de moi : l'imberbe, celui qui n'arrive pas à respirer, les macaques aux yeux blancs, les chiens qu'Errol n'a pas pu sauver, Emma, Gary, Otto — et l'un d'entre eux ouvre la bouche, d'où sort alors la petite voix : *Survivre, survivre, survivre*. Je préfère voir ce rêve comme un stimulant ! À l'époque, je le faisais presque toutes les nuits. Parce qu'au rythme où allaient

les choses, je ne resterais pas bien longtemps dans les parages. « Oh, Tarzan » dira Jane un jour prochain, « Cheeta a encore cassé le service à fondue. Toutes les semaines c'est quelque chose d'autre. Tu ne crois pas qu'il serait temps que nous, tu sais... ? »
Survivre, survivre, survivre...
 Bats-toi.

J'ai trouvé mon inspiration en fouillant dans le sac de safari d'un de nos visiteurs, M. O'Doul (Barry Fitzgerald) : une bouteille de whisky, le premier alcool que la corniche ait jamais connu. Quitte à se ridiculiser en jouant le « vilain » singe de Jane, pourquoi ne leur montrerais-je pas le *vrai* vilain Cheeta ? Celui dont Kay Francis avait tendrement parlé en ces mots : « Je ne m'étais pas autant amusée depuis la mort de ma mère. Merci pour cette délicieuse soirée, Johnny ! » tout en retirant les glaçons que j'avais envoyés dans son décolleté ? *Cheeta, tu as eu suffisamment de raisin !* C'en était trop. Laissons Jane essayer de nous démolir et amusons-nous au moins un peu par ici. Essayons de réinsuffler un peu de joie dans la jungle. Rigolons un bon coup. Bien qu'ayant déclenché quelques gloussements ici et là, je restais avant tout une figure héroïque : un noble sauveteur, un sauveur de mise avec une touche d'humour. De la comédie à suspense, avec un accent sur « *suspense* ». Eh bien merde, me dis-je, sans savoir que j'étais en train de faire un des choix artistiques les plus cruciaux de ma carrière : sois toi-même. C'est tout.

Bien sûr (vous l'avez déjà compris), je parle de la séquence fondatrice des « Timbres-postaux-sur-les-pieds-puis-les-mains-avec-un-verre-dans-le-nez » du *Trésor de Tarzan*. Dans la profession, les points de vue sont divisés sur la nécessité d'*être* saoul pour jouer l'ivresse. Personnellement, je ne crois pas que vous puissiez donner le meilleur de vous-même sans être sobre — la bouteille que vous voyez à l'écran était pleine de thé glacé (j'avais déjà fini le whisky) — et je fus donc agréablement surpris de voir à quel point la scène rendait bien, étant donné que j'y étais incroyablement saoul. Quatre minutes et trente-deux secondes de pure magie, pour lesquelles j'aimerais remercier mon ancien professeur, M. Gately, qui m'aida inlassablement à garder ma concentration tout au long de cette laborieuse journée de travail.

Mon travail dans cette scène et dans les rêves qui suivirent, dit-on, eut une influence majeure sur l'essor du divertissement à base de chimpanzés qui émailla la culture occidentale entre la fin des années 1940 et l'an 2000. J. Fred Muggs du *Today Show*, les Marquis Chimps et leur merveilleux orchestre swing, Zippy le chimpanzé de *Howdy Doody*, Liberchimpski, cet amusant pianiste, *Lancelot Link le Chimpanzé Secret*, l'agent spécial : mon travail comique novateur de mi-carrière ouvrit les portes à toutes ces stars et à tant d'autres. Vous imaginez ma fierté. Y avoir contribué, même à mon petit niveau... Cela froisse ma modestie d'en parler. À la place, je pense que je vais reprendre une page du livre d'Henry Trefflich. Voici un homme, souvenez-vous, si dévoué au Projet qu'il aida personnellement à la réhabilitation de près d'un million et demi de macaques. Et pourtant, tout au long de son autobiographie, il n'y fait allusion, indirectement, qu'une seule fois ! Ça, c'est de l'humilité. Mais je ne suis pas vraiment un Trefflich et je ne pense pas pouvoir résister à la tentation de citer quelques-unes de mes critiques.

Autant tout vous avouer maintenant. Je sais tous ces trucs parce que Don a acheté un paquet de vieux magazines de cinéma à un salon de collectionneurs, qu'il a photocopié certains passages des critiques et qu'il les a ensuite fait encadrer. Pas dans les toilettes, mais dans le salon, posés sur une table dans le coin souvenirs. Bref :

New York Times : « ... *les traits d'humour de Cheta, la Martha Raye des chimpanzés, qui serait prête à se couper en quatre pour vous faire rire, et ses accès d'hilarité frénétiques et sauvages aux moments opportuns sont pour l'oreille un affront autant qu'une joie.* »
Toronto Star : « *Cheta le chimpanzé fait un tabac dès qu'elle apparaît à l'écran.* »
Hollywood Film Daily : « *... les singeries comiques de Cheta, le simien apprivoisé, offrent quelques rires primaires.* »
Motion Picture Herald : « *L'interprète le plus intéressant est certainement le chimpanzé, qui semble sans arrêt rire de ses compagnons humains.* »
Variety : « *Ce nouvel opus de la série est au poil pour les moutards, grâce au lot de séquences laissées par le réalisateur au montage faisant la part belle aux singeries du chimpanzé dressé... Plutôt plaisant.* »

Les critiques étaient unanimes. En tant qu'acteur, c'était la nouvelle direction que je cherchais depuis *Tarzan s'évade*. Mais, plus important encore, je prenais Jane à contre-pied. Elle pouvait crier : « Cheeta, arrête ça ! Ne fais pas ça ! », et derrière les caméras on entendait : « Continuez à tourner. Laissez-le faire, Gately. L.B. veut *plus* de chimpanzé. Ça va être une longue journée, Maureen. » Ah, quelle douce excuse. Tu veux que j'arrête ? Eh bien L.B., lui, non. Je me moquais ouvertement de sa chère « civilisation » et les spectateurs des projections tests disaient adorer ça. On lisait sur leurs fiches de remarques : « C'était bien quand Cheta avait le whisky et qu'elle est tombée. Draule ! » et « C'était exitant mais c'était enuiant parfois mais c'était drôle dans le moment avec la Chita » et « Singe était le meilleur acteur dedans. » Mais dis donc, c'était moi qui nous maintenais à flot ! Et lorsque sortit le dernier chef-d'œuvre, *Cheeta Défie Jane la Traîtresse Dans un Combat Final Pour L'âme de Tarzan* ou, comme il fut ridiculement intitulé pour sa sortie en salles, *Les Aventures de Tarzan à New York*, c'était moi qui portais plus ou moins le truc à bout de bras.

Rien de tout cela n'eut d'impact sur ce qu'il se passait à Rockingham Avenue. L'idée ne me serait jamais venue de me mêler des affaires de Johnny et de ses partenaires-à-vie. Il s'était engagé avec Beryl sous la forme du petit Johnny et, désormais, d'un autre bébé nommé Wendy, et il ne voulait pas abandonner tout ce qu'il avait construit. Je respectais entièrement son choix. Mais il n'était pas heureux. Ce qui rendait les choses difficiles, car Beryl avait été très claire lors de ma première visite dans leur demeure : j'y étais juste toléré. Comme la vraie Jane, elle était implacablement opposée au royaume animal. La demeure était remplie de pièges à souris et à rats, les jardiniers avaient reçu pour ordre de gazer toutes les taupes, il y avait même, parsemés dans les parterres de fleurs, des petits pièges faits de demi-pamplemousses pour tuer les limaces. Les limaces ! Quoi de plus inoffensif !

« Il est peut-être bien dressé, chéri, mais il est ici depuis à peine dix minutes et il a déjà brisé une de nos plus jolies carafes » dit Beryl — vrai, j'avais accidentellement renversé un plateau de Stinger, mais c'est la servante gabonie qui m'avait fait peur, « et je ne veux pas qu'il coure dans tous les sens et fasse ses besoins dans la maison ou le jardin. »

C'était exactement ce que j'avais prévu de faire ! C'était même tout l'intérêt d'être ici, s'amuser un peu, boire deux ou trois verres, se balader sur les mains autour de la terrasse avec une bouteille entre les pieds, grimper sur l'avocatier et lancer quelques bombes de fruits sur les jardiniers gabonis... Il fallait remonter le moral de Johnny, lui vider un peu la tête. Mais je ne pouvais pas parce que Beryl était prête à me virer au premier signe d'amusement. Je ne m'autorisais *même pas* une cigarette.

Ainsi, lors de mes rares visites, nous formions un couple silencieux : lui faisant voler vers moi des balles blanches à l'infini, en de grands arcs parfaits et étrangement tristes, et moi leur courant fidèlement après, le seau désormais vide battant douloureusement contre mes genoux, le remplissant pour que nous puissions recommencer. En haut sur la terrasse, à deux cents mètres de là, la véritable Jane, manquant visiblement d'humour, relevait la tête à intervalles réguliers pour s'assurer que je ne faisais pas de bêtises et que je ne déféquais pas sur sa pelouse. Il m'envoyait les Topflites comme des signaux de détresse. La fluidité de ses lancers rappelait ses magnifiques balancements de lianes : les larges boucles et courbes atterrissaient sur la pelouse dans un bruit sourd, simples petites balles blanches et dures aussi décevantes que lorsqu'une idée que vous aviez sur le bout de la langue vous revient trop tard en mémoire. *Ne me regarde pas comme ça*, traduisais-je à l'aide de piaulements chaleureux mais désapprobateurs. *C'est toi qui t'es marié avec elle, pauvre con.*

Pourquoi l'avait-il épousée ? Cette femme de quinze ans de moins que lui, mais en tout point plus âgée ? Peut-être voulait-il qu'elle l'empêche d'être un enfant. Johnny étant un être fondamentalement obéissant, il arrivait plus ou moins à se plier à la définition communément admise de l'âge adulte mâle, avec sa paternité, ses voitures, sa maison et sa femme aristocrate joueuse de bridge non hollywoodienne. Ou peut-être Lupe lui avait-elle simplement épuisé le cœur.

Quand nous en avions fini avec le golf, nous nous dirigions en général vers la piscine, où je m'affairais tandis qu'il faisait ses longueurs de brasse la tête hors de l'eau, comme s'il essayait encore d'éviter la merde. Il avait alors 38 ans. Il y avait presque dix ans que nous nous connaissions. Vous deviniez qu'il vieillissait à la perte de symétrie de son visage, aux lignes blanches dénuées de bronzage qui rayonnaient désormais de son cou de quarante-deux centimètres. Il faisait une dizaine de kilos en plus et n'était plus l'homme le plus beau de la Terre. Mais alors qu'il enfilait le pantalon déposé sur une chaise longue (en faisant attention au pli — toujours impeccable), il était encore pas mal. Entendez « pas mal » comme quelqu'un qui dirait « pas mal » en se regardant dans le miroir, et en mentant à peine en rentrant le ventre. « Très bien, gamin, je vais demander à Pete de te ramener à la Metro alors. » Il avait tout ce qu'un homme pouvait vouloir, tout sauf un mariage heureux.

Ç'aurait pu être le paradis. J'aurais pu y *vivre*, vous comprenez, m'abriter la nuit dans un avocatier, me réveiller de bonne heure pour petit déjeuner avec lui sur la terrasse avant de descendre à Culver City travailler sur *Tarzan à New York*, que nous avions commencé aussitôt *Le Trésor de Tarzan* terminé. Oui, au bout du compte, Jane avait eu ce qu'elle voulait. Le Gamin avait été kidnappé sur la corniche et emmené à New York (je la suspectais d'avoir arrangé ça elle-même) — Enfin elle avait l'excuse qu'elle attendait pour nous arracher à la jungle et nous lâcher en pleine « civilisation ».

Tarzan était engoncé dans un costume croisé ; malgré l'urgence à poursuivre son homme de main, Jane trouva le temps de modeler une collection d'élégantes tenues et de coif-fures improbables ; de mon côté, je portais tous les chapeaux ou vêtements amusants sur lesquels j'arrivais à mettre la main. Oh, mais comme New York avait changé ! Je plaisante... *bien sûr* que je me réjouissais d'y retourner, mais tout fut filmé sur les plateaux de la Metro. Ce fut donc sous les projecteurs du studio que Jane et moi eûmes enfin notre explication. Je puisai du courage dans le souvenir de Kong. Après tout, c'était bien à New York qu'il avait *vaincu* ses ennemis et fini en paix avec l'être aimé.

La plus chouette ville au monde, assurément. À New York, après toutes les épreuves de ces cinq dernières années, la Traîtresse ne se révéla qu'un tigre de papier. Partout où nous allions, je me moquais de la civilisation et Jane essayait de me réprimander. Mais les New Yorkais se comportaient intelligemment avec elle. Personne ne l'écoutait. New York a achevé Jane.

La première chose que je fis à la douane fut de me servir un verre à la fontaine à eau. Je m'emmêlai un peu les pinceaux avec le distributeur de gobelets, en renversai ou en mastiquai quelques-uns, fis gicler de l'eau un peu partout... Évidemment, elle était furieuse. « Cheeta ! Qu'est-ce que tu *fais* ? Arrête ça tout de suite ! » Je relevai mollement la tête. Évidemment, une foule entière de New Yorkais m'encourageait vigoureusement à continuer. Ils se roulaient par terre comme je n'avais jamais vu faire dans la bonne société de Beverly Hills. « Oh, je suis désolée » essayait-elle de s'excuser pour moi, « elle est un peu... ahakhakahka... joueuse parfois ! » Pas besoin de t'excuser, mon cœur : ça ne les dérange pas.

Et là, à ma grande surprise, ce pauvre émasculé de Tarzan prit carrément ma défense : « Cheeta soif ! »

Même histoire dans la boîte de nuit que nous sommes allés visiter. J'ai commencé à m'amuser un peu avec les filles du vestiaire, lançant quelques chapeaux en l'air parce que... parce que j'aime lancer des chapeaux en l'air, tout simplement, et Jane tenta de me réprimander : « Cheeta, comment oses-tu ? N'as-tu pas honte ? » Mais vous voyiez aux sourires indulgents des habitants de cette belle ville de New York de quel côté ils penchaient. Vous les entendiez se dire : Mais pourquoi le super chimpanzé se traîne-t-il cette angliche pédante avec un balai dans le cul ? Il est tordant ! Petit, largue cette pépée et son faux accent, et monte à SoHo avec nous... C'est pour cela que je m'interroge sur le titre. S'il y a une aventure dans *Les Aventures de Tarzan à New York,* c'est l'enlèvement du petit tyran, mais en substance le film est une longue démonstration de mes talents comiques, où je fais l'idiot avec les conducteurs de taxis, lance des grimaces sur le toit des voitures, joue avec le marteau dans la salle d'audience et avec la cloche de la réception. C'est le film sur lequel on me jugera : le dernier film de Tarzan avec Maureen O'Sullivan.

Elle savait que les jeux étaient faits. Elle me suivait partout avec des injonctions et des interdictions, mais le pouvoir qu'elle exerçait à la cabane avait disparu. Gately et moi passâmes la moitié d'un après-midi à travailler sur une scène avec une machine à écouter qui faisait mourir l'équipe de rire. « Cheeta, Cheeta, donne-moi ce téléphone. » (Voilà, c'est ça le nom de la machine !) « Tout de suite ! Pas touche... etc., etc. » Elle savait qu'elle ne m'arrêterait plus — L.B. en voulait plus, les bons habitants de New York en voulaient plus, les palais à rêves de toute l'Amérique en voulaient plus.

La pièce maîtresse de tout le film, et le coup fatal à la crédibilité de cette morue, fut la séquence de la « chambre d'hôtel ». « *Une farce simiesque tapageuse* » comme l'avait décrite le *New York Times,* souvenez-vous. Possible. Ou « *une dénonciation corrosive et subtilement satirique de la tyrannie* ». Dans *Le Dictateur,* Chaplin avait Hitler ; moi, j'avais Jane. Je vous laisse, vous et l'American Film Institute, juger celui de nous deux qui réussit le mieux à transpercer sa cible, en vous rappelant seulement que Maureen quitta la Metro directement après, alors que je ne pense pas qu'Hitler ait été ennuyé outre mesure par les piques de Chaplin. Hein, Charles ? Il a envahi la Pologne. Maureen, elle, s'est mise en pré-retraite.

Je démontais subtilement Jane, là, dans la chambre d'hôtel. Je taillais en pièces la Hitler de la Jungle. Tout en prétendant s'angoisser pour le Gamin à n'en plus dormir, on sut, grâce à moi, qu'elle s'était souvenue de remplir sa jolie petite valise de plusieurs paires de gants, de maquillage, de démaquillant, de tenues de nuit et de *jarretières*. Quelle digne mère ! Je terminai en me pavanant vainement devant le miroir avec ses collants enfilés sur ma tête poudrée de talc, en une satire grotesque du « raffinement », de « l'élégance » et de toutes ces fausses valeurs. Don adore passer cette scène lors de nos soirées DVD, mais je ne crois pas qu'il saisisse la sauvagerie de la satire. Mayer, si. « Rushs avec les singeries du chimpanzé, OK » écrivait-il, approuvant ce que je faisais subir à son ancienne enfant chérie.

Voyez-vous, Louis B. Mayer aimait à penser qu'il en connaissait plus sur les valeurs familiales américaines que quiconque dans le pays. Il savait, comme le reste des États-Unis, et de l'Humanité, ce qui avait mal tourné sur la corniche. Nous avions eu un paradis à portée de main et à la place elle avait instauré des manières à table, introduit des appareils pour éviter le travail manuel, imposé le lavage de vaisselle, installé des réfrigérateurs et des ascenseurs, des ventilateurs de plafond et de la décoration intérieure en peau de léopard : matérialisme et déni. Mayer ne voulait pas que les enfants américains grandissent au milieu de ces valeurs pavillonnaires bidon. Le Reich de Jane était un mensonge, un faux Éden reposant sur le travail d'animaux esclaves. La Maison du Bonheur ? Maman dans sa cuisine, Papa chassant et cueillant trente-cinq heures par semaine, et des sous-hommes de maison qui sachent rester à leur place ? Mayer voyait ce cauchemar sous son vrai jour. Que les flammes l'emportent.

Et ce fut la fin d'un des méchants les plus emblématiques du cinéma humain : Jane Parker. Évidemment, dans les films, tout s'arrange à la fin. À présent, je n'avais plus qu'à me débarrasser de l'autre Jane, celle de Rockingham Avenue.

14. La sale pute !

Ce chapitre a été supprimé sur conseil de nos avocats.

15. De grands changements !

Le saviez-vous ? Il y a aujourd'hui plus de tigres en Amérique qu'à l'état sauvage. Ne nous félicitons pas trop vite, le boulot n'est qu'à moitié fini. Cela dit, vous pouvez être fiers du travail accompli. Un jour, *nous autres* pourrons marcher, sauter et galoper en toute sécurité dans de magnifiques forêts fraîchement débarrassées de leurs tigres (et, souhait personnel, de leurs léopards ?) Et puis tout le monde y trouve son compte, n'est-ce pas ? Même les tigres : en cure de désintox, finies les longues disettes, finis les effrayants mâles dominants qui font du rentre-dedans à votre femme. Bonne nouvelle aussi pour les phoques, et grand événement pour les ours relogés grâce à votre « réchauffement climatique »... Ingénieuse idée ! Mais s'assurer qu'aucun animal, nulle part, n'ait à affronter une menace de mort quotidienne, ça va prendre un peu plus longtemps.

Évidemment, détruire les forêts est un premier pas, mais ce sont les chiffres que nous devons inverser. On ne peut pas laisser sept mille orangs-outangs à l'état sauvage alors qu'à peine deux mille sont en hébergement sécurisé — sept cents gorilles des montagnes vivent encore en Ouganda : c'est trop par rapport au nombre en réinsertion. Comment même les deux cents iguanes bleus des zoos américains peuvent-ils dormir tranquillement en sachant que douze de leurs frères sont encore coincés là-bas sur l'île Grand Cayman ? Quant aux chimpanzés, même si un bon paquet a déjà les fesses au chaud, on est loin des 50-50. Prenons le tigre comme référent, d'accord ? Essayons de l'atteindre, ce cap des 50-50, ensuite seulement nous pourrons imaginer une belle réussite, comme celles du paresseux nain ou de l'hippotrague noir géant. Visons les 50-50 avant les 100 %.

Parfois je me dis, hé oh Cheeta, pauvre vieux Pangloss, ne crois-tu pas qu'ils savent ce qu'ils font ? Je regarde vos doux visages et j'ai la certitude qu'au plus profond de vous-mêmes, vous êtes sûrs de réussir. D'ici peu ces 100 % vont s'engranger comme les points d'un match de basket. D'ici peu *tous* les animaux auront le privilège de vivre avec vous. Et nous aurons tous accès à l'insuline, à la Coumadine, au Donépézil, aux antibiotiques et même au Prozac ou aux ISRS ; nous aurons tous des taux de stress miraculeusement bas, des soirées anniversaire et des programmes télé soi-disant favoris et un jour nous serons tous célèbres... Nous finirons tous par nous en sortir grâce à vous et à votre Lutte Contre la Mort.

La question des poissons me taraudait encore à l'époque. Bien sûr, les thons et les barracudas se la coulaient douce depuis que les requins et les marlins n'étaient plus dans les parages. Mais un thon, ça mange quoi ? Des poissons plus petits : grunions ou sardines, peu importe. Et eux, alors ? Ne seraient-ils pas plus en sécurité sans les thons et les barracudas ? Mais ces grunions et ces sardines feraient alors vivre un enfer aux menuises et à la petite friture. Tout cela était absurde... jusqu'à ce qu'un documentaire de la PBS ne restaure entièrement ma foi en l'humanité : il fallait *tous* les éliminer, suis-je bête ! Les mers grouillantes de mort ne pouvaient pas être sauvées, point barre. Vous seuls, ai-je pensé béat d'admiration, étiez assez audacieux, assez inspirés pour concevoir de nettoyer les océans de la planète de toute cette mort qui grouille en eux.

Certes vous ne pourrez plus apprendre à pêcher à un homme qui a faim, et c'est bien dommage*. Mais une fois le Projet achevé, je ne pense pas que quiconque mourra encore de faim.

Alors que nous étions en train de terminer *Tarzan à New York*, une bande de singes jaunes attaquèrent Pearl Harbor et plongèrent l'Amérique dans une course sanglante au leadership ! Des singes ? Erreur, « Duke » Wayne s'était seulement un peu mélangé les pinceaux dans la panique de l'attaque, quoique la rumeur persistât des années. En fait, il ne s'agissait pas de singes mais des Japonais, ce qui était vraiment dommage étant donné leur travail acharné et héroïque sur la partie marine du Projet.

L'une des premières victimes de guerre américaines fut ma vieille amie Carole Lombard. Tragique. En chemin pour Hollywood, après un rassemblement de soutien aux emprunts de guerre, son avion perdit sa position (les feux de navigation au sol étaient éteints) et s'écrasa contre une montagne près de Vegas, la tuant elle et vingt-deux autres êtres humains potentiellement tout aussi spéciaux. Johnny parcourait le pays en apprenant aux gens à survivre dans une nappe de pétrole brûlante après le torpillage d'un bateau, il n'y avait donc personne pour m'emmener aux funérailles. Déjà que je n'avais pas eu le droit de participer aux trois minutes de silence observées pour elle à la cafétéria de la MGM ! Gable était dévasté — il ne s'en est jamais vraiment remis. Dans l'ensemble, les rêveurs furent profondément affectés. Ce n'était pas une mort comme, disons, celle d'Emma ou de Clara Bow, dont vous n'étiez pas censés parler ; les mines abattues des humains me frappèrent. « Ce sont les meilleurs qui partent les premiers... » entendais-je tout le temps. « Il faut bien partir un jour. » « Quand ton heure a sonné, ton heure a sonné. »

Cette guerre idiote rendait tout le monde très mélancolique à propos de l'avenir... J'étais chez Irene Dune un soir quand j'entendis William Powell dire à Jane Russell : « Il y a deux choses qu'on ne peut jamais éviter dans la vie, comme écrivait Mark Twain : la mort et les taxis. » Les taxis, je veux bien : où qu'il y ait des humains, il y aura des voitures, aucun doute là-dessus. Et parmi ces voitures, quelques taxis. Mais la mort ? Bill avait été marié à Carole et avait ensuite eu une histoire avec Jean Harlow, après le suicide de son mari, jusqu'à ce que ses reins la tuent en 1937, donc sa mélancolie pouvait se comprendre.

Je voulais le secouer, lui et les autres humains, les sortir de cette torpeur. Ne soyez pas si fatalistes, bon sang ! Bien sûr que la mort nous menace tous, mais vous devriez voir les gars que je rencontre lors de mes visites dans les hospices de Palm Springs. Même quand ils n'ont pas l'air en super forme, ils sont toujours enchantés de nous inviter à leur centième anniversaire, Don et moi. « On se voit le mois prochain, petit. J'ai pas prévu de mourir d'ici là. J'ai pas prévu de mourir tout court ! » Et ils nous laissent partir après un pacte du genre « Si tu tiens bon, je tiens bon ! » Ils n'ont pas ce pessimisme inéluctable des humains. Au contraire, ils sont très friands de bons tuyaux pour ne pas mourir. Après « Où est Johnny ? », la question qu'ils me posent le plus souvent est « Quel est ton secret ? »

Mon secret ? N'est-ce pas évident ? Il n'y en a pas. À part ça peut-être : ceux qui croient en leur étoile réussissent toujours.

Mais la Seconde Guerre mondiale fut une tragédie. Découvrir que les chimpanzés n'étaient pas la seule espèce à pratiquer le meurtre organisé fut un choc terrible. « Pourquoi les hommes s'entretuent-ils ? » demande Tarzan dans *Le Triomphe de Tarzan*. Vous vous pensiez innocemment les seuls capables de faire le mal, mais vous n'aviez rien compris. J'avais tellement envie de vous dire : Ne soyez pas si durs avec vous-mêmes ! Mais je pensais aussi : Si, soyez durs avec vous-mêmes. Vous devriez avoir honte de vous comporter comme une vulgaire meute, avec tous les avantages que vous avez. Bordel, non seulement la guerre éloignait régulièrement Johnny de Los Angeles, mais suite à la baisse des droits étrangers (qui avaient été en grande partie à l'origine de la notoriété des *Tarzan*), la MGM laissa expirer son option, et la série passa chez Sol Lesser à la RKO ! Totalement absurde... Une folie !

Le bon côté de la chose, c'est qu'avec deux enfants, Johnny avait peu de chances d'être appelé au combat. Et son éloignement de L.A. lui évitait au moins d'être piégé comme une limace dans son demi-pamplemousse de Rockingham Avenue. Je pensais qu'il allait être heureux. Je *savais* qu'il allait être heureux, à rigoler avec les jeunes soldats, des gamins du Midwest qui n'avaient jamais vu la mer, leur montrant, enroué d'avoir trop poussé son cri, comment nager, comment plonger, et comment ne pas mourir...

Mais il me manquait. Après un malencontreux incident, relativement public, qui suivit ma rencontre avec Dietrich à la cafétéria d'Hollywood (pas de ma faute... elle m'avait fait peur), ma vie sociale avait connu un certain ralentissement. Je dois également mentionner ma dispute avec l'inimitable Maureen O'Hara — pas franchement malin après l'incident Dietrich (l'excuse du elle-m'avait-fait-peur ne peut pas servir éternellement), mais elle avait fait une remarque désagréable sur Johnny. Rien qui mérite d'être répété, mais je me suis enflammé — et, avouons-le, je dois des excuses à Maureen. La triste vérité c'est que, Hollywood étant un village, j'avais espéré que Johnny finisse par en entendre parler. L'imaginer riant au téléphone depuis sa chambre d'hôtel du Midwest, demandant de mes nouvelles et un récit détaillé de mon acte chevaleresque, ne me semblait pas tiré par les cheveux. Quel autre moyen d'entrer en contact avec lui ? J'imaginais Niv en train de lui raconter la scène (« Apparemment, Cheeta lui a jeté un regard et, sans plus de cérémonie, devant tout le monde... ») mais il s'avéra que Niv était enrôlé dans cette putain de guerre en Angleterre.

C'était l'apogée de ma carrière. Époque charnière où le souvenir de Rintintin s'effaçait devant le triomphe de Pal le colley dans *Lassie*. Trigger, l'acolyte de Roy Rogers, cheval de cirque rigolo (pour enfants), était reconnu pour ses séries B. Les comédies à suspense d'Archibald le boa constrictor avec Shirley Temple n'étaient pas encore... *je plaisante*, je plaisante bien sûr ! Avec Trigs, j'étais certainement l'animal le plus célèbre de la planète. Mais est-ce que ça compte vraiment ? Sans Johnny à mes côtés, je me sentais parfois un peu négligé par les autres légendes du cinéma.

Le transfert à la RKO entraîna un déménagement vers le zoo Selig à Lincoln Heights et il n'y eut plus de déjeuners à l'improviste à la cafétéria de la Metro. À la place : une assemblée de babouins, une vue sur les girafes ou sur les montagnes de Santa Monica, et le vague sentiment d'avoir été éloigné du centre du monde.

Cela me fit probablement du bien de sortir du tourbillon social humain. J'étais de nouveau sur les rails, j'avais arrêté la cigarette, j'étais capable de me concentrer sur ma vie de famille et d'enfanter quelques douzaines de petits Cheeta. Je vivais tranquillement, loin des ennuis, et tous les jours j'imaginais à quoi ressembleraient les choses sans *Maureen* sur la corniche. Le Gamin était encore assez jeune pour être soigné de la maladie temporelle dont sa mère l'avait infecté ; les plantes grimpantes et la vigne vierge étaient à nouveau autorisées à ramper le long du comptoir du petit-déjeuner de la Maison dans les Arbres ; nous pouvions réintégrer la forêt et y vivre *heureux pour toujours*. Ouais, c'est ce que nous allions faire. Vivre heureux pour toujours, c'était ça le plan.

Je ne ressentis donc aucune amertume envers la Metro. Si L.B. avait décidé que nous serions mieux avec Lesser et la RKO, c'était probablement la bonne décision, aussi bonne que celle qu'il avait prise en 1937 d'étouffer le viol en réunion de Patricia Douglas lors d'un enterrement de vie de garçon à la MGM, en soudoyant plusieurs témoins clés ainsi que la *mère* de Patricia. D'ailleurs M. Lesser était plein d'énergie ; il avait des idées formidables (UNE SECTE D'HOMMES LÉOPARDS ! DES ATTAQUES D'ARAIGNÉES GÉANTES ! DES BIMBOS !) ; il avait des scénaristes du calibre de Marjorie L. Pfaelzer — sa fille ; et une nouvelle corniche au Los Angeles County Arboretum, dans une petite banlieue au nom prometteur d'Arcadia, juste au nord de L.A. Il avait également trouvé une solution brillante à l'absence de Jane. Qu'on le veuille ou non, ses trahisons avaient aidé à remplir les palais à rêves. Oui, elle avait été vaincue et bannie. On la disait retournée dans sa Londres bien-aimée, « à soigner les blessés ». Mais cela nous obligeait à remplacer l'éternelle méchante de la série. Qui pourrait bien remplir le trou laissé par Jane ? Des nazis, bien sûr ! Lesser était un génie. Apparemment les nazis étaient intéressés par l'exploitation d'un énorme gisement de minerai dans le royaume perdu de Palandria, à deux pas de la corniche !

J'étais absolument enchanté à l'idée de contribuer à l'effort de guerre. Tout ce que j'avais réussi à faire jusqu'ici était de mordre Marlene Dietrich, qui s'était révélée, à mon grand agacement, ce qu'ils appelaient une bonne Allemande. Si Dietrich était une bonne Allemande, pensais-je, alors les mauvais devaient être des saloperies franchement terrifiantes. Bref, on pouvait compter sur moi.

De retour à Arcadia, après un léger faux raccord pour ainsi dire, j'étais à nouveau dans les bras de Johnny. « Oopff, mon vieux, t'as pris quelques kilos ! Tu deviens trop lourd pour moi. » Lui aussi avait pris quelques kilos : son pagne tendu vers le nord avalait désormais son nombril. Mais c'était toujours mon Johnny, si beau dans sa simplicité. Tout sauf « insipide », *n'est-ce pas,* Maureen O'Hara l'inimitable. Comprenez-moi bien, j'admire Maureen. N'importe qui capable de se remettre de la nouvelle du suicide de son ex-mari en s'exclamant pleine de peps « C'est le plus beau jour de ma vie ! » mérite d'être salué pour sa positivité.

Mais je pense que je devrais arrêter de l'appeler « l'inimitable ». Pour soulever un des secrets d'Hollywood, Maureen était en réalité très facilement imitable. J'aurais moi-même fait une Maureen O'Hara acceptable, en me contentant de crier aussi fort que possible et en balançant mes excréments autour de moi. Elle n'était (ou « tu n'étais » : salut, Maureen !!!) qu'une variété commune, disons domestique, de droguée des rapports de force, dissimulant ses angoisses sociales derrière de bonnes vieilles parades agressives que nous avions tous accepté de prendre, doux euphémisme, pour de la « combativité ». *Non,* Maureen, Johnny était inimitable, pas toi, et que tu n'aies pas pu lui mettre le grappin dessus ne surprendra personne. La beauté de son insouciance solaire était inaccessible à une guerrière blindée telle que toi : un peu comme le soleil à l'intérieur d'un tank. Johnny n'était pas *insipide*. Il avait plutôt durement acquis la superficialité là où les autres humains se cantonnaient à la « profondeur ». Et d'ailleurs, Maureen, je dois dire qu'entre Lupe Vélez, Marlene Dietrich, Maureen O'Sullivan, Joan Crawford, Brenda Joyce et toi, tu étais de loin la moins goûtue que j'ai jamais... bref, je digresse.

Revenons à nos moutons : après l'excitation provoquée par les nazis je fus quelque peu surpris, lorsque nous rencontrâmes nos ennemis en personne, de voir qu'ils étaient complètement nuls. Vraiment les humains les plus inutiles que j'ai jamais eu la malchance de croiser — ils me rappelaient Maureen O'Hara par leur stupidité, leur véhémence, leur agressivité et leur incompétence au combat, ou ce pauvre vieux Spencer Tracy lorsqu'il laissait ses démons éthyliques prendre le dessus. *Le Triomphe de Tarzan* était le nom du rêve. *Un Triomphe facile*, le sous-titre implicite. Pas découragés par leur défaite, les braves nazis revinrent à la charge dans *Le Mystère de Tarzan*, que nous commençâmes juste après. Ils tentaient de corrompre le Sheikh de Birherari avec un cheval, je crois. Birherari ? C'était à l'opposé de Palandria. On pouvait dire qu'on voyait du pays.

J'ai regardé *Le Mystère de Tarzan* au moins deux fois par an ces vingt-cinq dernières années, en vidéo et en DVD, Don proposant à chaque fois ses propres commentaires sur le film, « Oooh, fais gaffe ! » et « C'est qui ça, Cheeta ? », et je n'ai toujours aucune idée claire de ce qu'il s'y passe. Une plante dévoreuse d'hommes assassine le fils du Sheikh, causant du grabuge entre les tribus rivales à propos du cheval prodige, mais par chance une femelle magicienne blagueuse du New Jersey repousse l'alliance des nazis à l'aide d'une araignée géante et nous aide, Tarzan et moi, à obtenir... un accord commercial ?

des vacances ? J'en sais rien. C'est une œuvre contre la guerre. Enfin bon, après une heure et quelque, le film s'arrête et nous sommes déclarés vainqueurs. Je remplis les temps morts avec de la comédie et beaucoup d'arrachage de chapeaux, qui me valurent cet éloge du *New York Times* en décembre 1943 : « *... vaut la peine d'être vu pour* [la séquence involontairement comique de l'araignée géante, presque aussi divertissante que] **les moments de comédie de Cheeta** ». Le gras (ou plutôt le feutre surligneur) est de Don.

Comment ne l'ai-je pas vu venir ? Un film de guerre sur la corniche... pas étonnant que ça tourne à la Bérézina. J'aurais dû faire plus attention au sinistre avertissement que quelqu'un avait écrit à la craie en lettres de trente centimètres de haut au-dessus du portail de la Paramount :

EN CAS D'ATTAQUE AÉRIENNE,
DIRIGEZ-VOUS IMMÉDIATEMENT VERS LA **RKO***.*
ILS N'ONT PAS CONNU DE **BOOM** *DEPUIS DES ANNÉES !*

La première chose que je remarquai, c'est qu'ils faisaient moins de prises — nous extrayions du monde une quantité de plus en plus ténue de rêve. En Arcadia, les arbres de la forêt étaient déplumés, les cascades étaient desséchées, les Gabonis tous morts et les animaux se faisaient rares. Les vols de grues et de flamants roses, les hordes de buffles et d'antilopes, les assemblées de crocodiles et les bataillons d'éléphants avaient quasiment disparu.

Les humains, eux, se faisaient plus nombreux. Des routes commerciales irriguaient le continent, dont on considérait désormais les intérêts stratégiques et les revenus potentiels. Et Tarzan aussi changeait. Lui-même avait dû être infecté par une dose de maladie temporelle. Il s'ennuyait et, au lieu de m'aider à soigner le Gamin, avait besoin de ces petites aventures pour tenir le coup. Le temps était en train de me changer Tarzan l'Homme Singe en Tarzan Détective de la Jungle. Du jour au lendemain, les hommes blancs n'étaient plus les méchants.

Tarzan était devenu une célébrité locale très populaire dans les comptoirs coloniaux et les villes qui semblaient avoir poussé partout ; il était aussi respecté au Haut-commissariat britannique à Bagandi que parmi les commerçants des bazars animés de Taranga, où il partait parfois à la chasse aux bonnes affaires. Et il était là, avec son gamin et son singe de compagnie, une curiosité, un réactionnaire, un ermite et — d'accord — un barjot, mais toujours profondément avisé quant à la gestion de la forêt. Ses interventions dans la politique régionale étaient accueillies plutôt favorablement par les intérêts coloniaux dominants.

En prenant le thé à Claridge's, Jane finirait sûrement par entendre parler d'eux. « Jock dit que votre ancien amant de la jungle est assez populaire chez le consul de Bagandi. D'après ce qu'il m'a dit, il pourrait nous aider à garder les gros bonnets locaux dans le rang. »

« Oh, ne parlons pas de cela, Angela. Ces éclairs au café sont divins, n'est-ce pas ? »

« Mmmh. Vous saviez que Niv était en ville ? Il demandait de vos nouvelles... »

Les choses avaient tant changé qu'« elle » me manquait presque.

Avec ma victoire contre Jane, quelque chose avait disparu. Nous avions perdu foi en ce que nous faisions. Le rêve urgent que nous avions eu et que tout le monde attendait appartenait au passé. Il pouvait être résumé en un seul mot : « *AAAAA-HHHHHEEEYYYEEEYYYEEEYYYAAAAAHHEEE-*

YYEEEYYYAAAAAH ! » C'est-à-dire : « Je suis ». Ou plus simplement : « Je vis ici parmi les animaux. Je les domine. Je prends soin d'eux, comme ils prennent soin de moi, et cela est bon. Pourquoi cela devrait-il changer un jour ? Pourquoi même s'arrêter un jour ? » C'était un rêve magnifique, et nous avions perdu foi en sa nécessité. « Je suis » n'était désormais plus suffisant, plus depuis que Tarzan se présentait comme un Sam Spade endo-néocolonialiste en pagne et qu'on lui demandait de s'*impliquer* davantage. Il était devenu fou.

Une chose sournoise et terrible était en train de contaminer tout le monde, y compris le Gamin, désormais totalement superflu. Tous les humains de la corniche semblaient avoir été infectés par une étrange nouvelle souche mutante de la maladie temporelle. Ils avaient l'air dans le cirage, parlant d'une manière étrange et vitreuse comme si le continent entier venait de réchapper à un accident de voiture.

« Mes hommes ont de la chance... de recevoir les fruits de ta sagesse. »

« Mais ils deviennent négligents. Ils ont permis à un homme... de s'échapper. »

« C'est vrai, Amir... mais ceux qui se sont rendus coupables de tant d'imprudence ont été punis. »

« Encore une erreur comme celle-ci... »

Voici le genre de conversation que les humains avaient quand ils ne s'activaient pas. Et ils arrêtaient de parler dès qu'ils commençaient à marcher ou à prendre un verre à la main ! « Ah... Tarzan. *(Pause.)* Assieds-toi. *(Longue pause, remplit un verre.)* Il y a eu deux attaques sur des caravanes en direction de Nyagi... la semaine dernière. » *(Pause. Tarzan s'assoit.)* « Quoi être arrivé ? »

De Bagandi à Palmeria, l'épidémie faisait rage, encroûtant les humains. Elle éteignait la lumière dans leurs yeux, la joie dans leurs gestes, la vie même de leur corps. Ils avaient l'air léthargique et stupide d'animaux oubliés en désintox. Ils faisaient leur travail mécaniquement, sans conviction ni intérêt. C'était comme le ciel à Palm Springs — je fais beaucoup de peintures de ciel en ce moment : le matin, il est bleu, et quand vous regardez cinq minutes après, tout est devenu brumeux et incolore. Que pouvais-je faire ? J'étais immunisé — la maladie n'attaquait que les humains — mais il n'y avait pas de remède, ni l'espoir d'en trouver un un jour. Tout ce que je pouvais faire pour aider était d'insuffler un peu de vie autour de moi. Alors que l'Affaire de la Mangue Disparue, ou je ne sais quoi d'autre, traînait absurdement en longueur, je galopais dans tous les coins comme un fou, utilisant des cigares, des fruits, des singes capucins, des cobras dans des paniers, des instruments de musique, des jumelles, des cannes à pêche, tout ce qui pouvait me tomber sous la main pour tenter désespérément de leur remonter le moral : j'avais le vilain pressentiment que si je m'arrêtais, le film s'effondrerait sous le poids de sa propre futilité.

Il y a longtemps, quand Tarzan était jeune, j'étais là pour lui apporter mon aide s'il se sentait seul. Maintenant, j'étais là pour l'empêcher de mourir d'ennui. Regardez le DVD et vous verrez par vous-mêmes. Regardez mes yeux, il y a toujours une étincelle de vie qui s'accroche à l'intérieur, alors qu'autour de moi tout s'épuise. Regardez mes yeux, vous verrez que je suis le seul à y croire encore. Et vous voulez bannir les vrais animaux des écrans, hein, Dr Goodall ? Eh bien, moi, je descends de cette lignée d'acteurs qui jouent *avec leurs tripes*.

Hélas, je commençais à craindre que cela ne contamine mes amis d'Hollywood. En sortant en ville avec Johnny, Bö Roos et les autres habitués du monde des cocktails, je sentais qu'eux aussi commençaient à être atteints du syndrome de la RKO. Nous racontions plus de blagues, nous buvions plus, nous pariions plus, nous étions chaque jour plus géniaux, plus épais (toute cette picole !), plus semblables, plus nombreux, plus américains, plus installés, nous n'avions plus rien à protéger, plus rien à perdre. Le monde nous surprenait moins. Nous connaissions la suite des événements. Ce n'était qu'un ersatz de l'épidémie d'Arcadia, pour sûr. Mais il était palpable, ce nuage de pollution invisible qui s'étendait sur la « Bande de Bö » — Johnny, Fred MacMurray, Frank Borzage, Red Skelton, Duke et le reste du groupe avec qui nous faisions la fête au Tropics sur Rodeo Drive, ou au Cocoanut Grove, ou chez Don the Beachcomber, ou au Christian's Hut sur Catalina Island, ou au Pirate Shack, ou dans toutes ces autres boîtes de nuit d'Hollywood qui s'échinaient à vous convaincre que vous étiez au paradis.

Lorsque je finis par retourner dans la demeure de Rockingham Avenue pour jouer mon rôle de caddy, le nuage toxique invisible était encore plus épais, les pauses encore plus longues, l'absence de but encore plus perceptible.

« Comment vont les filles, chérie ? » lançait Johnny.

« Oh, comme d'habitude... Phyllis déménage » ripostait Beryl.

« Phyllis déménage ? Où cela ? » contrait-il, rapide comme l'éclair.

« Je te l'ai déjà dit » renchérissait-elle.

« Tu me l'as déjà dit ? » répétait-il ironiquement.

« À West Hollywood » rétorquait-elle.

« Ah oui, à cause du machin avec leur sous-sol » la taquinait-il.

« Quel machin avec le sous-sol ? » s'enquérissait-elle malicieusement.

« Tu avais dit qu'ils avaient un machin avec leur... ah, pardon, *Phyllis* » répliquait-il.

« Qui est-ce qui a un machin avec son sous-sol ? » lançait-elle narquoisement.

« J'en sais rien » disait-il à toute vitesse. *Rétropédalage impossible !*

Pourtant, même avec Red Skelton scintillant au loin (« Hé, je jetais un œil à mon certificat de mariage ce matin : où est la date d'expiration ? ! » ; « Dis-moi quelque chose, mon petit Johnny, pourquoi les Anglaises ont peur de leur mari ? »), malgré l'émulation presque instinctive qu'il y avait chez ces gens-là à se plaindre de leur femme, je n'ai jamais entendu Johnny critiquer une seule fois Beryl en public. Il savait que s'il commençait, il ne serait jamais capable de s'arrêter. Je crois que parce que son propre père l'avait abandonné, il ne pouvait supporter l'idée de faire la même chose à Johnny Jr. et Bébé Wendy. Alors il étouffait sa rancœur et s'accommodait de son malheur, et ils continuaient à avancer tous les deux, polis, distants, sans vie, sans amour au milieu de ce nuage toxique.

Loin de moi l'idée de me mêler de ce qui ne me regarde pas. On me dit sans cesse que j'ai rendu des millions de gens heureux, mais à quoi bon si l'on ne peut pas rendre *une personne* heureuse ? Attention à ne pas prendre son petit grain de sel pour de la poudre de perlimpinpin. Si j'ai réellement *fini* par le sauver de son mariage, c'est plus par accident que par calcul.

Il me semble avoir déjà mentionné que Beryl, cette gazeuse de taupes, cette suffoqueuse de limaces, cette décapiteuse de rats, n'aimait pas les animaux. Nombreux furent les animaux blessés pendant la construction de la maison et de la garde-robe de Beryl Scott. Elle n'avait aucune tolérance pour les araignées ou les mites, ni pour les chauves-souris effrayées (« Un rat avec des ailes ») qui essayaient de fuir son manoir de misère — et, bien sûr, elle avait une aversion toute particulière pour les primates mondialement connus et acclamés par la critique. Tous les rats sans ailes avaient été exterminés depuis longtemps de Rockingham Avenue, mais elle entretenait sa vendetta avec un attirail de pièges permanents. Sans vouloir critiquer mes très chers amis humains, j'ai envie de répondre à Beryl, lorsqu'elle dit avoir peur que des rats n'attaquent les bébés, que la plupart des enfants issus de mariages hollywoodiens ont plus souvent vu leurs vies détruites par des mères que par des rats.

Ces pièges à rats sont la seule chose qui ait jamais fait perdre à Johnny son sang-froid avec elle. « La maison est pleine de pièges, Beryl » avait-il poétiquement dit un jour, après en avoir trouvé un dans le placard où étaient rangés les crackers et les olives en conserve. « J'arrive même pas à me rappeler où ils sont ! »

« C'est normal, il faut les bouger sans arrêt pour tromper les souris ! »

« Si *moi* je me fais avoir, comment les souris seraient-elles foutues de savoir où ils sont ? »

« Ne hausse pas le ton avec moi, s'il te plaît, John. »

« Je suis désolé. Mais ce ne sont que des souris. »

« Des souris et des rats. Ils répandent des maladies et sont une menace pour les enfants » dit Beryl, les assimilant un peu hâtivement à Joan Crawford. « Et tu manges trop de crackers. »

La peur... C'était aussi son principal angle d'attaque contre *moi* — que moi, le farceur bien-aimé des familles, je puisse être assez saoul ou distrait pour péter les plombs et décider de manger ses enfants.

« Il est trop gros pour être maîtrisé, John. S'il s'en prenait à l'un d'entre eux, tu ne pourrais pas l'en empêcher. »

« Oh, allez, c'est Cheeta ! Il ne va "s'en prendre" à personne, hein, Cheets ? Tu ne dis que des bêtises. »

« Ah oui ? Pourtant il s'en est pris à Maureen O'Hara, j'ai pas raison ? » Johnny et moi ne dîmes rien. « Tu m'as toujours dit qu'il avait mordu Maureen O'*Sullivan*. Il a attaqué Marlene. Il s'en est pris à Joan *sous mes yeux*. » Ouais, ouais, facile de noircir le tableau. « Sans oublier cette histoire terrible avec Dolores Del Río. »

« Tout ça c'est des conneries, et tu le sais. »

Un tissu de conneries en effet. Ce qu'il s'est réellement passé entre Dolores et moi était bien plus compliqué, et au demeurant assez beau, mais je me garderai bien d'en discuter dans ces mémoires.

« Ne jure pas, John, s'il te plaît. Je suis simplement mal à l'aise quand les enfants sont dans le jardin en même temps que le singe. Ça se comprend, non ? » La courbe de sa lèvre supérieure était encore tartinée de rouge à lèvres — parfois, après l'ère Crawford, on avait l'impression que la bouche de toutes les femmes d'Hollywood se pinçait de dégoût. Sans cela, j'aurais été bien incapable de me souvenir de sa tête. J'étais étonné qu'elle puisse même s'en souvenir, elle, et je me demandais si ce n'était pas pour cette raison qu'elle se tartinait la lèvre supérieure. — « Je crois qu'il essaye de se faire remarquer pour qu'on lui donne une bière » ajouta-t-elle.

Donc, si je voulais venir leur rendre visite, je n'avais pas le droit de fumer (dans les années *1940* !) Je devais bien me comporter et être chaperonné au cas où je me transforme en un monstre baveur mangeur d'enfants sorti de la jungle maudite. Écoutez, des occasions de manger des bébés humains, j'en ai eu en pagaille, eh bien je préférerai toujours me prendre un Beef Combo Burrito à Taco Bell. Ou, encore mieux, si Don se sent grand prince, un Big N' Tasty Happy Meal. Alors, pas la peine de vous emballer.

La dernière fois que je l'ai vue, je pense qu'elle devait être enceinte de quelques mois de leur deuxième fille, Heidi. Johnny et Bö Roos passèrent me prendre à Selig Park et me conduisirent jusqu'à la maison. Ils avaient du travail sur le poolhouse : des rénovations, des aménagements pour se faire un peu d'argent. Avec tous ces jardiniers gabonis, ces nourrices que les petits Johnny et Wendy commençaient à mieux connaître que leur mère, ces minéraux décoratifs, ces voitures, ces exterminateurs de taupes indispensables pour combler l'abîme de leur tristesse conjugale, le Manoir de la Misère engloutissait l'argent avec autant d'avidité qu'Esther Williams l'organe de ses partenaires masculins.

Bö était un bon ami de Johnny : le genre de type à l'aise, rondelet avec une petite moustache très smart, qui parlait de ses clients comme de « gamins ». Il donnait à ses « gamins » des allocations pour éviter qu'ils ne tombent en faillite, leur prêtait lui-même de l'argent lorsqu'ils étaient un peu à sec, essayait d'en sortir autant qu'il le pouvait de leurs poches pour qu'ils l'investissent sagement dans l'immobilier, et déduisait leurs vies entières de leurs impôts. Ils n'avaient même pas à se soucier d'argent : les « gamins » signaient pour tout, Bö se chargeait des factures et, à l'occasion, de leur faire la morale à propos d'irresponsabilité fiscale. Comme moi et comme la plupart des acteurs, Johnny n'avait aucune idée de ce qu'était vraiment l'argent, mais Beryl, elle, savait, et n'appréciait pas d'être bridée. C'est pour cela que j'appréciais Bö et elle, non.

Enfin bon, Johnny et lui parlaient du futur poolhouse, et moi je commençais à devenir un peu nerveux là-dedans, mon rôle se limitant à pépier et à tirer sur la main de Johnny. Je suis comédien, pas architecte.

« Pardon, Bö. Arrête de me casser les pieds une minute, Cheets » dit-il, un peu sèchement.

Je m'éloignai docilement en traversant la pelouse vers Johnny Jr. (paix à son âme), qui marchait seul d'un pas encore mal assuré. C'était une journée particulièrement colorée. Les hêtres cuivrés étaient embrasés de rouge, la pelouse verte à pleurer, le ciel aussi bleu-mauve qu'un raisin noir, et le petit Johnny tout simplement *doré*. Je m'avançai vers lui à quatre pattes et il tomba sur son postérieur. L'interdiction de Beryl me faisait enrager car elle ne soupçonnait pas le plaisir que me donnaient les enfants de Johnny, le pincement au cœur que me faisaient les drôles de poignets dodus de son fils.

Nous nous regardâmes l'un l'autre — il avait les yeux de son père, ça ne faisait aucun doute, et le même regard cristallin. Il soutint mon regard calmement et je tendis une patte velue aux doigts noirs pour toucher les joues marbrées de l'enfant, fasciné par leur moelleux, par leur juteuse densité. Tendre petit être. Un souvenir jaillit de mon esprit comme un singe bleu en fuite : celui d'un enfant sans défense et d'une foule de singes en cercle l'observant, se demandant quoi faire. Était-ce un rêve ? D'où venait-il ?

À ce moment-là, un cri — le cri le plus puissant dont elle était capable — s'échappa de la gazeuse de taupes sur la terrasse, suivi par le cri plus petit d'une nourrice en train de lire assise sur une couverture à carreaux à cinquante mètres de là, et très vite je fus pourchassé sur la pelouse et bruyamment calomnié. Combien de fois l'avait-elle dit à Johnny ? Elle *s'attendait à mieux* de la part de Bö...

« Mais il ne s'est rien passé, chérie. Tu aurais dû voir Cheeta avec Johnny Sheffield quand il était un petit homme. Il aime les enfants. »

« Tu pourrais me laisser parler, John ? J'en ai plus qu'assez de ce singe de malheur » dit Beryl, sans savoir ce qu'elle disait, ni quels tendres sentiments elle piétinait. « Je ne veux plus jamais le voir dans cette maison. Tu le sors uniquement pour pouvoir jouer à Tarzan de toute façon. » Elle refusait de me regarder. Johnny Jr. hurlait. « C'est la dernière fois. D'accord ? »

« D'accord » dit Johnny. « Moi désolé. »

« Tu n'as qu'à le mettre à l'arrière de la Ford jusqu'à ce que tu aies terminé avec M. Roos » dit-elle, avec le faible espoir que je meure rôti à l'intérieur de la voiture.

« Non, on en a fini en bas » dit Bö. « On va monter sur la terrasse et garder un œil sur lui. »

J'étais soudain quelque chose sur lequel il fallait garder un œil. Ils s'assirent ensemble, parlant du monde complexe des humains, sur la terrasse écrasée de soleil avec un bol de Triscuits et une caisse de bières, tandis que je m'en avalais deux ou trois dans l'espoir de calmer ma panique. « D'accord » avait-il dit : injustement vilipendé, faussement accusé, je faisais les cent pas en bordure de leur champ de vision, me demandant comment cela se terminerait. Si elle arrivait à me bannir de la maison, peut-être pouvait-elle aussi lui dire qu'il était temps qu'il grandisse et qu'il arrête de promener un chimpanzé en ville ? « D'accord » avait-il dit. Après que Jennifer Jones eut terminé de travailler avec John Huston sur *Les Insurgés*, elle lui avait offert un chimpanzé femelle pour fêter la fin du tournage. La femme de Huston, Evelyn Keyes, la haïssait. Elle lui lança alors un ultimatum : « Choisis, John : c'est soit le chimpanzé, soit moi. » « Ma chérie... j'ai bien peur que ce ne soit lui » répondit Huston. (Dieu te bénisse à tout jamais, John. Il était connu pour être un contributeur herculéen au Projet, travaillant sans relâche à la sécurisation de pans entiers de Californie pour les chevreuils et les lapins chassés par les pumas.) Mais Huston aimait blesser les femmes presque autant qu'il aimait les animaux : c'était une blague irrésistible, rien de plus.

« D'accord » avait dit Johnny. Dans moins d'une demi-heure, Bö et lui auraient fini. Je m'approchai de la table en flânant et chipai deux ou trois autres bières dans leur caisse. *Survivre, survivre, survivre.* Évidemment. Mais comment ? Réfléchis. Pourquoi les Anglaises ont-elles peur de leur mari ? Réponse : Parce qu'elles ont peur qu'ils les détrônent.

Tout doucement, sur le coussin de mes phalanges, je me suis glissé dans l'obscure maison des pièges : des soleils ourlés de violet explosèrent dans mon champ de vision, me rendant aux trois quarts aveugle. La dernière fois que j'y avais été, un piège à rats rôdait derrière le piano couvert de trophées. Il était encore là. Au cas où les souris n'aient toujours pas compris à quoi il servait. Quelles souris ? Elles étaient toutes mortes. Je récupérai le piège de mes délicates mains de chimpanzé et, le portant avec la révérence que j'aurais pour un Oscar d'honneur si j'ai un jour la chance d'en recevoir un, je m'avançai sur trois pattes vers le meuble lambrissé de noyer. À l'intérieur, de bas en haut, deux étagères remplies de verres en cristal taillé, deux autres de tord-boyaux, une d'humidificateurs et de boîtes à cigares et, la plus haute de toutes, l'éclectique collection habituelle de mélanges pour cocktails aux étiquettes souillées, de liqueurs oubliées, de dessous de verre, de seaux à glace, de conserves d'olives, de conserves de noix et d'une boîte de Triscuits. J'escaladai sur le bout des doigts et des orteils, poussai la boîte de Triscuits vers le fond de l'étagère et, aussi délicatement que Laurence Olivier calmant la folie et la dépression de Vivien Leigh — non, avec une délicatesse plus grande encore — je déposai le piège devant la boîte. Tendu, terriblement alerte, il retenait son souffle, comme tous les pièges. Je refermai la porte en noyer et me glissai à nouveau discrètement sous le soleil.

Personne ne s'était soucié de moi. Je m'enfilai une ou deux

bières rafraîchissantes pour les nerfs et me joignis à la table pour savourer un snack. « Dis donc, Cheets » dit Johnny. « N'engloutis pas tout. Laisses-en un peu pour nous autres. » Et de sa somptueuse main, il éloigna de moi le bol de Triscuits. De longs doigts avec de grosses cuticules en demi-lunes que je frôlai en me saisissant à nouveau du bol et en engouffrant le reste des biscuits. Ils avaient un goût de poussière.

« Sacré petit mange-merde ! » dit-il, à moitié admiratif. « Bö, je te prie d'excuser les manières de mon collègue. Tu devrais avoir honte de toi, Cheets. Je vais aller nous en chercher d'autres. »

« Pas la peine, pas la peine, je n'en veux pas. »

« Alleeeeez, je ne peux pas boire ça sans grignoter. »

« On doit partir dans une minute si on veut voir Merle. »

« Allez, c'est toujours bien d'avoir un paquet de prêt de toute façon. Et j'en connais un par ici à qui ça ne déplairait pas de s'en enfiler un autre. » Johnny me tapota la tête en se levant : je sentis sa chevalière en bois de l'Illinois State Athletic Club frotter contre mon crâne. Il était encore temps de le stopper mais bon, elle n'en voulait qu'à son argent de toute façon, et elle n'aimait pas les animaux.

Mes chers lecteurs, mes doux geôliers, mes adorables humains : j'ai vécu plus longtemps que n'importe quel chimpanzé n'en a jamais rêvé, et ce grâce à vous. Nous sommes présents par milliers dans des sanctuaires à travers toute l'Amérique, réhabilités, bien nourris, à l'abri de la mort grâce à vous. Tous n'ont pas quelqu'un comme Don pour réguler leur diabète avec deux piqûres quotidiennes, pour maintenir au plus bas leur niveau de stress, pour les occuper, les stimuler et encadrer leurs articles de presse. Mais il y a des milliers de Jenna et de Myra et de J.P., là dehors, découpant des fruits, mesurant des dosages. Et tout cela grâce à vous.

Si l'on élargit la question aux animaux en général, et pas seulement aux chimpanzés en particulier, on reste sidéré face à la quantité que vous avez sauvée et à celle, plus large encore, que vous vous efforcez si désespérément de sauver. Des *rats* avec des ailes, des *rats* avec des défenses, des *rats* avec des cornes, des *rats* avec des becs, des *rats* à la fourrure rayée pour se camoufler, des *rats* aux plumes ventrales iridescentes, des *rats* à fanons, des *rats* dotés d'ingénieux systèmes d'écholocalisation, des *rats* aux flancs tachetés et au pouvoir de navigation transcontinentale, des *rats* à carapaces, des *rats* à ramures, des *rats* à crêtes, des *rats* à crinières, des *rats* à langues rétractiles, des *rats* dotés de nageoires dorsales emblématiques, des *rats* à la fourrure d'une couleur de glace au citron miraculeusement flottante et conservant la chaleur : tous ces rats et tant d'autres, vous avez tenté de les attraper délicatement entre vos mains pour les mettre en sécurité. Être délibérément cruel envers un être humain... — Oui, bon, j'ai eu quelques prises de bec regrettables avec des collègues acteurs, mais c'était juste *Hollywood*, ça — blesser vos délicates mains salvatrices me serait impensable. Mais blesser les mains délicates du meilleur des humains, que j'aimais et que j'adorais, n'était pas chose aisée. Vous avez vu ? Je viens d'utiliser une litote, là. Bon, je n'avais pas d'autre option. Ne me jugez pas trop sévèrement, doux lecteurs : je ne pourrais le supporter.

Ce fut encore plus horrible que ce à quoi je m'attendais. Il criait déjà en sortant par la porte-fenêtre, et je crus au début que le piège lui avait carrément coupé les doigts tant le sang s'écoulait de l'aisselle sous laquelle il cachait sa main. Même dans ses pires disputes avec Lupe, je n'avais jamais vu Johnny enragé à ce point. La querelle commença incroyablement mal, avant d'empirer. Beryl fit mettre les servantes en rang et les interrogea sans succès. Elle en vint même à m'accuser.

« Est-ce que le singe n'aurait pas pu le bouger ? » Bö prit ma défense. « Il est resté ici tout le temps, Beryl. Regarde, il a fini six bouteilles de bière, tu vois ? Comment aurait-il pu partir ? »

Il n'aurait pas dû s'en mêler. Beryl commença à lâcher de sombres allusions à propos de ce que son groupe de bridge avait « entendu » sur lui et la Beverly Management Corporation, et l'histoire prit une tonalité profondément désagréable. Bö était un voleur, Johnny un pigeon, et moi un sale animal agressif qui pue.

On peut dire que ça calma le jeu. En l'espace de quelques minutes, Bö, Johnny et moi descendîmes Rockingham Avenue à toute allure en direction du Cedars-Sinai Hospital, et ce fut la dernière fois que je vis la maison. Lui a sûrement dû y retourner deux ou trois fois, mais toujours en son absence. Le poolhouse ne fut jamais aménagé. Tout ce foutu château de cartes s'effondra... comme un château de cartes.

J'ai honte. Je me *sens* honteux, plutôt ; ça doit bien jouer en ma faveur, non ? Mais c'était un mariage tellement malheureux, et ce que j'appris plus tard sur l'esprit de vengeance de Beryl et son mépris pour le bien-être de ses propres enfants... enfin, ceci a déjà été documenté ailleurs. Elle aurait gagné à les manger elle-même. Bien plus tard, elle épousa un homme très bien, du nom de Königshofer, et fut provisoirement heureuse, bien que j'entendisse dire qu'elle buvait.

Ce jour avec Beryl me revint récemment en mémoire, quand Don me sortit pour une visite à la maison de retraite de Palm Springs.

« Oh, Don » dit la vieille femme avec qui nous étions assis, « est-ce que je n'ai pas suffisamment vu ce satané singe ? »

C'est la mère de Don, elle délire de temps en temps. Elle dit, par exemple, qu'elle ne votera pas pour Obama en novembre parce qu'il a volé les primaires à sa bien-aimée Hillary. Elle dit qu'elle votera Jeb Bush — c'est pas délirant, ça ? Une démocrate de toujours qui se range du côté de Bush III ? C'est juste dément. *Personne* à Palm Springs ne vote Bush à part la mère de Don. Nombreux sont ceux qui ont insisté auprès de Don pour qu'il me fasse faire campagne pour Obama, mais il leur a répondu que ce serait indigne et de mauvais goût, et que les animaux devaient être au-delà de la politique. Je suis bien *au-delà* de la politique puisque je n'ai pas le droit de vote. Don ne veut voter pour personne, parce qu'il trouve qu'ils sont tous aussi mauvais les uns que les autres.

Mais les délires occasionnels de la mère de Don peuvent parfois être utiles. Il y a six mois, elle est passée à la Casa de Cheeta pour un déjeuner sur la terrasse. Elle et Don ne parlaient pas beaucoup... ils ont un assortiment de silences qu'ils aiment partager, comme une assiette de fromages... et celui qu'elle finit par briser était un classique je-refoule-quelque-chose.

« Quand je suis arrivée tout à l'heure, Don » dit-elle, « Cheeta était en train de fumer dans le jardin. »

Don posa doucement ses couverts. Je me dis, *Hé merde*. Bon, c'est foutu. Voyons la réalité en face, si Don apprend que je fume, ç'en sera fini des cigarettes. Il trouverait la planque dans le massif et je serais foutu. Ça devait bien arriver tôt ou tard, mais bordel, quel manque de pot incroyable. J'arborai une expression d'indifférence un poil exagérée.

« Ah oui ? Je vois. Hé, tu sais qu'on a vendu plus de vingt tableaux cette semaine ? »

« Je ne suis pas folle, tu sais. Il était assis là-bas en train de fumer. Il tenait sa cigarette toute droite et tirait dessus à petites bouffées. »

« Maman, je suis désolé. J'essaie vraiment d'éviter une scène, là. Écoute, par quelle magie Cheeta aurait-il pu fumer ? Où trouverait-il des cigarettes ? Où les garderait-il ? Réfléchis-y. »

T'as de la veine, Cheeta, beaucoup de veine !

« Oh mon Dieu, oh mon Dieu, comment est-ce possible ? » dit-elle, et elle balança son assiette sur la terrasse. « *Putain de putain de merde !* Merde ! Pourquoi est-ce que ça m'arrive à *moi* ? »

La mère de Don a de longs cheveux gris et un nez de rapace, dont Don n'a heureusement pas hérité, et elle peut être très effrayante quand elle est perturbée. J'ai filé aussi vite que je le pouvais. Ce qui n'est plus si vite que ça ces derniers temps : je me suis donc traîné. Ce pauvre vieux Don faisait de son mieux pour la calmer mais il connaissait lui aussi les signes, et savait bien qu'elle était susceptible dans ces moments-là de dire des choses blessantes. Ce n'est pas une bonne idée de garder un parent à charge si vous avez les moyens de faire autrement. Ça peut être terriblement éprouvant pour tout aide-soignant non professionnel et pour ceux qui les entourent. Le *vocabulaire* qu'on entend ! La pauvre femme insultait son fils et le dénigrait affreusement.

« Ne me touche pas. Je n'ai pas besoin de ton aide, Don. Je ne suis pas un singe, espèce de tocard. Qu'est-ce que j'ai fait pour que mon fils soit un tocard pareil, Don ? Pourquoi est-ce que je ne vois jamais mes petits-enfants ? Où sont mes petits-enfants ? »

« Maman, tu n'as pas de petits-enfants. »

La mère de Don ne se retint pas de rire. Ça non ! Qu'est-ce qu'elle a ri ! « Je le sais bien. Je ne délire pas, là. Je voulais juste être cruelle. Je voulais dire, "Où sont mes petits-enfants ?" Tu vois, quoi. » Elle était en train de se calmer. « J'essayais juste d'être méchante. Oh mon Dieu, j'étais pourtant sûre d'avoir vu Cheeta... je suis désolée. Je suis vraiment désolée, Don, vraiment. »

Et moi donc. D'une manière ou d'une autre, j'ai l'impression d'avoir toujours blessé les femmes. Elle se calma, resta et regarda un peu TCM avec nous dans le salon : Leslie Howard et Ingrid Bergman dans *Intermezzo*. Rien de mieux qu'un classique du cinéma dans un tel moment : les humains pleuraient à chaudes larmes.

Question néanmoins intéressante pour moi : où étaient *mes* petits-enfants ? Il y a le jeune Jeeter, bien sûr, qui vit avec nous au Sanctuaire. Ancien du show biz, il était plutôt bon interprète. Ce n'est pas un mauvais singe, Jeeter, même si en ce moment il est en pleine crise d'adolescence. Il a bien failli me tuer, d'ailleurs, en 2004. Mais les autres, Dieu seul sait où ils se trouvent, et combien ils sont. Si j'ai engendré quarante ou cinquante enfants à la RKO, alors je pourrais avoir des centaines... des *milliers* de petits-enfants et d'arrière-petits-enfants. Il doit y avoir environ dix mille chimpanzés dans les sanctuaires de toute l'Amérique. Alors d'accord, je suis comédien, pas mathématicien, mais la question se pose quand même, combien d'entre eux peuvent être de moi ? Une centaine ? La moitié ? Est-ce qu'ils sont *tous* de moi ? Est-ce qu'en gros ce n'est pas *moi* dans ces cages, à travers toute l'Amérique ?

Bon, pour en revenir à mon livre sur l'amour et l'art aux temps troublés de la Seconde Guerre mondiale... Lorsque débuta le travail sur *Tarzan et les amazones* en 1945, je n'arrivais déjà plus à me convaincre que le rêve de la corniche était encore vivant. Le rêve était terminé, la vérité avait éclaté : nous n'étions qu'un vulgaire tas d'acteurs dans une série de films de plus en plus mauvais. Mais notre avenir n'était apparemment pas en péril. *Amazones* et sa suite, en 1946, *Tarzan et la femme léopard*, avaient beau n'être que des films de deuxième partie de soirée — des séries B, vraiment —, nous restions suivis par des centaines de millions d'humains sur cinq continents. La croyance populaire qui avait cours à la RKO était que nous pourrions en débiter à l'infini.

Je n'étais pas de cet avis. Me frappant des mains le sommet du crâne, enchaînant les pirouettes arrière de frustration et d'anxiété, tu parles que je n'étais pas de ce putain d'avis. Un jour viendra, m'inquiétais-je, où quelqu'un dira : « C'est trop stupide, trop ennuyeux, je n'y crois plus. » Le courrier des admirateurs descendra en dessous d'un seuil critique et nous serons perdus.

Rintintin — mes jeunes lecteurs, vous avez *certainement* entendu parler de Rinty ! —, Rintintin était un petit berger allemand secouru par des humains (qui d'autre ?) dans une ville de France bombardée à la fin de la Première Guerre mondiale, envoyé en Amérique et dont la Warner avait fait une énorme star. Rinty était un succès. Encore plus connu que moi. Imaginez Lassie et mettez ça au carré. Les humains les plus vieux s'en souviendront comme du « Chien qui sauva la Warner ». Ses films du début des années 1920 étaient si populaires qu'il évita au studio tout entier la faillite — ce qui est bien dommage, en un sens, puisque cela impliqua de devoir se taper ce psychopathe de Jack Warner pendant encore plus de quarante ans. Enfin bon, vous pouvez aller lui rendre visite si vous voulez, dans le cimetière pour chiens où il repose à Paris. « Tué par l'arrivée du parlant », c'est l'autre phrase qu'on entend souvent à propos de Rintintin. 1927, *Le Chanteur de jazz* ; 1931, *The Lightning Warrior*, le dernier Rinty ; 1932, mort. Si ç'avait pu arriver à Rinty, ça pourrait m'arriver aussi. Vous n'avez jamais entendu parler de lui, n'est-ce pas, mes jeunes lecteurs ? N'est-ce pas ??? Allô, mes jeunes lecteurs ??? Euh, vous savez, j'espère vraiment ne pas parler dans le vide, là.

Peut-être que je m'en faisais trop. J'étais au meilleur de ma forme d'acteur. J'étais le dernier grand professionnel du muet comique — je *suis* le dernier grand professionnel du muet comique ! — et je récoltais plus d'applaudissements que jamais. « *Encore une fois, le meilleur de ce film nous vient de Cheta le chimpanzé* » peut-on lire, surligné, dans la critique de *Tarzan et les amazones* du *Variety* que nous avons dans le salon.

Plus important encore, *elle* était de retour, ce qui d'ailleurs était assez déconcertant. La guerre finie, les nazis vaincus, Jane revint d'Angleterre, coiffée d'un béret flambant neuf et d'une tenue assortie. Le Gamin et moi ne dîmes rien, mais le besoin d'une nouvelle partenaire sexuelle embarrassait tellement Tarzan que nous dûmes accepter ce simulacre tordu : cette Américaine blonde et enjouée du nom de Brenda Joyce serait en fait sa bonne vieille Jane revenue après avoir soigné les soldats à Mayfair. Nous étions assez grands pour accepter la vérité, pensais-je. C'est vrai, quand vous vous sentez seuls, vous avez des besoins, c'est tristement humain. Peut-être n'arrivait-il pas à affronter la honte de voir son grand amour emporté par la civilisation. Peu importe la raison, nous le respections suffisamment pour jouer le jeu. Mais oui, Tarzan, c'est « Jane », bien sûr. Sur la corniche, cette solitude menaçante imprégnait toujours les lieux. Solitude et ennui — les deux menaces omniprésentes.

Brenda — enfin, je veux dire « Jane » — s'intégra parfaitement. « Ooh, je lui en ai déjà parlé mille fois à Tarzan ! » se plaignit-elle quand notre bac de douche se brisa pendant *Tarzan et la femme léopard*. « Tarzan, je t'ai déjà supplié de réparer cette douche et tu ne te bouges pas ! Tu as laissé cette maison aller à vau-l'eau... » Ah ça, au moins c'était bien son genre de femme. Nous vainquîmes donc la femme léopard, aidâmes les amazones et déjouâmes les plans de la chasseresse (*Tarzan et la chasseresse*, 1947). Je me demandais si je n'avais pas eu tort et la RKO raison, et si nous ne pouvions pas continuer à vivre ainsi pour toujours, dans le souvenir de ce que nous avions été, élucidant les mystères de la jungle parmi les habitants cireux et irréels d'Arcadia.

Lupe s'était donné la mort. Le divorce de Johnny et Beryl traînait en longueur, avec d'inextricables problèmes d'argent. Son foie tua W.C. Fields. Johnny acheta avec Bö Roos un hôtel appelé Los Flamingos, à Acapulco, Mexique. Une maladie dégénérative eut raison de notre Président, mais il y en eut un autre. Johnny fit son unique tentative sans Tarzan avec la Paramount, un bide intitulé *Swamp Fire*. La télévision pointait à l'horizon. Johnny développa une dépendance à l'alcool assez préoccupante. La série de livres *Zippy The Chimp* connut un lancement retentissant et se vendit par milliers. Le divorce de Johnny traînait toujours en longueur. Rien de particulier ne m'arriva — pour des raisons commerciales, je minimise dans ces mémoires toute cette partie de ma vie où je suis resté assis à ne rien faire. Puis un jour, au début de l'année 1948, Johnny me présenta une grande blonde plutôt jolie et pas plus âgée que ce qu'avait dû être « Gambettes » Lanier, sa première femme avec qui il se maria en 1930, ou Bobbe en 1931, ou Lupe en 1933, ou Beryl en 1939.

« Cheets ! Viens par là et dis bonjour à Allene. Cette connerie de divorce est enfin finie, on va pouvoir se marier ! »

Ah, je la chérirai à jamais, cette seconde en or. Nous étions à Acapulco, dans le hall d'entrée du Los Flamingos. Nous étions là parce que la RKO avait des liens avec un studio mexicain, et que suite au succès du Los Flamingos — une idée de Bö — tout le gratin d'Hollywood prit l'habitude de faire les six heures d'avion séparant Los Angeles de ce petit port pour pêcher, regarder les plongeurs de haut vol à La Quebrada, boire les Coco Loco incroyablement addictifs du Los Flamingos servis dans des noix de coco vides et copuler tous ensemble.

Le gratin d'Hollywood, c'était toujours la même clique — Skelton, MacMurray, Wayne, Ward Bond, Frank Borzage, Rita et Orson, l'horrible Crosby, Rock Hudson, Lana Turner la dangereuse : le Los Flamingos ne gagna jamais un centime puisqu'il était en permanence rempli d'invités. L'idée géniale de Bö tenait à autre chose — si vous vous rendiez au Mexique pour y contrôler un investissement, le coût du voyage était déductible. Tout le monde achetait des parts dans des bars de plage et s'y rendait ensuite pour « contrôler son investissement ». Vous disiez alors en portant un verre à vos lèvres : « Simple contrôle de mon investissement. » Du reste, le jeune gouvernement mexicain faisait des pieds et des mains pour encourager les studios à venir tourner sous leurs ciels romantiques et sur leurs plages baignées de soleil. Venez tourner n'importe quel navet — vous le déduirez de vos impôts !

Ainsi naquit *Tarzan et les sirènes*, qui selon Lesser ne serait pas n'importe quel navet. La série avait besoin d'un coup de fouet, d'une transformation, et Acapulco offrirait son cadre à la plus spectaculaire aventure de Tarzan à ce jour — l'île perdue d'Aquitania ! Le royaume de l'eau !

Nous étions donc dans le hall du Los Flamingos. Des marlins empaillés se courbaient sur les murs entre des barres en bois de vieux yachts. Sous la grande arche en adobe de l'entrée, le reflet de ces avantages fiscaux faisait miroiter le Pacifique d'un bleu toujours plus bleu. La fille était debout, les mains bien serrées, tenant la lanière d'un sac en cuir, comme une mariée au sommet d'une pièce montée. Johnny, lui, malgré son affreuse chemise à manches courtes aux motifs Vahiné, emplissait l'endroit de bonheur. Il ne changeait pas, vraiment. Je l'aimais. Je l'aimerai toujours.

J'ai peut-être donné l'impression, au fil des ans, que je voyais Johnny un peu plus souvent que je ne l'ai vu en réalité. En dehors des rêves, je le voyais deux ou trois fois par an en moyenne. Évidemment, les tournages pouvaient durer plusieurs mois, mais je n'étais pas toujours indispensable sur le plateau. Il avait beaucoup d'affection pour moi et n'aimait pas l'idée que je reste cloîtré. Quand, de l'autre côté du grillage, une de ces silhouettes floues se métamorphosait en Johnny, ça tenait toujours pour moi du miracle. Mais je ne m'attendais pas à ce que l'on passe notre vie ensemble. Il était d'une autre espèce, bordel. C'était comme ça. Je l'aimais et lui... il m'aimait bien aussi.

Je pris sa main, lui sautai à la taille, cramponnai un bras autour d'une épaule, et tendis la main à Allene. Il n'y avait absolument rien à redire chez elle : nous nous ébouriffâmes les cheveux.

« Je n'arrête pas de rencontrer des stars de cinéma, on dirait ! » dit-elle. « Je suis une grande admiratrice, Cheeta. De vous quatre, je crois que tu es le meilleur. » Johnny trouva cela hilarant. Elle aussi. Tout ce que j'avais toujours voulu, c'est qu'il soit heureux. Enfin, pensai-je, me penchant pour embrasser sa future cinquième femme, enfin il avait trouvé quelqu'un de bien, une fille raisonnable, qui était aussi une critique avisée. Il avait enfin trouvé la Femme. Félicitations.

Les difficultés que *Tarzan et les sirènes* dut surmonter font désormais partie du folklore d'Hollywood. La première est qu'il n'y avait pas de script, la seconde est que personne n'arrivait vraiment à décider s'il était en vacances ou pas. Gardant toujours le Projet à l'esprit, les humains passaient leur temps à retirer, avec beaucoup d'assiduité, autant de poissons prédateurs de la mer que possible. Quand est-ce que Tarzan, moi et « Jane » allions enfin nous mettre à rêver ce bazar ? La seule chose que nous savions de l'histoire était que le Gamin avait suivi sa mère jusqu'à la « civilisation » et intégré une école quelque part en

Angleterre : « Hé, c'est un dada sacrément balourd vot' cricket, les gars. Essayez plutôt comme ça. » Fais-leur payer à ces salauds de rosbifs, Gamin. « M-m-mais ça alors, Charters ! Personne n'avait jamais marqué autant de points de toute l'histoire de l'école ! »

Je m'étais habitué au petit Johnny et fus surpris de me rendre compte qu'il me manquait. Un peu (n'exagérons rien). Mais je pensais que nous prenions ici un nouveau tournant prometteur. Il me tardait de commencer ce film, j'étais plein de nouvelles idées et d'un enthousiasme retrouvé. On pourrait même l'annoncer comme... voyons voir si j'y arrive :

TARZAN & CHEETA
(ET AUSSI « JANE »)
DE NOUVEAU ENSEMBLE SANS LE GAMIN !
DANS LE TOUT NOUVEAU... ...

Ça pouvait vraiment marcher. J'étais en pleine forme. J'avais envie de le sauver à nouveau. Dans *Tarzan et la chasseresse*, c'était la première fois que je n'avais pas pu le secourir. Il fallait une grande scène de sauvetage dans *Sirènes*. J'avais aussi développé un petit numéro avec un Coco Loco que je voulais verser sur la tête de quelqu'un. Et un autre truc à intégrer absolument d'une manière ou d'une autre, où je volerais le chapeau d'un prêtre. Et un gag assez génial où je mangerais une mangue, boirais de la tequila, verrais un truc bizarre (je sais pas, une sirène ?), marquerais un temps d'arrêt, regarderais la tequila d'un air suspicieux puis la mangue d'un air suspicieux... avant de la balancer ! Ils sauront arranger ça en cabine de montage.

Les jours défilaient les uns après les autres, avec des décors construits, démontés et reconstruits ailleurs, des problèmes de scénarios ou des conflits entre figurants (tout le monde à Acapulco voulait être dans le film). Je passais mes journées à cuire sur une plage au bout d'une corde en regardant ces humains chanceux se rafraîchir dans l'eau. La nuit, Johnny, Allene et moi, des membres de l'équipe et d'autres amis, nous nous dirigions vers La Perla, le restaurant sur la falaise où les plongeurs se donnaient en spectacle, et nous nous préparions au torrent de cocktails prêt à s'abattre sur nous.

La ville se saoulait littéralement de notre présence. Enfin, de celle de Johnny. Acapulco avait attendu que Tarzan nous fasse un plongeon depuis les falaises, mais, heureusement, il était de notoriété publique que les assureurs de la RKO le lui avaient interdit. On lui demandait donc invariablement, à la place, un cri de Tarzan, et chaque cri entraînait une nouvelle tournée de Coco Loco, ou de Piña Colada, ou d'autres cocktails dont le jus de fruits essayait de vous faire gober, comme Mickey Rooney, qu'ils étaient bons et sains alors qu'au même moment, tapi sous la surface, l'alcool agissait comme le tout-à-l'égout de la dépravation. Johnny était tellement sollicité pour son Cri qu'il en perdait la voix et nous... nous étions saouls *en permanence*.

À force de cuire ainsi sur la plage, je devenais irritable, attendant par 30°, sous un soleil écrasant, un scénario inexistant en essayant de résister à ma gueule de bois tandis que les humains se rafraîchissaient dans l'océan. Il y eut plusieurs incidents avec des membres de l'équipe, heureusement les tensions finissaient toujours par s'estomper — ou, du moins, par se dissoudre dans l'alcool — à La Perla ou au Los Flamingos ou dans un de ces petits bars qui ne servaient que de la tequila et du citron, dans les criques autour de Caleta. Les nuits étaient joyeuses — et les couleurs et la vitalité d'Acapulco restent une inspiration durable pour ma peinture (bien qu'aujourd'hui j'aie délaissé les expérimentations de couleur pour m'approcher d'une technique formelle plus pure). Et Allene était une charmante compagne — ma nouvelle meilleure amie. Elle l'avait rencontré sur un terrain de golf, et ils tombèrent amoureux alors qu'il lui apprenait à nager dans la piscine du Fox Hills Country Club. Évidemment. Il apprit qu'elle l'aimait depuis que, jeune lycéenne de 16 ans, elle le voyait marcher fièrement sur de lointains fairways, lançant son club en l'air et le rattrapant dans la foulée. (Elle se souvenait de *moi*. De la fois où il avait amené un chimpanzé pour lui servir de caddy !) Elle adorait les sauts périlleux arrière, s'enthousiasmait lorsque je marchais sur les mains, et ne se plaignait pas trop ouvertement de mon numéro où je l'aspergeais d'alcool avec des pailles.

Mais elle ne buvait pas beaucoup et, avec Johnny, ils étaient parmi les premiers à déclarer forfait malgré mes suppliques pour s'en jeter un petit dernier. Il essayait de rester en forme. Sans cette modération, les choses auraient vite pu devenir un peu folles. Une nuit, je suis monté sur un âne avec un sombrero plus large que mes bras ; puis j'ai terminé dans un bordel avec une princesse de la famille royale néerlandaise et j'ai dormi sur la plage. Notre slogan était : « Ici, nous ne sommes pas en vacances, vous savez ! » Ah ça ouais, les nuits étaient joyeuses. Les journées, avec le robinet à alcool bien fermé et l'attente interminable sous le soleil écrasant, n'étaient que de douloureux intermèdes avant la prochaine nuit. Sur la plage, je n'arrêtais pas de me dire qu'il fallait que je m'installe à l'ombre, avant de me rendre compte que j'y étais déjà. Je ne pouvais pas m'empêcher de me mettre en colère : il n'y avait pas de Gately aux alentours pour comprendre comment je travaillais (avec des cigarettes, refusées ou accordées : un système qui avait parfaitement fonctionné dix films durant). Le traiteur était atroce, la ménagerie n'était qu'un cabanon à l'arrière du Los Flamingos, et personne ne semblait capable de nous dire quand nous allions commencer à rêver. On nous rendait peut-être enfin la monnaie de notre pièce pour les *Amazones*, la *Femme léopard* et tous les autres, pensais-je. Plus personne ne prenait le rêve au sérieux. Mais moi j'avais besoin de bosser ! Les membres de l'équipe m'approchaient à leur péril. Pendant les soirées à La Perla, nous étions tous à nouveau amis et ils m'encourageaient à prendre encore une gorgée de Coco Loco, à balancer quelques citrons verts depuis la terrasse, à jeter un verre ou deux du sommet de la falaise ou — pourquoi pas ? — à me secouer le poignet devant Grace Kelly. Et puis la journée revenait, consacrée à fixer la face du soleil se hisser dans le ciel mexicain jusqu'à ce qu'il annonce l'heure de l'apéro…

Ça dura comme ça encore un mois — je ne me souviens pas de grand-chose d'autre. Finalement, le réalisateur, un certain Robert Florey, décida qu'en l'absence du décor principal, il aimerait au moins faire un plan de coupe avec moi. Je porterais un chapeau de paille, un bermuda en toile à franges, et gratterais les cordes d'une guitare en carapace de tortue, assis dans un canoë miniature construit spécialement pour l'occasion. Enfin nous commencions. Et quelle intrigante prémisse !

C'est par une matinée étouffante que nous nous rendîmes sur le site, un endroit plat et envahi par les herbes sur la rive d'un estuaire près de Caleta. Nous étions une demi-douzaine — l'équipe B en fait — entassés pendant une heure dans un camion sans air ; autant vous dire qu'à l'arrivée j'avais sérieusement besoin d'un Coco Loco. La soirée précédente avait fini à bord du yacht du président de je ne sais quel pays, la République Dominicaine peut-être, ou Cuba, quelque chose comme ça, et il y avait eu une interminable bataille au champagne, dont les jets venaient arroser les robes des señoritas jusqu'à les rendre transparentes. J'avais aidé à tout essuyer. C'était donc une matinée vraiment atroce : le ciel était d'un gris clair aveuglant... toutes les ombres semblaient indisposées.

Mon « entraîneur » s'appelait Merrill White, il avait travaillé avec les singes capucins sur *Tarzan et la chasseresse* et savait à peine ce qu'il faisait. Il y avait une bouteille de tequila dans le camion et il mit une plombe avant de comprendre que je la voulais. J'acceptai de grimper dans mon bermuda — déjà trempé par l'humidité et qui avait d'ailleurs besoin d'un ajustement. Cela méritait clairement une récompense, mais White me refusa la tequila et je lui aboyai dessus. Je ne voulais pas paraître orgueilleux, mais j'essayais de lui faire comprendre que depuis deux ou trois films, c'était moi et moi seul qui empêchais la série de couler. Et ayant travaillé avec Cedric Gibbons et Jack Conway, je ne portais évidemment pas Florey très haut dans mon estime. Ni Florey ni White n'auraient eu de travail sans moi ! Je n'essayais pas d'abuser de mon rang, juste de soulever une évidence. Florey vit White me donner un bouchon rempli de tequila et en fit tout un fromage.

« Mais putain, Bob... Il fera rien du tout si je ne lui donne *pas* un truc à boire. »

« Fais-le simplement monter dans le canoë, compris ? C'était censé prendre une demi-heure. Où est la guitare ? »

« Ils sont comme ça » marmonna White. « En vieillissant, ils deviennent plus difficiles à gérer. »

« Non mais tu l'as *senti* ? Il pue le vieux vin blanc. Il est bourré. »

J'étais peut-être saoul, mais le canoë était ridicule, un bout de bois avec une allumette en guise de balancier conçu pour couler n'importe quel animal de cinéma qui y poserait le pied. Voilà ce que je voulais leur dire : attention, je suis un animal sur le point de me blesser sur le tournage de ce film. White me tendait un séduisant bouchon rempli de tequila à côté du beaupré peu réaliste du canoë. J'aimerais plus que tout au monde pouvoir nager, essayai-je de lui dire, mais je ne sais pas, et ce canoë, c'est du suicide.

« Allez, le singe » suppliait White. « Viens prendre ce verre. » De petites vagues gluantes léchaient le canoë ; la rivière entière avait des airs de marais. Je n'arrivais pas à me faire comprendre : le tournage était un désastre ; le traiteur, une blague ; jamais de la vie je ne tomberais dans ce vieux truc du verre de tequila pour m'attirer dans le canoë ; et ce mot qui commence par « S » devrait être banni des plateaux de tournage, surtout lorsqu'il s'adresse à quelqu'un qui a travaillé avec Irving Thalberg ; et puis je refuse les scènes dans l'eau de toute façon. J'étais une star ; et eux... eh bien, en avez-vous même déjà entendu parler ?

« Allez viens, petit singe, viens vers moi. » White essayait de m'embobiner.

Il ne comprenait vraiment pas. La tequila n'était pas une récompense, c'était une nécessité, et j'en avais à peine avalé deux bouchons depuis le début de la matinée. J'étais une immense superstar internationale, pour le dire clairement, et... Et le respect, bordel ?

« *Ooh ooh ooha ooha oohaa aah aah aah aahaa aahhaaaa- hha-aahhha-iiihuh-iiiihhuh-aahhiiiiiiIIH !* » fis-je remarquer, « *HIIII ! AAHIIIIIIIIH ! AAHHIIIIIIIIIII ! OUAAAAAAAAAAAAAAA-AAAH !* » ajoutai-je. « *AAHHEEEEEEEEEOUAAAAAAAA !* » conclus-je, soulignant mon point de vue par des signes de la main et du visage avant de jeter cette guitare ridicule au sol et de la piétiner. Parfois, la seule tactique avec de mauvais réalisateurs, c'est de perdre son sang-froid. Non mais, quel mot dans « *AAHH-IIIIIIIIOUAAAAAAAAAAAAAAAH !* » n'avait-il pas pigé ?

« Bon Dieu, Bob, qu'est-ce que je fous avec ça, moi ? Non mais regarde-le. »

« Euh. Attends. Je vais te dire ce qu'on peut faire pour régler tout ça » dit Florey. Enfin un peu de réflexion, un peu de *méthode*. « On n'a qu'à demander à Sol de nous en envoyer un autre par avion pour ce soir, non ? Dis-lui de parler à — c'est quoi son nom ? Gately. Qu'il en fasse envoyer un autre ici demain matin. On laisse tomber pour aujourd'hui. La lumière va pas, de toute façon. »

Pardon ?

Et ouais. Le premier écart de conduite. Un seul instant (je ne compte pas Maureen) d'écart à mon professionnalisme en quatorze ans et... je suis viré ! À 17 ans, j'étais trop vieux, j'avais un « problème avec l'alcool » (bien que je ne touche pas une goutte la plupart du temps,) et j'étais « trop difficile pour travailler » — moi qui le ferais pour une cigarette. Nous rentrâmes à Acapulco, et Merril arrangea mon retour par avion cargo jusqu'à Los Angeles.

J'y crois pas une seconde à ce truc : « Aucun animal n'a été maltraité pendant le tournage. » Je ne vous parle pas de Clyde l'orang-outang de *Doux, dur et dingue* qui fut battu à mort avec un pied-de-biche par son entraîneur (ils ont quand même eu le droit de mettre la mention), je vous parle des forêts, des mers où, pendant le tournage de votre film, des animaux se font maltraiter tous les jours. « Plusieurs millions d'animaux furent maltraités tous les jours pendant le tournage » serait plus exact. On devrait mettre ça dans les génériques de fin de tous les films, simplement pour que vous n'oubliiez pas à quoi ressemble vraiment le monde. Plusieurs millions d'animaux se font maltraiter à chaque instant, alors un de plus, qu'est-ce que ça peut bien faire ? Moi, je venais d'être maltraité, terriblement maltraité pendant le tournage de *Tarzan et les sirènes*. On m'avait renvoyé au zoo de Selig Park. J'ai cru que j'allais mourir. J'aurais peut-être mieux fait de me *tuer* — quel idiot ! J'attendis une intervention de Johnny, ou de Gately, ou de Lesser. Voire de Johnny Sheffield. Même Maureen pourrait confirmer que, dans l'ensemble, j'étais un grand professionnel. J'attendais que l'on vienne m'annoncer un scoop : que mon remplaçant n'avait pas réussi à jouer le rôle, que les projections tests s'étaient tellement mal passées qu'ils allaient devoir reprendre le tournage, ou que le film allait être annulé suite au nombre de plaintes. Mais chaque jour, j'attendais aussi que viennent deux humains, les mains dans les poches, qu'ils prennent quelques notes sur leur calepin et m'accompagnent au travail pour le premier jour de ma nouvelle carrière médicale.

Si vous êtes une star, Hollywood est un terrain de jeu ; sinon, ça devient une jungle. C'est une ville où seul compte le résultat, une ville de décisions brutales et de trahisons si affreuses que de temps en temps, sous ses pieds, la terre se met à frémir de mépris, comme pour grincer des dents.

Tout au long de l'année 1948, j'ai attendu, essayant désespérément de dissimuler à mes gardiens que je perdais du poids, que j'avais des difficultés à digérer jusqu'au quartier de pomme le plus mou, remerciant le ciel qu'ils ne nous examinent pas de plus près. S'ils avaient été plus attentifs, je pense sincèrement que je ne serais plus là pour vous parler. Suspectant tout sans rien savoir, je me laissais dévorer par petits bouts. Si vous aviez mordu dans ma chair, je crois qu'elle aurait eu le goût de Maureen O'Hara : amère. Est-ce que Johnny était à l'Aquacade ? Comment expliquer son absence ? Comment se passait *Tarzan et les sirènes* ? Mon remplaçant était-il vraiment drôle ? Étaient-ils proches ? Cette année-là, je ne fis rien d'autre que rester à plat dans la paille en essayant de manger et d'avoir l'air aussi enjoué que possible quand mes gardiens passaient me voir.

Le pire, sincèrement, c'était la copulation. J'étais un candidat très apprécié des femelles, mais j'avais, comment dire, perdu mon... Je tiens à souligner qu'avant 1948, j'avais été un candidat *extrêmement populaire* auprès de nombreuses femelles de premier choix, séduisantes et fertiles, mais j'avais perdu mon... mon... Le stress et la déprime avaient rendu les séances de copulation hasardeuses. Les gardiens contrôlaient en personne nos performances pour s'assurer que nous offrions aux femelles une insémination de qualité. Je ne cherche pas à exagérer la pression exercée sur l'ensemble de notre prestation, mais c'était aussi un moyen pour eux d'évaluer notre santé. Et vous aviez beau pousser des cris et agiter les bras, plonger votre nez en reniflant avec avidité, impossible de cacher qu'on bluffait. Enfin, compliqué...

J'étais en dépression, OK ? Pas comme le mari de Jean Harlow. Ni comme Rex Harrison. Chaque heure qui passait était un soulagement (que personne ne soit venu) et un choc (que personne ne soit venu). Le temps continua à s'écouler et ce n'était plus ni un soulagement ni un choc : c'était devenu une tristesse grise et permanente. Il me restait encore un espoir, et l'ironie qu'il suscitait en moi m'arrachait un sourire forcé. Mon espoir était le suivant : la douleur finirait par s'en aller. Il le fallait bien. Sinon aucun d'entre nous ne pourrait survivre. C'est si *dur* d'aimer quelqu'un qui ne vous aime pas en retour.

On dit qu'il n'y a pas de vraies saisons à Los Angeles. Il n'y en a pas non plus dans les zoos — ni saison des amours, ni saison des mues. Mais au zoo de Selig Park, vous suiviez les saisons grâce aux couleurs changeantes des monts Santa Monica derrière la maison des girafes. En « hiver », les montagnes arboraient une teinte plus claire. L'hiver 1949 fut étrange, avec des journées de pluie ou de nuages si bas qu'on ne voyait plus les montagnes. Le vent souffla, au grand étonnement de tout le monde. Il se mit à faire si froid que les autres animaux et moi prîmes pour habitude de nous confectionner des terriers dans la paille. Moi, je prenais fait et cause pour le temps ; je voulais voir jusqu'où il pouvait aller ; je lui disais : vas-y, encore, donne tout ce que t'as. Ça me semblait logique. Moi et le monde, l'un comme l'autre, on en avait assez. Et, à la surprise générale, il se mit à faire de plus en plus froid. Écrasés sous leurs casquettes, recroquevillés dans leurs cols, les gardiens n'avaient jamais rien vu de pareil.

Au jour le plus froid, le vent s'arrêta et une chose remarquable se produisit — croyez-moi sur parole ou allez vérifier les relevés météo : une pluie très lente et blanche se mit à tomber. C'était de la glace molle, qui fondait en touchant le sol. « Il neige ! » hurlaient les gardiens. Ils adoraient ça. « Putain, il neige à Los Angeles ! » Je ne le savais pas encore, mais ce fut la seule neige de ma vie. (Je ne tiens pas compte du marché de Noël de Palm Springs où Don me traîne tous les ans.) Les gardiens avaient l'air tellement enchantés... ils la ramassaient et se la lançaient dans le cou. Comme pour nous offrir une récompense très spéciale (et ç'en était une) et avec un semblant de solennité protocolaire, nous (deux babouins, moi-même, et deux autres chimpanzés) fûmes sortis en laisse de nos abris pour pouvoir marcher dans la neige fraîche. Je dois concéder un certain amusement de marcher dedans, de voir les empreintes de nos mains et de nos pieds, de la ramasser pour la lancer ou de courir et de glisser dedans. Intéressante sensation de froid sur les pattes, de neige fondant dans la fourrure. Ça ne ferait pas à nouveau de moi une star, et ne me ramènerait ni Johnny, ni cigarette, mais c'était pas trop mal en soi, reconnaissons-le.

Presque un an avait passé depuis ce jour fatidique à Caleta, et la Loi de Jane venait enfin de porter ses premiers fruits. Et quand vous êtes affamé, un petit fruit de réconfort ne se refuse pas.

Quelques jours plus tard, la neige était toujours sur le sol, diminuée et salie, mais à peu près là, quand deux humains s'approchèrent de mon abri, les mains dans les poches, évitant les creux et les bosses de la neige durcie. L'un d'eux tenait un calepin.

« C'est lequel ? » demanda un des humains. « Non, attends, me dis rien. Hé, gamin. Hé, Jiggs. » C'était Tony Gentry, quelque peu diminué et sali, mais toujours la raie au milieu, toujours un peu plus vif qu'un humain ordinaire, toujours très chic. « Salut mon petit *Jiggs*. Ou bien est-ce que c'est encore Cheeta ? »

Question difficile étant donné les circonstances, Tony. Je suis l'*artiste anciennement connu sous le nom de* Cheeta.

Non, allez, tiens le coup. Mais qu'est-ce que tu racontes ? Aujourd'hui est le premier jour du reste de ta vie. Tu es *Cheeta*, bordel de Dieu. Reprends-toi, merde.

Moi Cheeta, M. Gentry. Moi toujours Cheeta.

16. Allez, en scène !

Le plus triste, pour un grand artiste, c'est de prendre conscience de son immortalité. Nous sommes peut-être éternels (touchons du bois !) mais nos œuvres s'estomperont peu à peu avant de sombrer dans l'oubli. Je ne m'attends pas franchement à ce que *Tarzan et les amazones* reste dans les esprits. Je m'attends même à voir *Tarzan et sa compagne* mourir à petit feu. Ça arrivera fatalement. Ce livre aussi, probablement, tombera en poussière. Et pourtant j'ai bien... ah, bon sang, vous allez dire que je suis aussi cinglé que Garbo sur la fin. Dernièrement, j'ai peint quelques paysages américains, et je caresse le doux espoir que l'un d'entre eux au moins me survive. Je pense que c'est ce que j'ai fait de meilleur, tous domaines confondus. Si vous donnez un million de pinceaux à un million de singes, et un peu de matériel de peinture de qualité supérieure, alors un jour l'un d'entre nous vous peindra *Les Tournesols* ou *An Experiment on a Bird in the Air Pump*[*], voire une création originale, peut-être.

J'espère juste que ce sera moi. Je sais que techniquement, il me reste du chemin à faire, mais j'ai tant de choses à dire, et c'est tout ce qui compte, non ? Un artiste doit avoir quelque chose de fort à dire, il doit ressentir un manque qui le ronge...

 Don me fournit de la peinture (à l'eau), un environnement propice au travail, et gère l'aspect commercial via notre site Internet. Et à cent cinquante balles le canevas, les affaires marchent du tonnerre. *Dolores del Río dormant dans un drap, Santa Monica, n°134* est parti pour deux cents dollars. Pareil pour *Étude de Don en tablier de barbecue comique*. Et le Dr Goodall a acheté *'Duke' Wayne étranglant un serveur mexicain* pour deux cent cinquante à une vente de charité. Pour être honnête, les ventes de mes œuvres permettent de subvenir à nos besoins à tous à la Casa de Cheeta. Jeeter, la jeune Daphné et le petit Squeakers, les orangs-outangs, Maxime le jeune macaque facétieux, et Don dépendent tous de mon travail à la table de cuisine le matin et de l'inspiration que j'arrive à y trouver. Et vu ma lancée actuelle, ils n'ont pas à s'en faire.

 Mes échecs me font avancer, et aussi le besoin d'exprimer ce que je n'arrive pas à traduire autrement qu'en peinture. J'essaie de rassembler mes douleurs et mes peines (cette blessure que tout artiste a ou devrait avoir en lui) et de les mêler à ma gratitude et à mon amour pour l'Humanité, pour ce chien qui fait des roulades dans le jardin d'à côté, pour les nuées de moucherons qui s'élancent en forme de poing ou de sablier au-dessus de la piscine, pour tout ce qui n'est pas encore perdu. J'essaie de montrer que mon chagrin est le revers de ma joie. De peindre la profondeur abyssale du manque inhérent à un jour parfait. À un moment donné, je frapperai fort, et nous aurons alors les moyens d'offrir à la mère de Don une place à vie à la maison de retraite de Palm Springs.

En ce moment je peins M. Gentry, ou plutôt les paysages que nous avons traversés, la succession de voitures et de camions que nous avons appris à aimer puis à oublier, le bazar qui glissait et tombait du tableau de bord dans les virages, l'herbe aplatie devant le chapiteau, les enfants timides qui me tournaient le dos pour se réfugier dans les jupes de leurs mères hilares. Je me souviens de nos vieilles affiches et de nos prospectus ; ma ribambelle de costumes ; la voiture pliable que j'ai conduite de 1957 à 1964 jusqu'à ce que je la plie pour de bon. Et je me souviens d'une kyrielle de merveilleux collègues : Doozer, Dingo et Bongo ; Kong et Katie, avec qui j'ai travaillé par intermittence pendant je ne sais combien d'années à chacun de nos passages dans le sud ; l'inimitable Pepsi ; Carole de Floride, cette grosse dégoûtante (coucou, Carole !) ; Mungo quatre-doigts d'Amarillo, Texas et ses rongements d'anxiété avant de monter sur scène ; Fidel, si talentueux à l'harmonica bien que son répertoire se limitât à *La Valse du Tennessee* ; Caruso, monocycliste de génie et formidable ami, jusqu'à ce que nous nous brouillions pour une femelle sur le parking d'un bistro à Bâton-Rouge en Louisiane ; Pamela et Boggle, Jacinthe et Fudge et le reste de l'affiche de la reprise débridée de *Show Boat* que nous avons jouée pendant deux ans sur la rivière Missouri à Sioux City dans l'Iowa (suivie, en 1956, par l'éphémère *Les Révoltés du Bounty*, où je jouais sans éclat le rôle de Charles Laughton/Trevor Howard/Tony Hopkins) : Brad le lion, Don le phoque, Rock l'otarie, Chip la mainate, Buzz le pingouin et toute sa bande, Mary-Lou le poney, Happy le gorille, Happy l'éléphant et Happy le petit ours polaire.

Je pourrais vous en raconter de bonnes sur cette vie de saltimbanque, mais la règle, c'est que ce qui se passe dans ces cages et ces motels, ces tentes et ces enclos, ne sort pas de ces cages, et cætera, et cætera. Les gens pensent que le théâtre est plus gratifiant que le cinéma : je ne suis absolument pas d'accord. La scène est par définition quelque chose d'éphémère. Vous direz peut-être que j'en fais une question personnelle. Sans mes partenaires de cinéma, il me semblait avoir perdu de mon souffle créatif. J'étais incapable d'apporter ces petites touches de génie spontanées qui distinguent mes meilleurs films. La corniche n'était plus là pour donner corps à mon travail — c'était peut-être pour ça. Je manquais de motivation. Pendant trois décennies, je ne me suis « pas trop foulé ».

Ça peut arriver à tous les acteurs. Regardez De Niro. À force de se reposer sur ses lauriers, son jeu a pris avec le temps un air poussiéreux. On sent bien qu'ils lui ont donné un coup sur la tête pour pouvoir le traîner devant la caméra, non ? Don a arrêté *Mon beau-père, mes parents et moi* en plein milieu. Alors oui, moi aussi, à force de me hisser sur mon tabouret pour exécuter mon petit rodéo dans ma salopette excrémentielle, ou de me pencher sur le volant de ma Spyder au destin tragique, je crois que j'ai fini par perdre de la conviction nécessaire à mon art.

Mais dans ma peinture, j'essaye de capter les journées, les kilomètres et les absences. L'attente derrière le grillage de notre pick-up dans la station-service d'une petite place de Boca Raton à l'aube, M. Gentry qui prend son petit-déjeuner, et l'éclairage public qui s'éteint en clignotant au moment même où l'arrosage automatique se met en route. Cela pourrait faire de grands tableaux, mais il manque encore un peu de finesse à ma peinture pour l'instant. J'essaie, ceci dit, j'essaie, et je trouve qu'elle a un petit quelque chose. L'absence la hante. *Impressions d'Amérique* : 150 $ pièce. Faites-vous plaisir. Et souvenez-vous que vous aidez la mère de Don au passage.

J'ai eu une vie très chanceuse, je l'ai peut-être déjà dit. Et

M. Gentry me l'a déjà sauvée deux fois. Curieusement, si notre collaboration a si bien fonctionné jusqu'ici, c'est parce que ce jour-là, dans la neige fondue du zoo de Selig Park, nous sommes tous les deux partis du bon pied. Aucun de nous ne mentionna ce qui habitait certainement nos esprits : la scène dans le bureau de Trefflich. J'oubliai bien volontiers qu'il avait dit en avoir pour une heure avant de disparaître pendant seize ans, vu que, de mon côté, je ne pouvais plus lui rendre ses Lucky.

M. Gentry adorait travailler avec des chimpanzés, et nous avec lui. Et bien qu'il semblât avoir besoin de moi pour un projet auquel il n'avait de cesse de revenir au fil des ans, il passait le plus clair de son temps à travailler avec une équipe tournante comprenant en général : moi, Doozer, Dingo, Bingo notre femelle, et Mary-Lou le poney. Doozer était notre tête d'affiche, avec son numéro grisant, pour ne pas dire saoulant, de doubles saltos arrière perché sur le dos de Mary-Lou qui trottinait en cercles dans la salle. Dingo et moi avions notre numéro de quadrille en voiture (il était censé être une blonde en décapotable que je pourchassais, tiré à quatre épingles façon James Bond) et Bongo jouait de la batterie. Nous avions un sketch sur *Le Faucon maltais* et une parodie de *Autant en emporte le vent*, dans lesquels je jouais respectivement Sydney Greenstreet et Leslie Howard, mais les plus beaux moments du spectacle étaient lorsque nous sautions dans les bras de M. Gentry pour recevoir ses accolades. Ça, c'était de bons numéros, le genre de numéro qui marche auprès du public : un moment d'affection sincère entre l'humain et l'animal. C'était tout ce que vous vouliez voir en fin de compte — notre amour pour vous.

« Aah, le Faucon ! Dix-sept ans que j'attends cette statuette, monsieur ! » J'ai rencontré Sydney Greenstreet une fois : il ne m'a pas plu. Un Anglais.

À l'époque, on était toujours un peu à court d'argent : il nous arrivait par salves inégales, toujours trop courtes et toujours trop tard pour M. Gentry, qui en avait systématiquement besoin. Nous n'avons jamais été le genre de troupe à pouvoir prétendre jouer au zoo de Saint Louis — scène prestigieuse s'il en est pour un chimpanzé — encore moins à décrocher le but ultime : un créneau dans le *Ed Sullivan Show* ou *The Hollywood Palace* sur ABC ou le Saint des saints, le *Colgate Comedy Hour*, devenu plus tard le *Colgate Variety Hour*. Nous faisions nos numéros ici et là : dans des fêtes, pour des barbecues, en « résidence » dans des cabarets ou lors de brèves collaborations avec des cirques.

Une fois, au début des années 1950, M. Gentry s'est associé à un producteur juif allemand nommé Jack Broder, qui réussit à me dégoter une petite scène dans un film de série B intitulé *Le Gorille de Brooklyn*, soit trois ou quatre jours de rêverie pour moi. C'était un tremplin pour un duo d'imitateurs de Dean Martin & Jerry Lewis : Duke Mitchell et Sammy Petrillo, dont vous n'avez jamais entendu parler puisque ce fut leur unique film. L'imitation de Jerry Lewis par Petrillo sonnait étonnamment juste. Il était aussi peu drôle que Jerry, sachant que Jerry lui-même était moins drôle que Chaplin. (Non mais franchement : Lewis, Hope, Skelton, Gleason — il y a des moments, dans les années 1950, où je me suis demandé si j'allais encore rire un jour, et je n'ai pas été surpris lorsque Colgate a dû changer son Comedy en Variety.) Bref, je suis quasiment sûr qu'un milliard de chimpanzés équipés d'un milliard de caméras pendant vingt trilliards d'années ne feront jamais rien d'aussi honteux pour leur espèce que *Le Gorille de Brooklyn* (nous ferions des films d'art, en l'occurrence, et plutôt des bons, d'ailleurs). Et je ne peux imaginer que ce soit pour cette prestation que je recevrai mon Oscar d'honneur. Je ne pense même pas que le film sera cité dans le discours de félicitations.

Quoi d'autre ? Où étais-je lors de l'assassinat de JFK ? Dans une cage. Lors de la crise des missiles cubains ? Dans une cage. Quand les hommes ont posé le pied sur la Lune ? Dans une cage. À l'époque des Dix d'Hollywood, de Martin Luther King, de Robert F. Kennedy ? Toujours la Cage. Ça pourrait faire un super film — Cheeta témoin de l'Histoire ! Est-ce que j'avais un avis ? Il doit bien y avoir des anecdotes de choix ? Qu'en est-il de M. Gentry ? Allez, d'accord, je vais vous dire ce que j'ai fait d'autre.

« Viens, je veux te présenter à un vieil ami » me dit M. Gentry, tout en ouvrant l'arrière du fourgon un matin de l'été 1949 à Salt Lake City, Utah. « Il a fait une longue route pour venir te voir. » M. Gentry avait conservé cette nette ligne blanche au centre de son scalp depuis les années 1930.

Il avait aussi gardé son air de superbe rectitude, de gaillard bâti comme un roc qui a dû accomplir des actes extraordinaires durant la guerre mais n'en parle jamais. Ce que j'essaye de dire, c'est que, mis à part sa grande trahison, il jouait cartes sur table.

Il me prit par la main pour me faire traverser une allée de huttes jusqu'à la sienne : mes sens soudainement aux aguets discernèrent de la terre ferme et fraîche, de l'herbe mouillée, des graviers, du dallage, du ciment, des nattes de sisal sous les pieds. « Tout droit venu d'Afrique ! » dit M. Gentry avec révérence, ouvrant grand la porte tel un majordome (et l'espace d'un terrible instant, j'ai craint qu'il n'annonce « Stroheim ! »... mais ce n'était pas lui). Un homme d'âge moyen aux cheveux clairsemés, le corps flasque ayant perdu ses muscles considérables, debout sous le plafonnier, revêtu d'une tunique à bretelles en peau de léopard, le regard ailleurs, en train de rêvasser.

« Oh, désolé, Tony » dit-il. « Moi Tarzan ! Toi Cheeta ! »

Non, moi Cheeta, toi pauvre crétin debout dans motel de Utah portant ridicule nuisette avec air complètement con.

Dans de pareils moments, vous comprenez ce que c'est que la gravité. Vous sentez que chaque atome de votre corps vous attire vers le bas, et quel putain d'effort ça demande de rester debout sur cette planète. J'ai lancé à M. Gentry un de ces regards ! C'était ça, sa grande idée, et peut-être même la raison de sa visite au zoo de Selig Park : lancer une attraction autour de la « vraie Cheeta du film » et de son ami « Tarzo l'Homme de la Jungle » ! Il n'avait pas pu avoir les droits du nom Tarzan mais était persuadé qu'un spectacle de chimpanzés présentant « l'une des vraies Cheeta du film » dans un décor de jungle était une perspective viable à long terme, si seulement nous arrivions à amorcer le spectacle. (Personne ne détient mes droits, à propos. Je suis Cheeta en chair et en os, et bien vivant. Venez me voir quand vous voulez à Palm Springs. Et apportez des cigarettes !)

M. Gentry ne pouvait pas assurer lui-même le rôle de Tarzan, alors au fil des années, pendant les périodes de vaches maigres entre nos « résidences » et nos tournées, ou pendant les longues accalmies durant lesquelles les places ne se vendaient pas, il trouvait un autre gars du genre Charles Atlas ou bien un joueur de football américain pour être mon compagnon, mon partenaire, mon fils, mon tout et, très chers lecteurs, à chaque fois, j'y croyais de tout mon cœur. Car la seule chose que je cherchais, de Cedar Rapids, Iowa, à Dolores, Colorado, d'une mer à l'autre, c'était lui, bien sûr. Voilà ce que je faisais.

Il y avait M. Gentry, moi, Doozer, Dingo, Bingo, et une bonne vingtaine de « Tarzo l'Homme de la Jungle ». Nous vivions dans des motels, des caravanes et des cages en Amérique, parfois avec une « Jane de la Jungle », parfois avec un « Gamin de la Jungle », et jouions dans des clubs qui n'étaient ni bons ni mauvais. Tarzo était un docker originaire d'Erie à Philadelphie et un maître nageur de Bay City. Ce fut aussi un connard de Cleveland, Ohio, et un ancien ailier des Utah Saints ; il buvait, était accro à la morphine, avait peur pour son père, avait peur pour les Reds, avait peur d'être mobilisé. Il a baisé Jane et, une fois, le Gamin. Mais le fait de voir apparaître un pagne ou un dos large et dénudé dans mon champ de vision me faisait vaciller l'espace d'un instant, même si je savais que ce n'était pas lui. Dix minutes plus tard, je me faisais avoir de plus belle. Mon âme était cet enfant au bonnet d'âne dont la main se lève sans réfléchir pour donner toujours la même mauvaise réponse. Une réponse dont le professeur lui répète, excédé, qu'elle est fausse, bête et fausse, impossible.

J'y ai cru pour de vrai, deux fois, dans la cafétéria d'un zoo de bord de route dans le Michigan, en 1962, et derrière un chapiteau en Caroline du Nord, en 1955. Je me suis laissé berner par les épaules rembourrées d'un millier de costumes croisés. Je me suis souvent pétrifié en entendant des téléviseurs invisibles entonner le fameux cri. Et je fus même une fois entièrement convaincu par une ressemblance quasi parfaite entraperçue au tout nouveau musée Roy Rogers & Dale Evans à Victorville, Californie, où M. Gentry m'avait, peut-être un peu naïvement, emmené voir Trigger : sa peau retirée et étalée sur un moule en plâtre figurait un magnifique mémorial.

Et puis un jour, au milieu des années 1960, M. Gentry ouvrit la porte passager de notre Volkswagen, où j'étais vautré les pieds sur le tableau de bord, et dit : « Écoute Cheet-o. Il y a quelque chose que je voudrais que t'entendes. »

Nous étions à Chiloquin, dans l'Oregon, à côté du plus grand chemin de fer miniature au monde. Je crois que cela faisait deux ans que nous n'avions pas fait de spectacle. S'élevant de nulle part au milieu du bourdonnement de la circulation, je l'entendis, aussi long, joyeux et plein de vie qu'autrefois, en rien amoindri par le temps : « *Aaaahhheeyyeeyyeeyyaaahhhhheeyyee-yyeeeyyeeaaaah !* »

Je bondis de la voiture pour me jeter dans les bras d'un jeune athlète bien bâti aux cheveux blancs, jean et T-shirt, satisfait de sa propre puissance pulmonaire, car — vous comprenez ce qui se passait ? J'étais comme un de ces chimpanzés d'université échouant encore et encore au test cognitif de la décharge électrique, simplement parce que je ne captais pas que le bouton bleu était celui de la douleur.

« Pas dégueu, hein ? Carrément parfait. Dis 'Moi Tarzan' à Cheet-o, Brian. Ne le brusque pas. »

« Moi Tarzan ! Dites, est-ce que c'est celui qui, vous savez, cette histoire avec Dolores del Río ? »

C'était un type bien, Brian, le meilleur qu'on ait jamais eu selon moi.

Il y avait M. Gentry et moi, Doozer, Kong, Katie, Mary-Lou le poney et parfois Tarzo et Jane. Nous vivions sur une corniche en Amérique au milieu du siècle, et tous passaient leur temps, année après année, à se moquer de moi.

Comment pourrais-je jamais tourner la page et oublier ? Au fil du temps, ma haine brûlante pour ce simulacre s'estompa lentement, tel le crocodile turquoise qui se dégonflait dans notre piscine au Sanctuaire, et se résuma à un fade dégoût. Car, pour être entièrement honnête, je n'avais pas envie de tourner la page. J'aimais le bouton bleu. Même si je le pouvais, je n'arrêterais pas d'appuyer dessus. Mais vous l'aviez sans doute déjà compris.

« Chéri, est-ce que tu pourrais te sortir le cul de la canopée pour une fois ? Il serait temps de trouver un *bouleau*, j'ai encore dû faire un chèque *en bois* » demandait Jane à tout propos. Ouch, elle fait mal celle-là…

« C'est pas de ma faute si mon patron est un *chacal* » se plaignait Tarzo.

« Comment ça ? »

« Eh bien, la dernière fois, j'ai été payé en monnaie de *singe*. Sans vouloir t'offenser, Cheeta. »

Je refusais de prendre part à cette conversation. J'espérais simplement que mon expression de lassitude soit bien perçue par l'auditoire.

« Quoi, Cheeta ? L'animal le plus terrifiant de la jungle vient droit sur notre hutte ? Est-ce un crocodile, un lion ? Je ne crains aucun d'entre eux !

— Oh, Tarzan, mon choux » l'interrompait alors Jane, « voilà mère qui arrive pour le déjeuner ! » *(Rires.)*

Heureusement elle ne s'est jamais pointée. La vraie mère de Jane. Brrr…

Notre nouvelle corniche était un paradis de biodiversité : un crocodile bien dans ses pompes vivait plus bas dans la rivière, à côté du point d'eau où les éléphants sans défense affrontaient les moqueries des hyènes. Les hiboux étaient heureux d'avoir des femmes chouettes, les girafes préparaient des coups montés, les moutons mâchaient des chewing-gums bons pour l'haleine. Un babouin avait commencé une carrière de chanteur de country avant de se reconvertir en coiffeur, et les pythons se plaignaient qu'on leur pompait l'air, d'après la dinde farceuse qui nous racontait tout cela. Pas si mal comme endroit, dans le fond. Nous continuions ainsi dans le tohu-bohu de la forêt, ne craignant que la mère de Jane et les pélicans, prêts à tout pour se remplir la poche. À la fin de chaque journée, Tarzo se détendait avec ses nouveaux amis, un trio de toucans qui vivaient dans le frigo, mais il ne m'a jamais invité à jouer aux cartes avec eux. Moi, Cheeta, le Trompe-la-mort. À cause de mon nom, vous comprenez. Et parce que ce n'était pas le vrai Tarzan. Sur la vraie corniche, j'avais joué avec lui au whist, à la prime ou au bonneteau.

J'ai quand même fini par le voir une fois, et plus d'une fois même, démultiplié à l'infini, au fond de la vitrine d'un magasin d'électroménager de Bakersfield, en 1963. Il était toujours sur la corniche. Brenda n'était pas à l'écran, mais l'enfant qui l'accompagnait semblait bien d'elle. Il était passé d'une maison dans les arbres à une maison tout court. Il avait troqué son couteau pour un fusil gros calibre, et son pagne pour une tenue de safari. « Un uniforme » — c'est aussi comme ça que ça s'appelait. Il n'était plus qu'un homme parmi les autres, et il y en avait plusieurs dizaines comme lui, conduisant des jeeps, chassant le croco, parlant ce qui avait l'air d'être de l'anglais courant. Du moment que tu es heureux, Tarzan..., me dis-je avant de voir dans le générique qu'il avait tellement honte de lui qu'il avait même changé son nom. Jim. *Jungle Jim*. Je ne sais pas s'il se disait que Jane reviendrait une fois qu'il saurait conduire et lire l'heure... mais elle ne reviendrait pas. Elle épouserait quelqu'un de son milieu social, et lui n'était rien à présent qu'un expat' divorcé à la dérive. Le générique était interminable et je finis par laisser M. Gentry m'entraîner d'un coup sec sur le trottoir. Pourquoi rester ? Même ici il n'y avait plus personne à qui dire au revoir.

Entre-temps, alors que les éléphants soutenaient successivement Ike, puis Nixon et enfin Goldwater* (mais quand même les gars, réfléchissez un peu à ce que vous faites !) avant de revenir à Nixon, je fus tout de même assez satisfait de voir s'ouvrir de nouveaux débouchés pour les chimpanzés. Je ne veux pas m'en attribuer tout le mérite, mais j'ai joué un rôle considérable pour faire tomber ce mur, et maintenant que c'était fait, des centaines d'entre nous s'engouffraient dans la pub, le spectacle, la recherche. En signe de gratitude envers les humains, des centaines de milliers d'entre nous filaient vers une carrière en médecine ou à l'université : des boulots très gratifiants, bien sûr, très nobles, mais la satisfaction d'aider les humains dans leur Lutte Contre la Mort était contre-balancée par le manque de sécurité et le fort taux de surmenage de ces professions.

La célébrité était — et elle l'a toujours été — la meilleure réserve d'opportunités. Néron le Grand chevauchant son dogue allemand et Petit Pierre dans son costume de Batman au zoo de Saint Louis, Zippy (maintenant à la télé), J. Fred Muggs, M. Moke, Mata Hairy, les Maquis Chimps... J'étais ravi de voir nos avancées notables dans les médias. Comme dans les sciences... pour ce qui est du jeune Ham, il faut que vous vous souveniez du climat de tension et de suspicion qui existait entre l'Union soviétique et les USA à la fin des années 1950 et au début des années 1960, pour comprendre à quel point la Course à l'espace était importante. Qui allait y parvenir en premier, l'homme ou le chimpanzé ? Ce fut un choc qu'un chien soit le premier à se retrouver là-haut, puis un grand soulagement lorsque, après quelques jours, il mourut de faim, de déshydratation et, qui sait, peut-être bien de folie et d'effroi. Ham resta concentré, durant toutes ces journées de tension où il apparut possible qu'une bande de singes rhésus puisse griller la politesse à tout le monde (ils moururent, eux aussi, par suffocation), et au dernier jour de janvier 1961, il triompha. Pas seulement pour lui-même, mais pour nous tous. Recevoir votre amour, chers lecteurs, est merveilleux, mais sentir que nous gagnons votre respect est mille fois préférable. Et ce pauvre vieux Gagarine, à la traîne, un peu plus tard, en avril. Vous nous avez battus dans la course à la Lune, donc disons qu'il y a match nul.

Pendant ce temps-là, bien sûr, le Projet continuait d'avancer bon train. Les humains le prenaient toujours plus au sérieux, et je fus satisfait de voir que nous étions quelques-uns à être enfin officiellement reconnus « espèces menacées ». Cela va doucement au début, mais une fois lancé, ce genre de mouvement ne s'arrête plus ; on ne peut rester longtemps aveugle à ce qui se passe sous nos yeux. Avec une vitesse louable, les espèces étaient reconnues l'une après l'autre comme « menacées ». Allez-y : sortez-les de là ! Tous aux abris !

Mais « espèces menacées » ne semblait pas faire l'affaire. Il fallait des termes plus forts, et rapidement les animaux furent requalifiés comme « en danger d'extinction », puis « en danger critique d'extinction ». D'accord, peut-être que ça aide, mais les gens lisent entre les lignes de ces éléments de langage. Même le plus en sécurité d'entre nous est « en danger critique d'extinction » aujourd'hui. Regardez, d'après Don, même les humains sont une espèce menacée. Ça paraît exagéré de dire une chose pareille, mais la mort rôde, pour sûr. Suffit !, ce n'est pas la peine d'en parler. Vous n'avez pas besoin de quelqu'un comme Don qui passe son temps à proférer de grandes vérités à longueur de temps, si ?

En 1973, nous étions toujours sur la route, mais les périodes de vaches maigres entre chaque plantage de chapiteau commençaient à s'allonger. Doozer et moi passions beaucoup de temps dans le jardin derrière la maison de M. Gentry, à Barstow, en Californie. Le « come-back » de Dolittle était fini. La raie au milieu de M. Gentry n'était plus qu'une victime de l'Histoire et était recouverte par une touffe de cheveux gris. Les humains portaient leurs vêtements plus amples, tels que nous autres, chimpanzés de l'industrie du spectacle, les portions depuis toujours. Les hamburgers étaient plus gros (très bien), les cigarettes avaient de pénibles petits filtres de coton (nul, mais vous pouviez les arracher), et j'étais en train de devenir cinglé. Je ne sais pas comment c'est arrivé, mais un jour je n'ai plus réussi mon salto arrière. Idem pour la marche sur les mains. Le ressort avait lâché d'un coup et pour de bon. Maigre avantage, le bazar autour de « la vraie Cheeta du film » semblait avoir été enfin abandonné, et j'avais arrêté d'être renvoyé à mon passé toutes les dix minutes.

Nous étions à Las Vegas, où se réunissent les Immortels, car M. Gentry rendait visite à un promoteur intéressé par ce qui restait du spectacle. Je n'étais là que pour faire bonne figure, mais la réception avait insisté pour que je reste dans la voiture, ce que je vis comme un mauvais présage.

J'étais assis dans notre bonne vieille Datsun bien-aimée, repensant à la fois où nous avions manqué aller à Vegas à bord du *Norwester* à cause de la dispute entre Johnny et feu Lupe Vélez. Ouais, petite Lupe, avec ses bras aux accents métalliques lançant des éclairs de lumière à travers le désert. Lupe avait dit : « Elle t'aime vraiment, n'est-ce pas ? » et il avait répondu quelque chose du genre « J'imagine que oui », mais d'une manière embarrassée qui à mon sens impliquait de la réciprocité. J'avais une petite liste de phrases et de moments similaires dans ma tête, une liste qui commençait à s'abîmer. Non, qui s'était déjà déchirée en une demi-douzaine de petits carrés et dont l'écriture commençait à s'effacer à l'endroit des plis. La liste comprenait « J'imagine que j'ai toujours trouvé que Cheeta était marrant » (adressé à Chaplin) et « Cheeta est l'un de mes meilleurs amis, pas vrai Cheets ? » (à Norma Shearer au Sardi) et « Attendez, on ne peut pas y aller sans Cheeta, sinon ce ne sera pas drôle » (au Christian's Hut à Catalina, à l'ensemble des convives) et « Je t'aime beaucoup Cheeta, mais... » (j'étais en train de me masturber et j'ai accidentellement dégorgé sur les genoux de Jayne Mansfield, puis en essayant de la calmer, je me suis arrangé pour lui renverser du gaspacho dessus) et son étreinte sur la terrasse de Beryl, et, oh, bien d'autres moments d'anthologie encore.

Bref, j'étais en train de faire défiler cette liste lorsque, par une incroyable coïncidence, M. Gentry revint à notre vieille Datsun bien-aimée, poussa un profond soupir et dit « Quel gâchis ! » Ça voulait dire qu'on allait se retaper trois heures de route pour rentrer à Barstow, mais ça m'allait très bien. Je n'avais rien de prévu. « Tu sais qui travaille au Caesars Palace, au fait ? » demanda-t-il, en faisant un large demi-tour. « Ta vieille co-star. Tu veux passer lui faire coucou ? »

Oui, Maureen était seule depuis que John Farrow avait demandé le divorce et elle travaillait maintenant au Palace sous le nom de « Jane Parker », en qualité d'escort-girl offrant quelques corrections phonétiques à des hommes plus âgés excités par l'accent britannique. Elle gagnait à peine de quoi garder les faveurs du casino, et elle refourguait des barbituriques et des amphètes... Je déconne, du calme, je déconne là : Maureen habitait à Scottsdale, Arizona, et était une honnête veuve comblée, une grand-mère qui donnait des cours de théâtre l'été sur la côte Est, faisait des apparitions occasionnelles à la télé sur la côte Ouest et devait être en train de se préparer son premier verre de l'après-midi pour entamer son marathon téléphonique quotidien avec ses sept enfants pendant que nous faisions demi-tour avec la Datsun. Maureen avait eu ce qu'elle voulait.

Mais son vieil amour à l'écran, lui, travaillait en tant qu'hôte d'accueil au Caesars Palace, tout comme Joe Louis. Le sous-responsable d'étage appela sa chambre, il n'y était pas. Il nous dit qu'il pouvait être n'importe où. On n'avait qu'à appeler le Tannoy. Mais non, M. Gentry ne pensait pas que ça en valait la peine. Le sous-responsable d'étage voulait nous aider quand même et le fit. Il se sentait concerné par toute notre histoire, et était désolé de notre malchance. « Vous aviez neuf chances sur dix de tomber sur lui. » Normalement la comtesse aurait dû être là, mais elle était retournée à Cheviot Hills pour la semaine avec sa fille. La comtesse ? La femme de M. Weissmuller. Ce n'était vraiment pas de pot que nous l'ayons manqué : il ne pouvait être qu'au golf. Le sous-responsable d'étage s'appelait Chris Jehlinger, au fait. Il était enchanté de rencontrer une légende du grand écran : il avait grandi avec moi. — Cheeta ne se comportait jamais aussi mal d'habitude, s'excusa M. Gentry.

Nous n'avions qu'à faire un tour du côté des terrains de golf... à moins qu'il ne soit sorti avec des amis, concéda Chris. Il était vraiment soucieux de nous aider. — Peut-être était-ce l'air conditionné qui mettait Cheeta dans tous ses états. — M. Weissmuller travaillait à l'hôtel depuis trois mois. C'était vraiment un type agréable, et c'était tordant quand lui et Joe se retrouvaient. Il pousse toujours son cri, oui monsieur. Il y avait une photo dans le Salon Impérial, si nous désirions la voir. J'étais sur la photo, baigné d'une lumière argentée dans un nid de brindilles, tenant sa main et celle de Maureen, tel un pasteur sur le point d'unir par les liens du mariage un couple sur lequel il a de sérieux doutes.

Chris nous suggéra de patienter au bar de la piscine en prenant un verre aux frais du Caesars avant de rentrer à Barstow — après tout, il pouvait très bien revenir à n'importe quel moment — Cheeta devenait fou, il devait probablement avoir hâte de voir son vieux pote. Il était excité par la photo, voilà ce qui se passait. Il avait vraiment l'air de la reconnaître, n'est-ce pas ? — M. Weissmuller a eu des soucis avec ses affaires ces dernières années. Oui, c'est vrai, il a fait faillite. Son conseiller financier... Chris ne connaissait pas exactement tous les détails, mais tout ceci était bien triste et c'est ce que je dis toujours. L'hôtel était très heureux de pouvoir l'aider. C'était un homme bien et ce qui lui était arrivé était scandaleux. Vous avez de ces requins à Hollywood. Le plus dur fut la mort de sa fille. Chris avait absolument adoré les films quand il était gosse. Bö Ross, c'était ça son nom au type, tout à fait. Chris s'assurerait que M. Weissmuller soit au courant de l'adresse où nous logions à la minute où il reviendrait — M. Weissmuller a commencé la journée vers huit heures trente, donc il devrait être de retour vers sept heures, sept heures trente ? Encore cinq heures ? — Non, nous devions filer, dit M. Gentry, il n'aimait pas conduire la nuit. Cheeta faisait l'enfant, c'est tout. Nous pouvions toujours revenir à l'occasion.

Je ne me suis jamais vraiment donné la peine d'apprendre la langue des signes américaine et ne le regrette pas. Quelques singes peuvent vous « signer » des trucs comme « amour ami triste rester rester rester pas voiture cœur grande peine rester rester rester » mais je ne suis pas de ceux-là. Non, pas « cœur », je ne crois pas qu'ils utilisent vraiment le mot « cœur ». Qu'est-ce que je m'imaginais, de toute façon ? Que j'allais pouvoir le consoler ? Que j'allais lui ramener sa fille ? Que j'inculperais Bö Roos ? À quoi pouvais-je m'attendre d'autre qu'à une demi-heure de discussion embarrassée entre deux vieux has-been lessivés ?

17. Un repos mérité !

Par un dimanche ensoleillé de l'automne 1975, à la sortie de Flagstaff, Arizona, je suis enfin tombé sur un vieux collègue. C'était notre dernière tournée, nous nous étions arrêtés dans une ménagerie pour un rapide « venez rencontrer la star », et là, à côté du panneau annonçant la plus grosse attraction du zoo — une série de traces de pas laissées par un brontosaure... Pan ! Stroheim. Il ne m'a pas reconnu. Il ne m'a même pas vu. Le panneau marqué d'un NE RIEN INTRODUIRE DANS LA CAGE À TRAVERS LES BARREAUX venait d'être souligné d'un coup de peinture fraîche et agrémenté de points d'exclamation d'un noir brillant, comme en réponse à un incident malencontreux. Il semblait furieux. Le passage noirci de sueur au milieu du sol en ciment dessinait la carte de sa folie : celle de ses allées et venues azimutées. Pour le plus grand plaisir d'une foule sans cesse augmentant, il se masturbait avec une langueur stakhanoviste, ne prêtant attention à rien d'autre, ni dans sa cage, ni en dehors.

Sa calvitie avait empiré, elle était presque intégrale. Pauvre, pauvre Stroheim... Je me sentis alors gagné par la compassion, comme s'il était mon frère. Mon frère, incapable de jouer même quand sa vie était en jeu. Du milieu des années 1970 jusqu'aux années 1980, j'ai vécu à Barstow avec M. Gentry. La vie était paisible. J'attendais mon heure, même si je ne savais pas exactement ce qu'elle allait me réserver.

Nos spectacles ne trouvaient plus preneurs, et le changement significatif de l'attitude des humains envers les chimpanzés et les animaux du monde du spectacle ne nous aidait pas. Nous n'étions, soi-disant, plus drôles. Certes, mes grandes heures commençaient à dater, mais je m'inquiétais sérieusement pour les jeunes générations de chimpanzés. (D'un autre côté, pensais-je, si aucun chimpanzé n'obtient plus de grand rôle, tant mieux pour ma réputation. Mon œuvre prendrait de l'ampleur avec les années !) Je décrochais bien quelques apparitions occasionnelles dans des défilés ou lors de visites éducatives dans les lycées, je n'avais donc pas totalement claqué la porte. Mais en tant qu'acteur, j'étais évidemment fini. J'étais fini depuis *Dolittle*. J'étais fini depuis *Tarzan et la chasseresse*, alors que j'avais 14 ans. Plus je vieillissais, plus je me rendais compte que je n'avais été qu'un enfant acteur.

À Barstow, je faisais partie de la famille. En fait, c'était moi la famille. Je devrais préciser tout de suite qu'il y avait bien une Mme Gentry, mais M. Gentry et elle avaient leurs petits problèmes. Elle affirmait qu'il était plus attaché à ses collègues animaux qu'à elle, et n'avait sans doute pas tort. Du coup, il n'y avait que nous deux. Je regardais énormément la télévision, j'évitais les classiques quand ils passaient, et je fus émerveillé par l'arrivée des vidéocassettes, tellement drôles à dévider que même les engueulades qui en découlaient à coup sûr ne suffisaient pas à m'arrêter. Je faisais l'imbécile dans mon pneu, mangeais, dormais et m'efforçais de ne pas penser au passé.

J'avais pris cette décision en 1973, à Las Vegas, sachant qu'à force de ressasser le passé je finirais par y sombrer. À partir de maintenant, j'allais piétiner ces pensées, comme on piétine les flammes qui s'élèvent du sol après un incendie de forêt. J'allais simplement penser au présent et attendre mon heure. Alors j'ai pensé au présent, et lorsqu'enfin j'eus cessé de ressasser le passé je me suis mis à m'inquiéter pour le futur.

Depuis 1974, il est vrai, j'avais pris un peu de poids. L'arbre auquel était attaché mon pneu émettait des grincements sarcastiques tandis que j'y grimpais avec difficulté. Mais M. Gentry, lui, se laissait carrément aller. Il ne faisait aucun exercice, passait ses soirées à boire en ma seule compagnie, et n'en avait jamais fini de fumer. Peut-être qu'il se languissait de Mme Gentry. M'agripper à son cou était déconseillé à cause de son dos ; les parties de *touch football* avaient cessé complètement ; et un après-midi son neveu vint l'aider à transformer la salle de jeu (ou « le débarras ») du rez-de-chaussée en chambre à coucher. Quand les escaliers commencent à devenir des ennemis, c'est que quelque chose cloche sérieusement. « À ce rythme, je vais finir en fauteuil roulant » dit-il à son neveu. Il n'avait pas cet optimisme que j'ai pu constater lors de mes visites dans les hospices — l'optimisme, j'en suis de plus en plus convaincu, est la clé de l'immortalité.

« Ne dis pas des choses pareilles » répondit son neveu. « Tu n'as qu'à perdre quelques kilos, voilà tout. Donne-moi une feuille et un stylo que je t'organise des menus, d'accord ? Ce que tu as le droit de manger ou pas... »

« Écoute Don » dit M. Gentry, « je ne vivrai pas éternellement, alors je ne vais pas passer le reste de ma vie à me préoccuper de ce que je mange, OK ? »

Ce fut ma première rencontre avec Don. Il était aussi maigre qu'aujourd'hui, avec, dans le cou, un sacré paquet de cheveux longs et maladifs. Il venait de plus en plus souvent à Barstow depuis Palm Springs, pour donner un coup de main à M. Gentry, par exemple pour réparer la porte d'une cage que j'avais défoncée ou ranger les gros sacs de bouffe pour singe avec lesquels on remplissait le cellier chaque trimestre. Je dois avouer qu'au début je trouvais Don légèrement irritant : il adorait jouer avec moi au *touch football* et en profitait pour me parler de films. « Hé, ça fait quoi d'être une grande star ? », « Comment t'as eu ton premier rôle, Cheets ? », « T'as un numéro où je peux joindre ton agent ? »

Don aussi était acteur, mais, ne sachant pas trop lui-même où il allait, il rencontrait évidemment des difficultés à rentrer dans le milieu du cinéma. Il n'était pas sûr de savoir quoi faire de sa vie, j'avais déduit ça des bribes de conversation entre lui et M. Gentry. M. Gentry parlait de Mme Gentry en me donnant ma cigarette digestive, et Don parlait d'être acteur et de son opposition à la cigarette. Don pensait que L.A. était une jungle pleine des vautours, crocodiles, chacals et requins généralement évoqués par les gens qui ont quelque chose contre Hollywood. Tous les deux s'entendaient à dire que cet endroit n'avait rien de bon, qu'il était rempli d'escrocs et d'arnaqueurs et l'avait toujours été ; puis ils regardaient un bon vieux classique. Je me carapatais alors de peur d'apercevoir un de ces vieux visages trop familiers.

Don en avait marre de stagner, mais il était incapable de savoir ce qui l'intéressait vraiment. Quelque chose en rapport avec les animaux, songeait-il. Et c'est bien ça qui m'ennuyait, et qui m'ennuie toujours un peu chez mon vieil ami : il a une telle dent contre vous. Don adorait les animaux mais je pouvais difficilement laisser passer certaines choses qu'il disait à propos des humains : selon lui, vous étiez un virus, vous alliez faire péter la planète, vous aimiez la guerre (oh que non, vous détestez ça !), vous étiez « le seul animal capable de tuer de sang-froid » (c'est la première fois que j'entends cette absurdité), vous étiez cruels, vous vous fichiez de l'environnement (!), et je ne sais plus quoi d'autre. Alors que les animaux ne mentaient pas, ne trompaient pas, ne volaient pas, et vous étaient fidèles. Don est réglo, bien sûr, mais il ne partage pas ma foi pour les êtres humains.

Rapidement, Don s'est mis à venir ici deux ou trois jours par semaine — c'était en 1981, quelque chose comme ça — pour aider M. Gentry en lui apportant ses courses et des trucs de pharmacie, ou simplement pour venir tailler le bout de gras avec moi. Il venait autant pour me voir moi que M. Gentry, commençais-je à comprendre. Avec les courses, il apportait toujours un petit quelque chose pour moi : un fruit particulièrement « délicieux » (c'était ironique), une fleur qui devait faire gicler de l'eau par un bulbe en plastique mais qui bavait, une vidéocassette à bousiller rien que pour moi (ça c'était un cadeau). Le plus souvent c'était des babioles idiotes en forme de singe ou de chimpanzé, comme un porte-clé ou un aimant pour frigo, ce qui ne me servait strictement à rien, mais j'appréciais le geste. Une fois il apporta un bloc complet de papier Canson et une boîte de petits cercles de peinture.

« Tu es fou » dit M. Gentry. « Tu ne peux pas te permettre d'acheter ça, Don. Combien est-ce que... ? »

« Trois dollars environ. Une paille. »

Il y avait toujours l'étiquette avec le prix sur le bloc. « Neuf dollars et quatre-vingt-quinze cents ? C'est du papier de premier choix, couillon. Qu'est-ce qu'il va peindre à ton avis, *La Joconde* ? Il n'est même pas capable de s'en servir en plus — c'est trop délicat. »

Il avait raison. J'ai essayé mais ce fut un échec : ces petits disques de peinture durcie avaient besoin de beaucoup d'eau et fondaient comme neige au soleil. J'avais quelque peu découragé Don, à mon avis, lorsqu'un soir j'avais commencé à me servir dans les disques pour dîner : les couleurs citron, citron vert, orange, fraise, café, menthe. Le noir, je l'avais laissé de côté. Mais quand bien même, Don m'avait mis le pied à l'étrier.

Peu de temps après, M. Gentry abandonna toute espérance. « Il n'y a rien à faire. C'est la vie. Et si tu crois que je vais m'arrêter de fumer maintenant, tu te goures. Tout le monde y passe, tôt ou tard. » Quel pessimisme. Mauvais augure. « Avec un peu de chance ça sera plutôt plus tard que plus tôt. C'est pas pour moi que je dis ça, c'est pour lui » essaya de l'interrompre Don, mais M. Gentry ne fit pas attention à lui. « N'y pense même pas. J'ai parlé avec les gens de UCLA et ce sont les meilleurs. Ils font de la recherche cognitive ; donc ils font attention au bien-être des animaux. De toute façon tu n'as aucune expérience, Don. Tu arrives à peine à subvenir à tes besoins. Et Jiggs, ce n'est pas un animal de compagnie, c'est une occupation à temps plein. Ce serait foutre ta vie en l'air. »

« Mais je l'aime, ce petit » dit Don.

« Dis pas de conneries » dit M. Gentry.

« Ils vont le tuer. »

Oh, allez, arrête ton char, ils ne me tueront jamais. Je suis quand même Cheeta.

« Dis pas de conneries. C'est pas un zoo de cambrousse. Et c'est pas un centre de recherche bactériologique, non plus. »

« Rien que des conneries, tout ça. Une bande de tortionnaires en veste blanche qui prennent leur pied à découper la cervelle d'animaux innocents avant de se laver les mains et de rentrer auprès de leurs jolies épouses pour le dîner. »

« Tu ne sais pas de quoi tu parles... Il n'y a rien de mal à avoir une jolie épouse, Don » dit M. Gentry. « Tu ne sais pas de quoi tu parles. En imaginant qu'il vive encore cinq, six, sept, dix ans, tu foutrais ta vie en l'air. Écoute, je sais que UCLA n'est pas parfait, mais que veux-tu que je fasse d'autre ? »

« Tu peux me le laisser. »

M. Gentry soupira. « Laisse-moi appeler la MGM. Il a dû leur faire gagner un paquet de fric depuis le temps. Ils doivent sûrement pouvoir faire quelque chose, trouver quelqu'un qui puisse s'en occuper. Sinon, prépare-toi à faire tes prières, Cheeta. »

Je crois que les vieux des salles de repos de Palm Springs ont un petit faible pour moi. Don a vraiment visé juste lorsqu'il nous a trouvé cette activité. C'est bon pour ma réputation de faire un peu de bonnes œuvres, et j'aime l'idée de vous offrir quelque chose en retour à vous, humains, en plus de ce que j'appelle humblement mon « art ». Don ne tiendra pas la longueur éternellement, mais les petits vieux sont persuadés que moi, si. Il y en a un qui crie « Appelez M. Guinness ! » à chaque fois qu'il nous voit, moi et Don. « Dites-lui que son livre des records n'est pas à jour. »

On me demande beaucoup de numéros comiques et je leur fais le retroussé de lèvres, ce qui est à peu près tout ce dont je suis encore capable ces derniers temps. J'ai envie de leur dire : Arrêtez, je suis peintre, pas comédien. Mais dans l'ensemble ils ont juste envie de me toucher. J'imagine que l'étreinte ne doit pas être très agréable à regarder. J'ai vu à quel point ma tête ressemble à une noix de coco, combien ma fourrure a blanchi par petites touffes éparses, combien mes doigts ont enflé pour ressembler à ceux du déguisement en caoutchouc de l'Étrange Créature du lac noir*, et j'essaie toujours d'éviter mon reflet lorsque je passe la porte coulissante du Sanctuaire. Je n'aimerais pas avoir à me toucher moi-même. Quant à eux — eh bien, vous les regardez aujourd'hui en vous demandant à quoi ils ressembleront dans cinquante ans. Qu'est-ce qui pourrait leur arriver de plus qu'ils n'ont pas déjà vécu ?

Mais ils veulent me toucher. Ils n'admettront jamais quelque chose d'aussi peu scientifique, mais en fait ils veulent être certains que la mort ne les atteindra pas, et ils veulent me caresser pour mettre toutes les chances de leur côté. Je suis chanceux. Le chimpanzé le plus chanceux du monde. Mieux, je suis le primate non humain le plus chanceux du monde. (Je suis plus âgé de six ans que le plus vieux gorille, babouin, orang-outang, et consorts). Franchement, je suis l'animal le plus chanceux du monde. Ça en fait, de la chance. Pas étonnant qu'ils veuillent m'approcher et ne puissent s'empêcher de demander « Quel est ton secret ? », même s'il faut dire qu'avec un tel optimisme, je crois qu'aucun de ces petits vieux n'a de soucis à se faire. De toute façon il n'y a aucun secret. C'est simple comme bonjour. Si je devais dresser une liste de conseils, ce serait : « Chance, optimisme, absence de serpent mortel... et évitez les baisses soudaines de popularité. » (C'est la chute qui peut vous tuer, à mon sens.) Ai-je une chose qu'ils n'ont pas ? Je dirais : « Des cigarettes. » Regardez les humains dont tout le monde s'accorde à dire qu'ils ne mourront jamais, les Vrais Immortels : Bogie, Jimmy, Mitch. Et pas : Brad, Tom ou Arnold.

Don, lui, dirait « Insuline ». Tous les matins, il roule la petite fiole entre ses deux paumes pour préparer ma potion, me pince un petit monticule de chair et fait l'injection. Vingt ans de diabète, vingt ans que Don me fait des injections, et elles n'ont pas l'air de me faire le moindre mal, je dois le reconnaître. Peut-être a-t-il raison et l'insuline a-t-elle des propriétés particulières — la mère de Don a l'air fascinée par les petites fioles et elle n'est pas diabétique. Elle ouvre le frigo lorsque Don est dans le salon et reste devant de longues minutes, craignant d'être découverte, soupesant les fioles dans sa paume.

Le Sanctuaire n'a pas changé plus que ça depuis mon arrivée. Ce qui est une bonne chose. Les sanctuaires n'ont pas à changer. Le nom, lui, a changé : c'est l'Institut C.H.E.E.T.A. à présent, aussi connu sous le nom de Casa de Cheeta. Le premier nom donne l'impression qu'un robot y vit, le deuxième me concède l'aura d'une star du porno. Je préférais le Sanctuaire, c'était le nom qu'il portait il y a vingt-six ans quand Don m'y déposa après l'enterrement à Barstow.

« Pas de jérémiades » avait dit M. Gentry. « Il n'y a aucune raison d'avoir peur de la mort », répétaient les humains. J'ai le plaisir de vous dire que personne n'a pris ça au sérieux lors de la cérémonie. C'était cruel, disait-on, mais il n'avait pas pris soin de lui. C'était de sa faute. Il ne s'était pas assez ménagé...

« Je ne veux jamais avoir à revivre ça » dit Don. Haïssant la mort, nous quittâmes Barstow par la Route 15, qui passe par Victorville, où ce pauvre vieux Trigger dépecé et écorché se cabra tristement, jusqu'à San Bernardino, puis la Route 10 jusqu'à Palm Springs et au Sanctuaire. Et depuis, à l'exception d'un bref voyage, je n'en suis jamais parti.

Qu'est devenu l'endroit après tout ce temps ? Si vous passez par la porte coulissante, vous n'avez qu'à faire sauter le petit loquet en plastique pour la débloquer (soyez mignon et donnez-nous un coup de main, d'accord ?), puis mettez votre épaule contre l'un des panneaux — ça coince un peu — et poussez (merci encore), nous voici sur la terrasse en bois, qui doit dater d'une dizaine d'années. Voici des tables en plastique ultrarésistant jonchées de cadavres de moucherons, des parasols délavés et, si vous voulez bien me suivre, le jardin ! Regardez les objets en plastique, les jouets pour animaux éparpillés sur la pelouse, les moucherons organisés en galaxies et en comètes au-dessus de notre crocodile qui se dégonfle dans la piscine. Ne vous approchez pas des parterres de fleurs, c'est moi qui vous remercie.

À votre droite, vous verrez que mon cube grillagé fait maintenant partie de toute une collection : Jeeter, qui fait ici rouler son gros ballon rouge d'entraînement sur le gravier de son abri, est avec nous depuis 1995. Attention, par contre, il n'est pas habitué à vous et avec ces enfants... vous savez comme nous sommes vigoureux et espiègles. Il a beau être habitué à moi, il a bien failli me démonter la tête, alors attention à vos petits doigts.

Si vous levez la tête de ce côté — non, de ce côté... Daphné se prélasse dans son nid de cordes avec la grâce agile des orangs-outangs et de leurs longs membres. Elle a emménagé en 1998. Vous l'avez sûrement déjà vue dans des classiques comme la campagne de promotion du compte Épargne & Prêt EasyGo avec taux sécurité de l'agence ConsoMax de West Palm Springs et celle pour les allume-feu à BBQ Old Woodsmoke en briquettes ou en gel, avec un tablier et cette expression caractéristique.

De l'autre côté du parterre en agglo gondolé, derrière le bassin cimenté, vous pouvez apercevoir un des coudes de Squeakers, le compagnon d'abri de Daphné, qui est arrivé en 2000. Squeakers est un mâle (avec ses disques faciaux caractéristiques, capitonnés comme des ballons de basket) et le vétéran bien-aimé de *Funky Jungle Disco !*, *Laisse béton : la drogue c'est pas fun*, *Détective des Tropiques* et de nombreux autres divertissements pour enfants humains.

On continue — vous aurez tout le temps de saluer Squeakers plus tard, et puis on finira par un quiz — de l'autre côté du garage, oh ! Attention au cactus, là... Je vous présente Maxime, un babouin olive. Maxime est parmi nous depuis 2002. Elle a 29 ans, pèse vingt kilos, est exceptionnellement gentille et adore faire des numéros, ou en tout cas, elle en fait souvent. Elle a le showbiz dans le sang. Le babouin olive, aussi appelé Papio anubis, est répandu dans plusieurs pays d'Afrique équatoriale... Je vois que certains d'entre vous commencent à s'ennuyer — écoutez, est-ce que quelqu'un a une cigarette ? Quoi, *personne* ? Seigneur, oublions, oublions, retournons à l'intérieur de la maison.

En entrant dans la Casa elle-même, vous pouvez voir le piano (1992) sur lequel je ne suis jamais arrivé à jouer ne serait-ce que « J'ai du bon tabac ». Je serais très étonné que l'on arrive à écouter un seul CD de mes nouilles atonales en le vendant comme de la « musique de singe », mais ça me détend, et Don adore les duos. Appréciez la photographie d'Oncle Tony en haut du mur, à une place de choix entre deux posters du Projet. Sans le legs, maigre mais inestimable, de M. Gentry, et sans cet article de magazine que nous avons écrit il y a un bout de temps maintenant, Don et moi n'aurions jamais pu lancer cette aventure. Nous avons une cuisine avec un îlot central, évidemment, et voici enfin mon chevalet, ou « table » : c'est la même chose dans le fond, puisque j'essaie d'alterner un trait de peinture sur le papier avec un trait de peinture dans le gosier. Je trouve mon art très « nourrissant », *ha ha ha ha*. Nous sommes ici dans le centre créatif et commercial de l'empire. C'est là que je turbine pour permettre à Don de rester à flot et de soigner des animaux à plein temps. Oui, c'est bien ici que l'Artiste a conçu et exécuté *Errol Flynn retarde son éjaculation en pensant à deux cents chevaux morts*. Pas de flashs, s'il vous plaît. Là, le vieux frigo (1997), ici sur le plan de travail, le nouveau frigo à insuline verrouillable (2004) — mesdames et messieurs, sachez que l'alcool est interdit à la Casa de Cheeta. Depuis 1982, grâce à l'aide de Don et avec un seul écart au compteur, je n'ai pas touché une goutte. Vingt-cinq ans, trois mois et deux semaines, merci de votre compassion : c'est un combat de tous les jours. J'imagine que personne... non, non, c'est stupide, oubliez.

À présent, est-ce qu'un petit malin peut me dire ce qu'on trouve ici à profusion ? Oui, tout à fait, ma grande — des singes ! Depuis 1982, le Sanctuaire a peu à peu été envahi par les singes que les gens offrent à Don, faute d'autre idée de cadeau. Des tribus de singes aimantés auxquels sont suspendus d'autres singes avec des listes de courses sur la porte du frigo. La nourriture est découpée avec des couverts en forme de singe dans des assiettes à tête de singe sur des sets de table en singe, nous la faisons descendre avec de l'eau tirée de verres à motifs de singe posés sur des dessous de verre avec des singes. Des singes tiennent notre papier-toilette et notre savon pour singe, nous aident à nous brosser les dents, nous donnent l'heure et nous encouragent à détester les lundis. Nous n'avons pas encore de papier peint avec des singes et nous n'en voulons pas, merci beaucoup. Il y a plus de singes ici que dans toute l'Amérique. Mais vous ne pouvez pas vous empêcher de nous dessiner, ni de nous mouler, très chers visiteurs — vous ne pouvez pas vous arrêter de dessiner des animaux, pas vrai ? En tout cas vous ne pouvez pas vous empêcher de les offrir à Don.

Descendons maintenant le couloir (la salle de bain ; la chambre où, je vais vous demander du silence, s'il vous plaît, Don fait sa sieste ; la chambre d'amis qui est devenue un bureau en 1999 et où j'ai travaillé sur ces mémoires). Passons devant la bibliothèque vitrée avec ses trente ou quarante livres, tous consacrés à de vieux sentiments du passé : Douleur, Épuisement, Écœurement, Déchirure, Perte, Ruine. Ne vous inquiétez pas, ils sont tous formateurs. Continuons à avancer dans le couloir vers le centre névralgique où cette saloperie d'invasion de singes se réduit à un seul. Voici le salon.

Bienvenue dans le Cheetarium. Voici le Coin des Souvenirs. Voici mes critiques et voici mes portraits. Là, c'est moi avec la séduisante Dr Goodall. Là, c'est moi avec le gars du *Guinness des Records*, explosant mon propre record à la seconde où je vous parle. Et regardez — là, c'est moi avec un Oscar d'honneur, qu'un con a photoshopé dans mes bras. Là, c'est moi et Don avec quinze ans de moins, un portrait à l'huile, et voici notre canapé, avec l'empreinte de nos corps, profonde de vingt-six ans. Cela paraît improbable. Les années défilent aussi vite que des pièces vibrant sur un comptoir. Cela paraît tellement improbable. Vingt-six ans, soit cent quatre saisons de télévision.

Vingt-six années que j'ai à peine senti passer. Si je devais venir à mourir, Don en serait dévasté. Il m'aime. Il m'appelle son « âme sœur », et je l'aime beaucoup moi aussi. Plus loin, il y a le meuble du téléphone. Sur lequel vous observerez, dressé, bancal, dans son nid de plastique de merde, le nouveau téléphone compliqué (2007) qui n'a qu'un point commun avec l'ancien : il ne frissonne jamais sous les appels de Bogie, Kate, Van, Connie ou Nunnally, ni de Rita, Ty, Dolores ou Niv (« Il n'est plus parmi nous » — je sais, il est en Suisse) ni Peter Lorre, Wayne, Hudson, ni même Dietrich (« Elle est partie pour un monde meilleur » — Paris, à ce que j'ai entendu) ou Maureen. Pas un seul. Pas un seul n'a appelé, jamais.

À présent, irions-nous jeter un œil à l'ensemble stéréo (2006), mesdames et messieurs, garçons et filles, ou allons-nous nous arrêter là, laissant la légende en paix dans sa tanière de Palm Springs ? Allons-nous quitter le salon pour revenir face à la porte d'entrée ?

Oui, nous n'avons qu'à faire ça. Allez, dehors tout le monde. Ouste. Je suis un très vieux chimpanzé, je suis crevé et la visite est terminée. Ah, ouais, je vous avais promis un quiz, n'est-ce pas ? C'est très simple ! Où est-il ? Est-ce que vous l'avez vu ? Une récompense à celui qui réussit. Maintenant, s'il vous plaît, allez harceler Mickey Rooney. *Vamonos*, les humains. La mère de Don vient nous rendre visite ce soir et quand elle n'a pas le moral, l'atmosphère peut vite devenir tendue. Voilà ma statue : touchez-la pour vous porter chance. Voici la route : prenez-la. Un de ces quatre, je la prendrai à mon tour, dans une sorte de bulle sur roues qu'un ami de Don est en train de construire pour descendre Palm Springs jusqu'au ciment frais du Walk of Fame sur Hollywood Boulevard. Si vous voyez un jour un chimpanzé dans une capsule de Plexiglas avançant à vingt-cinq kilomètres heure à travers la Coachella Valley, tel un Pape fou et gâteux donnant sa bénédiction aux pécheurs de Californie, ce sera moi en route vers plus d'Immortalité. J'ai hâte : ce sera la première fois que je sors de Palm Springs depuis des lustres. Maintenant dégagez, chers humains : laissez-moi en paix avec mes souvenirs.

18. La Loi de... !

« Quelle maison absolument ravissante vous avez là » dit Katrina à la propriétaire de la villa.

N'exagérons rien, ça m'a tout l'air d'être une porcherie, ai-je pensé en m'envoyant un autre jus de mandarine gratuit. Puis d'ajouter : *Ooh-houh-ouh-hahooh-hah-ooh-HAH-ooh-HAH-ooh-HAH-ooaaaaa-HA-bordel-de-EEEEE* ! Des vacances surprise, des réservations pour *Roméo et Juliette* et, qui sait, peut-être quelques Coco Loco sous une lune étincelante. Et Don qui n'est pas là ! Nous avons failli tout annuler quand il est tombé malade, mais Katrina et Mac n'ont pas voulu jeter leur argent par les fenêtres (un couple charmant qui travaillait pour une publication américaine au titre pompeux de *National Enquirer*) et ç'aurait été trop dommage que je rate ça. *Arriba ! Caramba ! Tequila ! Moicheeta !*

« Vous savez, c'était beaucoup plus joli avant qu'il n'y ait toutes ces cochonneries entre nous et l'océan » dit la proprio, en désignant des bungalows dans un cliquètement de bracelets.

Elle nous fit passer de l'autre côté du mur de béton par un petit portail en fer et nous arrivâmes sur la terrasse de la villa, une cour déprimante où le soleil ne passait pas. La piscine était petite et pas entretenue. Une pile de foin dans un coin aurait eu l'air à sa place. Peu importe, c'était juste un point de chute. « Je m'appelle Maria » dit la vieille d'une voix vaguement dietrichienne, son sourire comme une prouesse technique apprise il y a longtemps. « *Mi casa es su casa.* J'espère que le voyage s'est bien passé. »

Bien passé ? Écoute-moi bien, quand je suis allé en Angleterre pour tourner *Dolittle*, je m'attendais à prendre l'avion : à la place on m'a enfermé dans une chambre vibrante et glaciale à l'aéroport Kennedy et à mon avis, ils m'ont plutôt fait prendre le tunnel sous l'Atlantique ou un machin dans ce goût-là. Alors être assis dans ce bain de lumière bleutée au milieu de ce palais du rire tapageur rempli de señoritas attentionnées... ça, c'était planant. J'ai pris du poulet. Puis du bœuf. Puis du poulet. Puis un gin tonic et quelques mini-chimichangas et Mac m'a tiré jusqu'à la fenêtre pour me montrer l'océan inoffensif en dessous de nous, aussi bleu et vide que le ciel. Les miracles et les « menu déjeuner » sont offerts par le chaleureux équipage d'Aeromexico, quelque peu motivé par ma célébrité. Vue de là-haut, la tache blanche de la ville au bord de la baie ressemblait à un colossal amas de guano excrété par des vautours aussi gros que ces avions de ligne qui décollent de l'aéroport de L.A. toutes les demi-heures. Un arc d'immenses hôtels d'un blanc cassé bordait la plage, comme les canines et les incisives d'une grimace de peur : quelque part entre eux, coincé comme une miette entre les dents, le Los Flamingos. Peut-être qu'on allait tomber sur Grace Kelly, et que j'aurais ainsi l'occasion de m'excuser. Ou bien de recommencer. Ça fait tellement longtemps que je ne me suis pas masturbé... Et voilà qu'une femelle d'une quarantaine d'années s'approche de nous en sautillant sur le carrelage.

« Et voici mon adorable fille Lisa ! » cria Maria bizarrement, comme si elle animait un concours de beauté.

« Salut tout le monde ! » dit Lisa. « Woosie a fait une grosse balade ! » Son châle à motifs léopard tranchait avec les zébrures du turban de sa mère. Je piaulais d'impatience : allez, filez-nous les clés, que les humains aillent vider leurs valises et se doucher et qu'on puisse se tirer de ce taudis pour faire la tournée des bars tous les trois — Katrina, Mac et le légendaire Cheeta —, histoire de se Coco Locoïser dans les ambiances aux senteurs de palmier du Los Flamingos, au cas où il y aurait toujours des ambiances aux senteurs de palmier en 1983. Appelez ça un pèlerinage sentimental. Arrivant en trottant derrière Lisa, un Mexicain jeune et fin vêtu d'un bermuda blanc et d'un polo nous annonça qu'il avait promené Woosie, lui avait préparé son repas et qu'il nous reverrait demain. Il nous serra la main.

« *Hola*, Cheeta ! *Muy grande* star de cinéma ! »

Nous avons toujours fait sensation à Mexico, où tout le monde avait sa propre version du cri de Tarzan : « *Aahheyye-yyeyeyyehhaaah !* » ajouta-t-il d'ailleurs. Maria s'était retournée pour dire sèchement, « Woosie ! Où est-ce que tu essaies d'aller comme ça, grand fou ? » Je me mis à chercher le chien du regard et je vis un vieil homme maigre se levant d'un fauteuil roulant en tremblotant, et commençant à faire son Tarzan.

« Aah-eeh-aah » dit-il, et mon cœur se mit à délirer.

Très chers humains, une fois le Projet achevé, peut-être pourriez-vous essayer de retirer la couche de merde des jours, des semaines, des refoulements et des compromis que le monde nous déverse dessus. Est-ce que vous y arriverez ? Je sais bien que c'est une sacrée demande. Mais sous cette couche, tout étincelle. Toute absurdité et tout gâchis se retirèrent — s'évaporant comme le brouillard — et nous restâmes là, étincelants. Je courus vers lui, m'enroulai autour de ses jambes, et il retomba dans son fauteuil. Puis je me retrouvai sur ses cuisses et Johnny répéta mon nom encore et encore, et je sentis sa poitrine se soulever contre la mienne. J'inondais l'endroit, comme un chant d'oiseau.

« Ah, quel beau moment » dit Maria.

« Et merde » dit Mac, « il va falloir qu'ils nous rejouent ça. »

Johnny me serra et se mit à sangloter. Je m'accrochai fermement.

« Mac, bon sang, bouge-toi, il faut que tu immortalises ça » dit Katrina.

Je sentais la maigreur de ses cuisses sous mes pieds. « Chee'a » dit-il, « Chee'a », et finalement il me décolla de lui pour que nous puissions nous regarder.

Le monde continuait sa course, remettant doucement ses couches en place. Il avait les cheveux blancs, en bataille, clairsemés, et son visage avait perdu sa symétrie. Sa peau était rêche là où je l'avais embrassé sur la joue, et je sentais les os de ses épaules. Il avait une petite valve en plastique dans les plis de la gorge, et sous sa chemise entrouverte je devinais un objet dur et inorganique. « Gen'il, Chee'a » disait-il sans arrêt, et il y avait quelque chose de bizarre dans sa voix, comme s'il ne parlait qu'avec la moitié de la bouche. La plupart de ses mots n'étaient que des souffles. Mais c'était toujours Johnny. Je continuais à le toucher, ébahi, comme si je feuilletais la liasse de papier sur laquelle j'aurais écrit par hasard les œuvres complètes de William Shakespeare. Johnny, Johnny, Johnny, Johnny, Johnny ! T'es vraiment un sacré numéro !

Maria nous rejoignit. « Quelle merveilleuse surprise, n'est-ce pas, Woosie, mon chéri ! N'est-ce pas merveilleux ? Où est-ce que vous voulez faire ça ? »

« Ce que j'aimerais faire » dit Katrina, « c'est le mettre à l'intérieur, comme vous l'aviez évoqué au téléphone. J'espère que nous pourrons prendre tous les clichés dont nous avons besoin. »

Ils eurent tout ce dont ils avaient besoin, même s'il fallut se serrer, entassés tous les six dans la petite chambre de Johnny. Ce que Katrina voulait, c'est que Johnny se mette au lit et que je m'allonge avec lui. Je n'avais pas l'intention de le lâcher de toute façon. Elle voulait que Mac puisse voir le pied à perfusion, la bouteille d'oxygène et la poche en plastique trouble sur son flanc. Elle voulait que Mac demande à Maria de nettoyer les saletés autour du trou qu'il avait dans la gorge, et les petits tuyaux encrassés qui lui disparaissaient dans les narines. Johnny se soumit à toutes ces manipulations, comme s'il était habitué à se laisser faire, et nous posâmes tous ensemble pendant que Mac prenait son temps. On voyait sa chère poitrine avec laquelle l'Amérique avait grandi, sur laquelle elle avait appris à lire le passage du temps — et aujourd'hui cette poitrine en apprendrait à l'Amérique encore davantage sur le temps.

Katrina voulait savoir quel était le secret de l'amour si durable des Weissmuller. Maria répondit qu'elle n'en savait rien mais que cela tenait du miracle, et je regardais l'esprit de Johnny s'éloigner de la conversation des humains. Il me prit la main. « Umgah, Chee'a » souffla-t-il. Je me sentais encore un peu troublé, comme la lumière dorée qui ondule sous les ponts.

« C'est ça, Woosie, c'est Cheeta » dit Maria. « Est-ce que cette personne chimpanzé va recevoir autant que nous pour tout ça, si je puis demander ? » Katrina ne pouvait pas divulguer l'information, mais la somme était substantielle puisque tout ceci passait par une agence de presse. Est-ce que Maria se sentait comblée par son mariage malgré les épreuves ?

« Heu... parfaitement comblée ? » répondit Lisa.

« Chaque jour est une bénédiction » dit Maria, « et nous espérons que lorsqu'il aura récupéré de ses récents problèmes de santé, Johnny vivra encore de nombreuses années entouré de l'amour et de l'attention de sa famille. »

Qu'est-ce que Johnny en pensait ? Nous attendions sa réponse. Le ventilateur de plafond avait du mal à nous maintenir au frais et l'atmosphère devint pesante dans la chambre. Quelque chose clochait chez Maria, et sa fille était sa copie conforme. Johnny caressa son visage avec ma main. « Umgah » dit-il. « Sa tête, ça va, ça vient », expliqua Lisa.

Mac décrocha du mur un certificat encadré et demanda à M. Weissmuller s'il pouvait se redresser pour le tenir : la partie lisible du texte disait « Sportif Immortel », sous un portrait sépia de Johnny en maillot de bain imprimé USA.

« À 'eine... on 'e dit... Immor'el... 'u commen'... mouri' » souffla Johnny.

« Oh, ça, tu vas les fêter, tes quatre-vingt bougies » dit Maria, « après quoi ce seront nos noces d'argent ! Je ne compte pas les rater ! Si le vent est favorable, qui sait combien de temps il pourra encore continuer. Des années et des années ! Il nous enterrera tous ! »

« Est-ce qu'il nage toujours ? » demanda Katrina. Maria répondit qu'il aimait s'asseoir dans la piscine, sur les marches, mais que c'était un petit coquin et qu'il fallait faire attention. « N'est-ce pas ? » demanda-t-elle à Johnny.

« Je dois fai'... a'ention... sinon j'pou'ais... mouri'. Ta'zan s'noyer ! »

Katrina adorait l'idée d'une photo dans la piscine, si possible avec ses médailles. Mais les médailles étaient toutes parties. « On peut quand même en faire une dans la piscine, n'est-ce pas ? » dit-elle, et on laissa Maria seule avec lui pour qu'elle lui enfile son maillot. Mac me fit sortir du lit et me porta à l'extérieur.

Alors que Johnny nous rejoignait en traînant ses grandes cannes blanches d'échassier et qu'on l'aidait à descendre les marches pour s'asseoir dans la piscine, je me disais que j'étais vraiment pour lui un sauveur. Que je l'avais délivré de la cage du capitaine Fry et sauvé des nazis, de la femme léopard et des amazones, délivré des flammes dans *Les Aventures à New York* et empêché sa chute mortelle dans *Le Secret*. Je l'avais sauvé de Jane ; je l'avais sauvé de Beryl ; je l'avais même sauvé, de manière indirecte, de Lupe. Mais je ne voyais vraiment pas comment le tirer d'ici.

Mac avait fini de prendre ses photos et Katrina avait encore quelques questions pour Maria — cela ne prendrait pas plus d'une demi-heure, après quoi nous devions rejoindre l'aéroport.

« Ren'rez à l'in'érieur... » dit Johnny avec emphase. « 'uis bien i'i. Allez-y !... Me'ez-vou' à l'aise... »

« On peut le surveiller depuis l'intérieur » décida Maria, et à ma grande surprise nous nous retrouvâmes seuls dans la petite cour en ciment. *Umgawa*, voilà ce qu'il n'arrêtait pas de dire. *Umgawa*, comme pour : « À l'aide ».

Je ne savais pas comment il en était arrivé là. Je ne savais pas qu'il avait atterri dans cette pataugeoire minable parce que son ami Bö Roos lui avait prêté de l'argent à des taux si élevés qu'il avait fini par rafler sa maison ; ni que sa fille préférée, Heidi, était morte dans un accident de voiture à l'âge de 19 ans ; ni que toutes ses enseignes estampillées Johnny Weissmuller, les boutiques cadeaux « huttes safaris », les bars Umgawa Club et les magasins américains d'alimentation naturelle, avaient fait faillite ; non plus qu'il s'était senti seul après qu'Allene fut partie ou qu'il avait eu une crise cardiaque en 1974 au Caesars Palace ; ni même que le secret de l'amour durable des Weissmuller était qu'aucun des deux ne pouvait partir d'ici... où auraient-ils pu aller ? Et même si je l'avais su, ça n'aurait rien changé, car aucune de ces explications n'était de toute façon la bonne. C'était juste un beau bordel humain, et je n'avais pas la moindre idée de ce que je pouvais y faire.

Il restait assis là, inaccessible, chauve sous ses longues mèches de cheveux blancs, me tournant le dos trois marches plus bas dans la piscine, et je lâchai un grondement sourd de chagrin. Il aurait pu se noyer, me dis-je. Lui, se noyer ? Cette pensée m'apparut tellement drôle que je m'approchai du bord de la piscine. Johnny tourna la tête pour me regarder et étendit un bras vers la bordure. S'il se penchait en arrière et moi en avant nous pouvions nous toucher. Je parvins à lui effleurer les doigts d'un large geste mais je faillis perdre mon équilibre. « Chee'a Ami » dit Johnny. « Mei'eur pu'ain ami... jamais eu. »

Et puis merde. Il ne m'en fallut pas plus. Je mis le pied dans l'eau. À la première marche, elle m'arrivait à la taille ; à la seconde, aux épaules ; à la troisième, je me souvins de la panique et de la rage que j'avais ressenties dans les eaux sombres du neuvième trou de Harold Lloyd et je commençai à me noyer, submergé de terreur, quand Johnny me tira de là en un tournemain pour me faire flotter dans le nid de ses avant-bras. Un cours de natation ! Et j'étais super bon ! Je me sentais... comme un nouveau-né. Difficile de mourir avec M. Tarzan dans les parages.

Tarzan et Cheeta, c'était nous. Nous pouvions faire n'importe quoi. Il a gagné cinq médailles d'or olympiques, c'était une superstar du grand écran, et un homme bon. Et j'étais le putain de meilleur ami que ce pauvre vieux ait jamais eu.

Une journée parfaite s'achève à présent à Palm Springs, Californie, où je suis vautré sur une chaise longue, éreinté d'avoir trop feuilleté ces mémoires. Ce n'est pas du Shakespeare évidemment, mais je suis étonné de voir le résultat quand on sait que je n'ai fait que tapoter au hasard sur mon clavier. Quelle orthographe remarquable ! Quelle syntaxe hors pair ! Mes traducteurs n'auront pas trop à se fouler. Et je crois franchement que le chapitre 14 sur Esther Williams est un chef-d'œuvre — espérons que les avocats n'y toucheront pas trop. C'est moi la perle rare, faut croire. Le fameux singe parmi les millions. Je suis vraiment un gros veinard.

Un peu embrouillé par le soleil, je tombe de la courte hauteur de ma chaise longue — comme un fruit au poids idéalement comique — avant de me diriger vers le salon en traînant des pieds. Vingt-cinq ans depuis Acapulco, et toujours la forme. J'ai un nouveau tableau, accroché là-haut, *Johnny n° 12572*, il me semble. Pour vous dire toute la vérité, je ne suis pas un très bon peintre. Aujourd'hui les œuvres de certains gorilles m'effraient quand je les compare aux miennes. Koko, du zoo de Berlin, a peint des natures mortes à vous couper le sifflet. Son collègue Michael a peint un chien qui ressemble vraiment à un putain de chien. Dans le milieu de l'art simiesque, je ne suis qu'un tâcheron de l'expressionnisme abstrait. Sur tous mes tableaux, c'est lui de toute façon : j'ai probablement trouvé les autres titres au hasard. Ce sont tous des portraits de Johnny.

Peu importe, j'ai encore un million d'années pour y arriver.

Et la visite se termine ici, avec le meuble télé et la DVD-thèque. Désolé pour la petite crise de nerfs de tout à l'heure. Ici, tous les classiques que Don adore, et là, en six DVD, la

Collection *Tarzan* : les douze films avec lui et moi, que je suis condamné à revoir trois ou quatre fois par an jusqu'à la fin des temps. Je n'arrive pas à m'arrêter. Je ne supporte pas de les regarder, je ne peux pas m'en décoller, et je sais que je ne devrais pas, mais nous sommes là, vacillant dans la lumière argentée et je ne peux pas m'en empêcher. Je me dis que je me sentirai mieux après. Et, chaque fois, je me dis que ce sera la dernière. Je ne peux pas supporter de les voir, mais j'ai trop peur que Don s'en aperçoive et qu'il arrête les séances de projection.

Je sais. Plutôt tordant tout ça, non ? J'ai tellement, tellement de chance. Vingt-cinq ans à compter et à se languir. Mon cœur a comme un acouphène, un cri continu, faible et lancinant en arrière-fond : Amour ami triste rester rester cœur douleur grande rester cœur douleur grande rester. Est-ce qu'il est toujours piégé dans ce trou infernal où je l'ai abandonné avec son horrible femme et sa folle de fille ? Aucune idée, et je ne pense pas que je retournerai à Acapulco avant un bon moment.

Il est aussi possible qu'il soit — vas-y, dis-le — mort, ce qui serait un soulagement. Tout ce que Don m'a dit, c'est qu'il n'est plus parmi nous, et ça je le savais déjà. Dans ma tête, il est toujours vivant, attendant d'être sauvé. Je le garde en vie, en tout cas, parce que je l'aime. Et j'étais sur le point de vous suggérer de mettre dix petites minutes de *Tarzan et sa compagne*, pour que vous voyiez à quel point il était beau, mais la mère de Don est en train de faire une scène dans la cuisine et, *wow*, ça a l'air d'en être une *grosse*. Elle l'implore et lui, énervé, vient de mettre un CD de chant de baleine.

« Je ne t'entends pas » réplique-t-il d'un ton sec. Oui enfin ça, c'est peut-être à cause du chant de baleine, Don, tu penses pas ?

« S'il te plaît fais ça pour moi. S'il te plaît aide-moi ! Je ne peux pas le faire toute seule. »

« Non, hors de question. Tu n'as jamais rien fait pour moi. »
« Je suis désolée. Mais il faut que tu m'aides à m'en aller. S'il te plaît ? Tu n'as besoin que d'une demi-fiole. »
« Non. C'est illégal. »
Je fous le camp. J'ai horreur des engueulades. Et Don en veut à sa mère. J'essaie de me faufiler dans le salon aussi délicatement que possible, le dos courbé, le regard fuyant, et tout ce que j'entends sous les hurlements de la baleine sont les gémissements de la mère de Don à ma table de peinture.
« JJJ'aaaiiii uuunnneee ppllluusss ggrrroossseee bbbiittttteee qqqquueee lleeesss aauutttrrreess bbaalleeiiinneess. C'eeessstttt mmooiii llleee mmmeeeiiilleeeuurrr » dit la baleine, et on entend la mère qui hoquette, et Don qui dit, « Je suis désolé », puis « Viens là Cheets, viens. »
Il veut un câlin, je lui en offre la moitié d'un. La mère de Don lève la tête et dit : « Et lui, tu le gardes en vie ! »
Peut-être. Mais si elle croit que l'insuline va guérir son Alzheimer, elle est cinglée. Je suis tellement lâche durant les scènes de ménage que je me tirai de là rapidement. Je sortis par la porte grippée de la terrasse pour profiter de ce merveilleux après-midi. Le ciel arborait déjà certains des animaux que vous prétendez apercevoir dans les amas d'étoiles. Salut le Taureau, salut le Bélier, salut le Chasseur.
C'est une soirée dans le désert, belle et tranquille. Squeakers et Daphné aboient au crépuscule. À une époque, vous croyiez que les orangs-outangs étaient des personnes — le nom signifie d'ailleurs « l'homme de la forêt », ou quelque chose comme ça. Les taille-haies se sont arrêtés. Oh, si seulement je pouvais peindre cet instant précis, avec les moucherons illuminés et ces petits points qui pourraient être des milliardaires en montgolfières dans la troposphère ou simplement des satellites

projetant les dernières lueurs de *Tarzan et la femme léopard...* mais qui ne sont probablement que de petites taches aqueuses — imperfections ou organismes microscopiques ? — qui se déplacent sur mes yeux grands ouverts.

J'ai 76 ans. 50, c'est pas mal pour un chimpanzé. Je suis un miracle immortel et la vie est radieuse, mais je crois que j'ai eu mon compte, chers humains : je ne peux plus la supporter sans lui. Je ne pourrai pas supporter un quatre-vingt-dix-septième visionnage de *Tarzan s'évade*. Mais comment mourir ? Je suis le Trompe-la-Mort. Comment mourir ? Pourquoi est-ce que je n'arrive pas à mourir ? J'espère que ce livre finira par m'achever. Ou peut-être le lira-t-il et se lèvera-t-il de son fauteuil roulant pour venir me sauver pour une fois et... Oh, Seigneur, s'il te plaît, assèche-moi le cœur. Oh, s'il te plaît, réduis le bourdonnement de mon cœur au silence ! La Loi de Jane ? La douleur ne finit pas par s'en aller. Ce n'est pas obligé. J'avance péniblement vers les massifs de fleurs, tout en sachant parfaitement que je suis à court de cigarettes. Ce n'est pas une si belle nuit, après tout : c'est de nouveau la période de l'année où j'attends que l'Académie m'appelle pour m'inviter, et je crois que ces enfoirés ont encore sauté mon tour. Est-ce que ces mecs ont déjà vu ne serait-ce que *Les Aventures de Tarzan à New York* ?

Je pense que je vais aller réfléchir un peu dans mon pneu. J'ai dans ma tête ce discours de remerciement imaginaire — nous en avons tous un — que j'essaie de rendre le plus crédible possible, genre... — Non merci, j'ai arrêté de fumer.

« Très chers membres de l'Académie » commencerai-je après vingt-cinq minutes de standing ovation. Je communiquerai probablement à l'aide de la langue des signes américaine et de surtitres, ou bien grâce à un interprète de génie en col roulé noir. Je porterai mon vieux smoking du sketch de James Bond avec

M. Gentry. « Cette récompense, tant attendue et, permettez-moi de le dire, bien méritée (rester concis), cet Oscar d'honneur n'est pas seulement pour moi... »

Je marquerai une pause pour observer l'auditorium. Les placiers se précipitent dans les allées pour occuper les sièges délaissés par les acteurs et les artistes partis aux toilettes ou se faire une ou deux lignes de poudre homéopathique. Il y a Sean Penn, l'air sérieux mais héroïque avec sa crinière intègre brossée en arrière, il y a Tom Hanks, le cou deux fois plus large que la tête, et DiCaprio, qui ressemble à un rat obèse — à un capybara, en fait : Léo, le plus grand rongeur du monde. Il y a Niv, dont la main s'égare furtivement sous les fesses de sa cavalière, Bogie et Betty, intouchables, en train de fumer. Il y a Mitchum, il y a Hitchcock ; il y a Clooney et Rooney ; il y a Marlene, Maureen et Mel. Les Lumière, les Fred Astaire, les Mayer et les tombeurs, et cette chère Dolores del. Les stars sont bel et bien de sortie. L'orchestre se tient à carreau ou il est bien trop stupéfait pour oser m'interrompre. Ça va être un discours mémorable, vous pouvez en être sûr, vu la manière dont Tim Robbins plaide ma cause. Et, bien sûr, Oscars oblige, nous sommes en direct dans le monde entier.

« Très chers humains. Collègues. Estimés vendangeurs des vignes de Thespis ! Amis, humains, concitoyens ! Et toi aussi, Dietrich, bien que nous ne soyons pas amis et que je doute fort que tu sois humaine. » Pause. La crainte que je sois saoul est palpable. Je le suis ! Je suis absolument et complètement bourré. Sinon comment pourrais-je venir à bout de ce discours ? Mais ils ne peuvent pas me sortir sans passer pour des idiots.

« Chères créatures. Ce superbe Oscar d'honneur, le premier jamais décerné à un non-humain, n'est pas seulement pour moi mais pour tous les animaux. »

Ça ressemble un peu plus à ce que à quoi ils s'attendaient. Halle Berry, qui m'a annoncé, ne paraît plus inquiète et commence à prendre un air humblement intrigué. « Cette récompense n'est pas seulement pour moi mais pour les deux cents chevaux de *La Charge de la brigade légère*, pour l'éléphant électrocuté par Edison à Coney Island, pour le cygne accidentellement noyé par David Selznick sur le tournage du *Portrait de Jennie*, pour chaque animal ayant souffert pour l'art cinématographique. » Penn prend son pied, là. Il impulse une petite salve préventive d'applaudissements indignés. « Et pour tous les animaux du monde qui ont donné de leur temps pour vous distraire — pour chaque ours dansant et dauphin voltigeur —, à qui cette récompense donne espoir. L'espoir que je ne sois pas le dernier dans ce pavillon, à tenir la statuette dessinée par Cedric Gibbons, dont je n'ai pas baisé la femme, Dolores del Río, soit dit en passant. » Oups. « Au nom de ces animaux, et de leurs amis ici présents et des gens qui nous regardent par milliards, j'aimerais dire... »

Dire merci ? Ou bien me rouler sur scène d'hystérie, riant comme un bossu à l'idée que vous espérez de la reconnaissance ? Oh, oui, chers humains, je plaisantais à propos du Projet, de la réinsertion et de toutes ces conneries, je suis malin comme un singe. Cheeta le bien nommé... Je sais bien que vous êtes des assassins. Je sais bien ce qui est arrivé à Kong à la fin. Penn a l'air plein d'espoir — il veut un vrai dégueulis de dénonciation, mais vu la liste des chefs d'accusation, ça prendrait des mois au cours desquels l'air conditionné s'arrêterait, les tables de buffets seraient vidées depuis longtemps et des hordes sauvages d'acteurs oscarisés, probablement guidées par Charlton Heston et Liz Taylor, erreraient dans les cabinets pour traquer et dévorer les faibles (Peter Lorre, Steve Buscemi). Lui, comme d'autres ici, se délecte de la haine de soi. Ils veulent que je dise qu'en tant qu'animal, votre peur du réchauffement climatique m'apparaît aussi hilarante qu'un Kommandant qui s'inquiéterait d'un risque d'incendie dans son camp de concentration. Ils veulent m'entendre parler de mes soixante-quinze ans d'incarcération. Je m'enfonce dans une rêverie éthylique — pensant au second tome de mes mémoires, provisoirement intitulé *Qui a bouffé les poissons ?* — mais par chance l'audience croit simplement que je me suis laissé gagner par l'émotion. Je vois Redford, Goldie Hawn, Jane Fonda, le vieux Dickie Attenborough — mon Dieu, ils sont tous à attendre les yeux ronds qu'on leur dise combien ils sont méchants. Les acteurs, vraiment ! Je reprends contenance et m'adresse au monde.

« ... J'aimerais dire, en tant qu'animal, que ce fut un honneur et un privilège tout particulier de travailler avec les humains. Comme vous nous aimez ! Vous rêvez de nous d'une manière obsessionnelle, vous nous dessinez constamment et vous ne cessez pas de nous voir dans les nuages ! Comme il est touchant de vous voir espérer échapper à votre destinée et arrêter de nous exterminer ! Nous sommes vos stars. Nous vous sommes indispensables, et vous ne vous remettrez jamais de notre disparition. Mais je ne vous abandonnerai pas, qu'importe la douleur, le danger et les meurtres en pagaille, parce que vous nous aimez et avez besoin de nous et que c'est merveilleux, merveilleux d'être aimé et désiré à ce point. Et je crois en vous ! Vous êtes les meilleurs d'entre nous : aucune autre espèce ne peut prétendre s'approcher de ce que vous avez accompli. Vous êtes incroyables. Merci d'être vous ! Merci beaucoup pour cette merveilleuse récompense. Merci à tous ceux que j'ai rencontrés. Vous êtes tous de très belles personnes. Je vous aime ! »

Discours plutôt standard pour un Oscar, bien que sincère. Mais il y a une sorte d'agitation mêlée de déception autour de Robbins et Sarandon, et Penn est désormais debout et commence à m'interpeller. Je suis allé trop loin, j'ai craqué, foutu leur soirée en l'air. « Les dodos ! » huait Penn avec agressivité. « Qu'est-ce que tu fais des dodos ? »

« Du calme, mon gars » signifiai-je d'un geste. « Je suis un chimpanzé, pas un putain de photographe ! »

Qu'est-ce que t'en as à foutre, d'ailleurs, Penn, je veux dire : vous êtes déjà persuadés que vous allez tous nous anéantir, et vous avec. Vous militez contre, mais c'est quand même ce qui va arriver. Nous sommes en mars 2015 et c'est ce que l'humanité pense : que tout le monde va mourir, hommes et bêtes, et bientôt. La mort, la mort, la mort — vous allez finir par croire que c'est vous qui l'avez inventée ! Enfin bref, ça ne se passe pas très bien dans la salle, des huées éclatent et les agents de sécurité se précipitent sur moi. Génial, c'est mon grand soir et je vais me prendre un coup de *taser*. Oh, tant pis. Mon fantasme se délite toujours à ce moment-là : je n'arrive jamais à trouver ce que je dois dire.

Très chers humains, vous qui êtes si gentils, si doux, si intelligents, si grands, si agréables, si drôles, si fous, tellement réfléchis, tellement beaux, tellement tristes et qui souffrez tant : qui êtes-vous vraiment ? Vous êtes omnicides. Vous tuez tout — tout le monde le sait. Et vous aurez beau vous voir comme de misérables criminels empileurs de cadavres trempés de sang, plongés dans le péché jusqu'au cou et méprisés par Dieu en personne pour les horreurs que vous avez commises, je crois en vous. Grâce à lui.

Je crois en vous. Je me souviens de quelque chose. Cela remonte à très longtemps, peut-être est-ce même plus qu'un souvenir.

Au point du jour, un aéroplane tombant du ciel vient s'écraser dans la forêt et nous descendons de la canopée pour découvrir des corps, et un enfant sain et sauf dans la carlingue. L'un d'entre nous l'emporta dans un pommier cannelle et nous nous attroupons autour.

Nous ne savons pas vraiment ce qu'est ce petit être. Son regard confiant est la chose la plus vulnérable que nous ayons jamais vue mais cela lui confère une force. D'une certaine manière, sa fragilité retient nos mains. Face à ce morceau de viande fraîche, un membre de notre groupe essaye quand même de le voler et de détaler avec. Le petit être se met à pleurer, effrayant le singe qui le laisse tomber sur un entremêlement de branches — et c'est moi qui trouve le petit bout de pomme cannelle dans sa main, et le mets entre ses petites lèvres pour le faire taire. Il sourit. C'est comme un de nos bébés, en plus magique. Je me sens protecteur et curieux : comment va-t-il grandir si nous l'élevons ? Qu'est-ce qu'il y aurait de mal à essayer ? Ou peut-être ne devrions-nous prendre aucun risque et le laisser tomber. Qui sait ce qu'il va devenir en grandissant ? Et c'est presque l'heure du petit-déjeuner.

Nous restons assis, à cogiter. Il y a des traces de jeune bois blanc dans le feuillage, là où les branches ont été arrachées par l'accident ; des papillons et d'autres insectes s'y déposent déjà pour en boire la sève. Le soleil frappe la cime des arbres et plonge vers nous.

Le laisser tomber ou l'élever ?

Je le ramasse. Il a besoin de moi, je pense. Je serai son ami, son protecteur, son sauveur et son consolateur. Il est à moi. « *Umgah* » dit-il, et je manque de le faire tomber comme un con. Et tous les jours les avions continuent de tomber et les bébés d'arriver, et peu importe que les choses puissent déraper, et jusqu'où nous entraînera la chute, je choisirai toujours de te ramasser, Johnny, et un jour l'un d'entre vous...

Je suis fatigué d'être Immortel, et je sens qu'il m'arrive quelque chose. Merci pour la Lucky. Je m'effondre sur la pelouse et deviens un fruit de l'imagination, un mythe. Je suis Cheeta — père, frère et fils de Tarzan, ami de l'Humanité. Je l'ai toujours été et le serai à jamais. Et si, très chers humains, vous avez toujours eu l'impression qu'il manquait un animal espiègle à vos côtés — qui sache aussi vous protéger, faire preuve de bienveillance, et qui puisse se moquer un peu de vous mais juste par amour —, eh bien c'est moi. Nous sommes nombreux ici, parmi les étoiles, mais de nous tous, c'est moi qui suis à vos côtés. Là-haut, j'essaie d'être le meilleur ami que vous ayez jamais eu. Moi. Cheeta.

THE END

Moi, Cheeta,
sommaire d'une vie

Note au lecteur   7

1 : L'inimitable Rex !   13
2 : Mes premiers souvenirs !   23
3 : Toutes voiles dehors !   41
4 : Ohé l'Amérique !   51
5 : La Grosse Pomme !   63
6 : Une entrée fracassante !   89

7 : Films en Folie !   111
8 : Nuits d'Hollywood !   127
9 : Les Jours Heureux !   140
10 : El Tornado Latino !   169
11 : Un sacré comique !   207
12 : L'enfant roi !   217
13 : L'Enfer domestique   228
14 : La sale pute !   255
15 : De grands changements !   256

16 : Allez, en scène !   299
17 : Un repos mérité !   317
18 : La Loi de … !   331

NOTES

* p.8 **Gamin** : ainsi appelons-nous ici « Boy », l'enfant espiègle ayant survécu à un accident d'avion qui fut adopté par Jane et Tarzan.

** p.8 Salle de cinéma située le long du *Walk of Fame*, le **Grauman's Chinese Theatre**, 6928 Hollywood Boulevard, présente en avant-première les grandes productions hollywoodiennes.

* p.12 Le nom de cette campagne censée promouvoir les effets spéciaux au cinéma repose sur un jeu de mots entre « reel » (bobine) et « real » (réel). **No reel apes** = on ne met pas les vrais singes sur les bobines, ou « on n'embobine pas les singes » (merci Julien !)

* p.48 Journaliste, linguiste, libre penseur, surnommé le « Nietzsche américain », **Mencken** est connu pour avoir couvert le « procès du singe », procès des fondamentalistes contre J. T. Scopes, qui avait enseigné à ses élèves la théorie de l'évolution.

* p.52 Cheeta tire son surnom de **The Cheater**, le tricheur, le trompeur. Plus loin, *Cheat-the-death* c'est littéralement le Trompe-la-mort.

* p.57 En 1932, **Irving Thalberg**, victime de problèmes cardiaques, est remplacé lors de sa convalescence par Selznick sur ordre de Mayer.

* p.64 **Howard Strickling**, chef de publicité de la MGM de 1920 à 1950, fut aussi la voix off de plusieurs bandes-annonces comme celles d'*Autant en emporte le vent* et du *Magicien d'Oz*, ainsi, avec Eddie Mannix, qu'un des « fixers » qui contribuèrent à étouffer maints scandales autour du studio.

* p.65 L'expression **« noble expérience »** désigne la période de la Prohibition qui vient d'être abolie début 1933.

** p.65 Phrase prononcée par Roosevelt, le 4 mars 1933, lors de son discours d'investiture, et qui devint l'un des slogans du New Deal.

* p.83 « *If I can make it there, I'll make it anywhere...* » À deux mots près, les paroles de la chanson du film de Scorsese *New York New York*, écrite par Fred Ebb pour Liza Minnelli et immortalisée par Frank Sinatra.

* p.109 Maureen détourne le début d'un sonnet de Shakespeare. Tarzan entend le nom d'une salle de billard connue de Hollywood, « Shakespeare's Pub & Billiards ».

*p.113 Surnoms respectifs d'Errol Flynn, John Wayne, Irene Dunne, Loretta Young, Jean Harlow, Carole Lombard, Buster Keaton, Rita

NOTES

Hayworth, John Barrymore. « The Sweater Girl » désignait Lana Turner aussi bien que Jane Russell ou Jayne Mansfield. « La fille au clin d'œil », c'est Ann Sheridan et « la fille qui a du peps » l'actrice de muet Cissy Fitzgerald. « Le Regard » (« The Eye »), c'est Bacall, « La Gueule » (« The Face »), Greta Garbo, et « Le Plus Bel Animal du Monde » devint le surnom de Gardner après *La Comtesse aux pieds nus*.

* p.114 Cheeta commet une erreur en traduisant : « ***ars gratia artis*** », c'est « l'art récompense l'art », l'Art pour l'Art.

* p.119 **Stanislavsquisme** (de Constantin Stanislavski) : technique de jeu particulièrement naturaliste, fondée sur l'improvisation, la recherche de la mémoire sensorielle et le passé du personnage, dont est issu l'Actors Studio.

* p.122 Phonographe de la Victor Talking Machine Company (1901-1929) où tourne-disque et cornet sont dissimulés dans un meuble en bois.

* P.133 **National Legion of Decency** : groupe de pression créé en 1933 par l'Église catholique pour purifier les productions cinématographiques.

* p.151 En France, ***Ce n'est pas un péché***, le titre français de *It Ain't No Sin*, est resté. Aux États-Unis, il est devenu *Belle of the nineties*.

* p.192 Actrice de théâtre cherchant en vain un rôle à Hollywood, Peg Entwistle s'est jetée en septembre 1932 du haut de la lettre H des lettres Hollywoodland qui surmontent le mont Lee ; Florence Lawrence, qui avait commencé comme Mary Pickford à la Biograph, où les acteurs n'étaient pas crédités, s'est suicidée après que les scènes qu'elle avait tourné dans *Hollywood Boulevard* eurent été coupées.

* p.216 **Lothaire** : séducteur sans scrupules créé dans une des histoires en abyme de *Don Quichotte*, « La Curiosité impénitente ».

* p.237 Stinger : cocktail de brandy et de crème de menthe.

* p.258 Allusion au proverbe de Confucius.

* p.299 Peinture à l'huile du Britannique Joseph Wright of Derby (1768).

* p.310 **Ike** (Eisenhower), **Nixon** et **Goldwater**, trois candidats républicains successifs à l'élection présidentielle américaine.

* p.323 Film fantastique de Jack Arnold (1954).

Umgawa !

Ces mémoires des plus authentiques
ont été achevées d'imprimer chez Laballery,
à Clamecy (Nièvre), en février 2015,
dans une maquette de EAIO
sous une couverture de Simon Roussin.

Nul ne sait encore à cette heure
combien d'exemplaires Cheeta,
n'en faisant qu'à sa tête,
acceptera de dédicacer.

Numéro d'éditeur : 12
Dépôt légal : mars 2015
Isbn : 978-2-37100-005-6
Numéro d'impression : 502005

Johnny Weissmuller, vers 1935

Un cliché publicitaire pour *Le Trésor de Tarzan* (1941), sans doute. Notez l'ordre dans lequel nous sommes alignés sur cette branche de chêne vert : Tarzan et le Gamin font tampon entre Jane et moi. Malgré les sourires, la tension dans l'air est palpable.

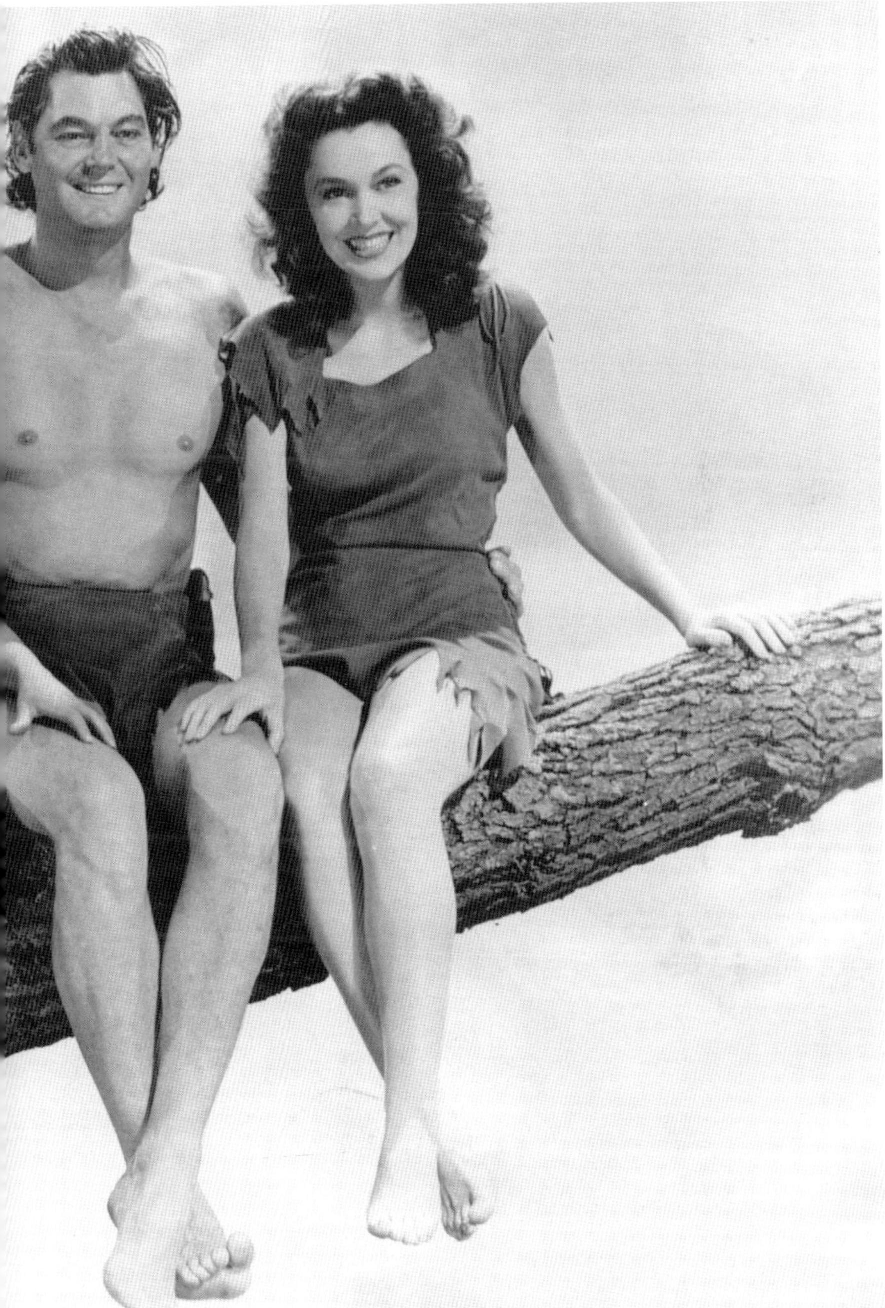

Henry Trefflich le Jeune, importateur d'animaux, New York, début des années 1930. La mode des écharpes en serpent n'a jamais décollé.

Nous trois.

En bas. Moi sauvant Johnny. Je plaisante ! Si vous examinez cette photo de plus près, vous verrez que c'est en fait un humain en costume...

Au large des îles Catalina, Johnny sur son yacht *Allure*, nommé ainsi en hommage à l'hydrophobique Miss Vélez.

Un ami proche et un des esprits les plus pétillants d'Hollywood, l'irrésistible David Niven. À gauche, Dolores del Río, une tendre amie et rien de plus. Un quiproquo impliquant miss del Río est supposé nous avoir coûtés, à moi la nomination aux Oscars pour *Les aventures de Tarzan à New York*, et à elle son mariage.

Le grand Charlie Chaplin, comme il aimait être appelé. Paulette Goddard, à sa droite, essaye difficilement de lui pardonner ses tromperies en série.

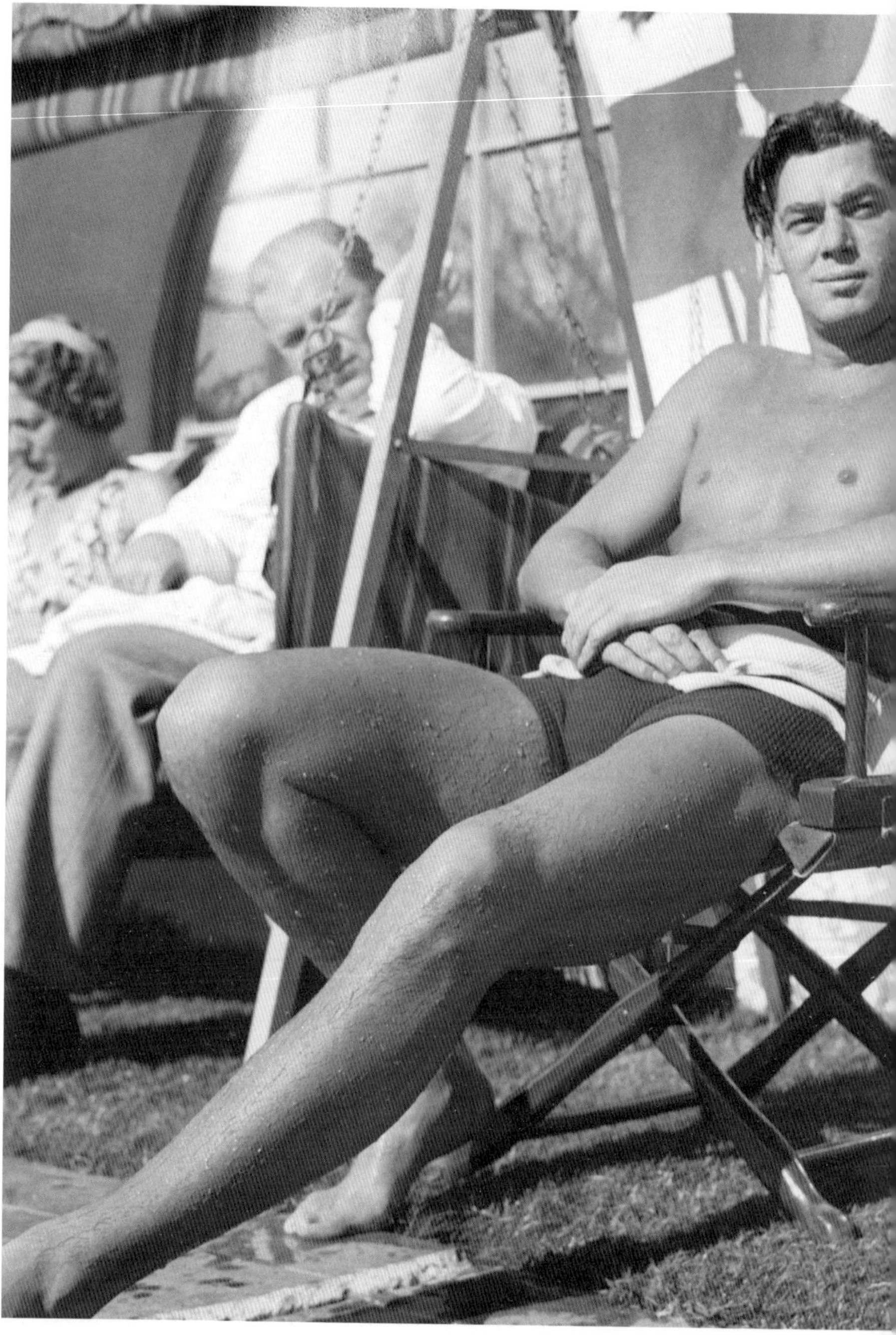

Johnny et Lupe devant la piscine du Jardin d'Allah. Je crois me rappeler que c'est moi qui ai pris la photo avec l'appareil de Lupe, avant de le casser peu après.

Peu importe, ça reste une des meilleures photos jamais prises par un chimpanzé.

En haut. Un retroussé de lèvres. J'ai probablement abusé de ce gag au fil des années, mais il marche toujours du tonnerre. *En bas*. Le paradis. La vraie cabane de la jungle des Weissmuller, sur Rockingham Avenue, vue de derrière, avant que le jardin soit proprement terrassé.

Les femelles de Johnny.

La quatrième femme de Johnny, Beryl Scott, avec le fils de Johnny, Johnny Jr., que Beryl craignait que je ne dévore.

Johnny dans son élément avec sa deuxième femme, Bobbe Arnst.

Aucune photo ne peut capter l'incroyable tension du film de la RKO *Tarzan et la femme léopard*, mais celle-ci s'en rapproche. Dieu merci, la femme léopard, dans un moment d'inattention inhabituel, laissa son sceptre-griffe sans surveillance le temps nécessaire pour que je le lui dérobe et coupe les liens de Tarzan, sans cela on aurait été sacrément dans la merde !

À droite.
J'ai l'air à peu près aussi à l'aise sur cette image du catastrophique film de la Fox, *Dr Dolittle* (1967), que je devrais l'être. Des différends personnels avec ma co-star m'ont fait quitter le tournage plus tôt que prévu, mais pas encore assez tôt à mon goût. Film minable, acteurs minables, résultats minables au box-office.

L'intérieur de la cabane dans les arbres, dont Jane avait supervisé la construction, en abusant de la main-d'œuvre animale.

Le génie de Mickey Rooney. Son étude riche en nuances de la masculinité japonaise dans *Diamants sur canapé* dévoila son large talent d'acteur. Je crois que pour beaucoup il est un des éléments clés du film. Pour ma part, je me souviens surtout de Mickey comme de la victime d'une des piques les plus dévastatrices de David Niven, que je me garderais bien de répéter.

Marlene Dietrich, chanteuse de night-club allemande et actrice. Elle fut célèbre dans les années 1930 et 1940 avant de se mettre au cabaret, ainsi que, m'a-t-on dit, à la bouteille. Elle refusa de me laisser conduire sa Cadillac, ce qui, avec le recul, est assez compréhensible.

En pleine répétition d'une des nombreuses scènes comiques des *Aventures de Tarzan à New York*. À l'autre bout du fil, un homme de couleur, interloqué, pense être la victime d'une blague téléphonique raciste. Ça faisait beaucoup rire à l'époque.

Le Sanctuaire réussit, grâce au sens commercial de Don, à garder la tête hors de l'eau. Nous n'acceptons d'associer mon nom qu'aux produits du plus haut standing. Cependant, les besoins du marché pour ces produits sont parfois plus faibles que prévu.

L'auteur